이 책은 초대교회의 모습이 환상이 아니고 실제로 21세기에 가능한 일임을 정확하게 보여 줄 뿐 아니라 그 방법을 알려 준다. 그건 바로 복음의 '균형'이다. 내적 여정과 외적 여정의 균형을 통해 세상을 위한 교회를 만들어 가는 이들의 삶을 우리는 배워야 한다. 세상 가운데 빛과 소금의 역할을 감당하며 살아가기로 다짐하는 모든 믿음의 사람들에게, 특별히 비즈니스 미션의 현장에 있는 모든 분에게 이 책을 교과서로 추천하고 싶다.

김범석 높은뜻브리즈번교회 목사, 「역전」 저자

인간과 공동체에 대한 깊은 이해를 선사하는 책이다. 근래 한국 교회에는 하나님 나라, 공동체, 선교적 교회와 같은 당위적인 담론들이 갱신 운동을 이끌어 왔다. 그러나 정작 인간이 자기 자신으로 존재한다는 것이 얼마나 고되고 소중한 과정인지를 잊기도 했다. 교회 갱신과 선교의 내적 동력과 동기 부여를 위한 군불이 뜨뜻미지근한 한국 교회 앞에, 저자는 내적 여정과 외적 여정이라는 이중 통찰로 개인과 교회가 새로워지는 청사진을, 구체적인 교회의 현장에서 우러나오는 경험적 통찰을 토대로 제시한다. 그래서 우리에게 '반드시' 필요한 책이다!

김선일 웨스트민스터대학원대학교, 실천신학 교수, 「전도의 유산」 저자

세이비어 교회는 통전적 영성과 목회를 실현하기 위해 올곧게 노력해 옴으로써 새로운 길을 열어 보여 주었다. 그 실험은 아직도 진행 중이다. 이 땅에서의 교회 실험은 새 하늘과 새 땅이 임할 때까지 미완성일 수밖에 없다. 하지만 세이비어 교회의 실험은 오늘날 그리스도인들이 무엇을 꿈꾸어야 하며 교회가 어떤 방향을 잡아야 할지를 보여 주었다는 점에서 성공이라 할 수 있다. 이 책은 그리스도의 온전한 제자로 살아가는 바른 교회를 꿈꾸는 사람들에게 큰 용기와 영감을 전해 준다.

김영봉 와싱톤사귐의교회 목사, 「사귐의 기도」 저자

내적 여정인 영성과 외적 여정인 삶과 사역을 통전적으로 강조하는 세이비어 교회는 나의 목회 여정에 큰 영향을 미쳤다. 작지만 미국을 움직이는 영향력

있는 공동체, 진보적이면서도 예수님의 제자도가 철저하게 강조되는 교회, 지역을 섬기면서도 영성을 강조하는 공동체인 세이비어 교회는 이 시대 한국 교회 미래 목회의 가장 중요한 대안 모델이다. 이 시대 길을 찾는 한국 교회의 많은 목회자와 평신도들께 세이비어 교회의 필독서이며 목회 철학인 이 책을 기쁨으로 추천한다.

유성준 협성대학교 교수, 「미국을 움직이는 작은 공동체, 세이비어 교회」 저자

미국의 수도 워싱턴, 화려한 건물들의 그늘에 가려진 가난과 범죄로 얼룩진 빈민가. 그곳에 그리스도의 이름으로 공동체를 이루고 복음의 능력으로 차별과 구조적 악을 이겨 내는 교회가 있다! 이 책은 여덟 개의 독립된 교회로 존재하는 세이비어 교회가 지난 수십 년 동안 어떻게 워싱턴의 어두운 지역을 밝혀 왔는지, 어떤 고민을 하며 믿음의 공동체를 이루어 왔는지를 차분하고 분명하게 보여 준다. 가난하고 힘없고 소외된 자들을 향한 그들의 진솔한 고민과 갈등이 한국 교회 안에서도 공유되기를 마음 깊이 희망해 본다.

이태후 필라델피아 노스센트럴 빈민가 목회자

엘리자베스의 창의적이고 예리한 통찰은 우리의 공동체 생활에 깊이를 더했고, 그녀의 저작을 통해 수많은 교회도 같은 기쁨을 누렸다. 나는 이처럼 중대한 메시지를 엘리자베스만큼 분명하고 설득력 있게 전하는 사람을 알지 못한다. 더없이 깊은 갱신이 어떻게 일어날 수 있는지 궁금한 사람이라면 반드시 이 책을 읽어야 한다.

고든 코스비 세이비어 교회 초대 담임 목사, 「위대한 사랑의 힘에 사로잡힌 삶」 저자

엘리자베스는 자신이 그토록 아름답게 표현한 일을 직접 체험했다. 직접 체험하지 못했다면, 근본 진리를 그토록 뜨거운 마음으로 써 내려가지 못했으리라. 나는 엘리자베스가 쓴 글의 적잖은 부분이 산문으로 된 시(詩)라고 늘 생각한다.

도로시 디버스 「신실한 우정」(Faithful Friendship) 저자

세이비어 교회는 절대로 우리가 기존에 알고 있는 전통적인 교회가 아니다. 신도석도 없고, 주일학교도 없고, 심지어 크리스마스 예배도 없다. 하지만 워싱턴 북서부에 있는 창립한 지 60년이 넘은, 독특한 소그룹으로 이루어진 이 작은 교회는 믿음에 근거한 사회 활동으로 지역 사회에 조용한 혁명을 일으키고 있다.

「워싱턴포스트」

세이비어 교회의 핵심 구성원에게 가장 중요한 우선순위는 그리스도인의 삶에 전적으로 헌신하는 것이다. 130명 이상이 되었던 적은 한 번도 없지만 많은 교회사 연구자들은 한결같이 세이비어 교회가 미국에서 가장 감탄할 만한 예배를 드리는 교회라고 말한다.

PBS 〈종교와 윤리 뉴스위클리〉

반세기 이상 세이비어 교회는 워싱턴 D.C에서 가난한 사람들을 위한 저렴한 주택 임대 사역과 노숙인들을 위한 사역을 해 왔다. 무수히 많은 주택을 제공했고, 빈곤 퇴치와 지역 사회 정의를 위해 노력했으며, 예술 프로그램을 운영해 왔다. 만나, 주빌리 하우징, ONE DC를 포함해 도심 지역의 초기 주택 임대 사업과 지금까지 운영되고 있는 가장 오래된 주택 임대 사업은 이 교회의 사역에 뿌리를 두고 있다.

그레이터 그레이터 워싱턴

도움이 절실히 필요한 세상을 섬기면서 아울러 내적인 삶에 깊이를 더하는 건강한 균형을 반드시 유지해야 한다는 점을 확실하게 보여 주는 필독서다.

웰스프링

IVP
모던 클래식스
014

세상을 위한 교회, 세이비어 이야기

엘리자베스 오코너

Ivp

IVP(InterVarsity Press)는
캠퍼스와 세상 속의 하나님 나라 운동을 지향하는
IVF(InterVarsity Christian Fellowship)의 출판부로
생각하는 그리스도인을 위한 문서 운동을 실천합니다.

Journey Inward, Journey Outward
Copyright © 1968 by Elizabeth O'Connor
Translated by permission of HarperCollins Publihers
195 Broadway, New York, New York 10007, U. S. A.
All rights reserved.

Korean Edition © 2016 by Korea InterVarsity Press
156-10 Donggyo-Ro, Mapo-Gu, Seoul 04031, Korea
Translated and used by the permission of HarperCollins Publishers
through the agreement of EYA(Eric Yang Agency).

이 책의 한국어판 저작권은 EYA(Eric Yang Agency)를 통한
HarperCollins Publishers와의 독점계약으로 IVP가 소유합니다.
저작권법에 의하여 한국 내에서 보호를 받는 저작물이므로
무단전재와 복제를 금합니다.

Journey Inward, Journey Outward

Elizabeth O'Connor

IVP 모던 클래식스를 펴내며

느린 생명의 속도로 가장 먼저 진리에 가닿다

"참다운 정신으로 참다운 책을 읽는 것은 고귀한 수련"이라고 한 헨리 D. 소로우의 말처럼, 그리스도인에게 독서는 그 어느 수련보다도 평생에 걸쳐 쌓아야 할 영성 훈련이다. 경건한 독서는 성경을 대체하거나 방해하는 것이 아니라 하나님의 말씀을 바르게 사용하도록 하며, 그리스도인의 성품을 영적으로 각성시켜 그분의 나라를 세우도록 도전하기 때문이다.

그러나 '21세기 속도에 발맞춘 생각의 속도'라는 명분으로 독서는 정보 획득의 수단으로 전락해 버리고, 눈과 귀를 자극하며 육감만을 작동시키는 이미지, 온라인 지식 정보로 대체된 읽기 습관, 영상으로 치우쳐 가는 관심은 사고의 획일화와 빈약함, 경박함을 낳고 있다. 거기에다, 새로운 것이라면 더 좋고 진실에 가까울 것이라는 근거 없는 생각이 독서 및 고전에 대한 오해와 무관심은 물론 총체적 지적(知的) 부실이라는 결과를 초래했다.

이러한 상황 가운데 출간하게 된 IVP 모던 클래식스는 복음주의라는 신학적 스펙트럼을 통해 문화, 사회, 정치, 경제, 윤리, 공동체, 세계관, 영성 그리고 신학 등 현대 교회가 직면한 광범위한 주제와 이슈를 다룰 것이다. 이에 대해 단순히 정보를 제공하거나 지적 호기심을 자극하는 데 그치지 않고 주체적이고 적극적인 사고 활동의 기초와 방향을 제시하고자 한다. 이 시리즈는 IVP 모던 클래식스 자문 위원회의 선정 작업을 거쳐 19세기 말에서 20세기까지 출판된 기독교 저작 가운데 선별된다. 고전의 본의를 온전히 담아내면서도 주제, 접근, 기술(記述) 방식 등에 유연성을 부여하여 고전의 대중성 또한 최대한 살리고자 한다. 특별히 독자의 이해를 돕고자 저자와 책 내용에 대한 국내외 전문가의 해설 및 추천 도서를 통해, 분명하고 균형 잡힌 성경적 지혜와 현실 적용 가능한 지식을 한국 교회에 제공하고자 한다.

범람하는 정보들을 무분별하게 채택하고 즉각적인 결과를 기대하는 문화적 흐름 속에서, 거듭난 기독교적 지성과 영성 형성을 위해 생명의 속도에 맞추어 고전 읽기에 헌신하는 반(反)시대적 용기가 더욱 절실하다. IVP 모던 클래식스와 함께하는 느리고 진지한 독서를 통해 오히려 가장 먼저 진리에 가닿을 수 있게 되기를 간절히 바란다.

-IVP 모던 클래식스 기획편집팀

이웃을 섬김으로써

믿음의 은사를 실천한

고든 코스비 목사님께

이 책을 바칩니다.

차례

감사의 글 … 13
제3판 서문 … 15

머리말 … 19

1. 내적 여정 … 23
2. 내적 여정의 세 가지 소통 … 37
3. 은사 끌어내기 … 63
4. 복구 지원팀 … 79
5. 프론티어 교회와 정신의학 … 99
6. 포터스하우스 … 113
7. 예배의 옛 형식과 새 형식 … 135
8. 선교 준비 … 169
9. 언약 공동체 … 191
10. 아이 사랑 선교회 … 229

맺음말 … 271
부록: 커피하우스 교회 … 279
주 … 283
해설: 세이비어 교회, 살아 있는 전설과 만나다 … 285
저자 연보 … 297

감사의 글

세이비어 교회의 몇몇 친구들이 출판 기금을 마련해 준 덕에, 이 책의 제3판이 마침내 세상에 나왔다. 이들의 바람은 단 하나로 되도록이면 많은 사람들이 이 책을 읽는 것이다. 엘리자베스 오코너의 혜안은 시대를 초월한다. 제3판을 읽는 독자라면 누구라도 그녀의 혜안이 남긴 선물에 우리와 함께 더없이 감사할 것이다.

죽기 전, 엘리자베스는 제3판의 출간을 기뻐했다. 엘리자베스는 병으로 몹시 쇠약해져 원고를 손수 검토하고 수정하지는 못했다. 그녀는 포괄 언어(inclusive language, 특정 그룹의 사람들을 배제한다고 여겨질 법한 단어나 표현을 되도록 사용하지 않는 언어―옮긴이)가 일반화되기도 전에 이러한 언어를 열심히 사용했다. 독자들은 그러한 방식으로 글을 쓴 엘리자베스가 시대를 앞서갔다는 사실을 알게 될 것이다. 설령 수정이 필요했고 엘리자베스가 직접 수정할 수 있었다 해도 실제로 수정된 문장은 극소수에 지나지 않았을 것이다.

포터스하우스 북서비스(The Potter's House Bookservice)는 엘리자베스와 제3판이 출판되도록 후원을 아끼지 않은 기부자들에게 깊이 감사한다.

엘리자베스의 친구 도로시 디버스가 써 준 제3판 서문으로 이 책이 더 풍성해졌다.

시드니 존슨

포터스하우스 북서비스

제3판 서문

세이비어 교회가 창립된 지 3-4년쯤 지난 어느 날 저녁이었다. 매사추세츠 애비뉴 2025번지에 손님이 찾아왔다. 엘리자베스 오코너였다. 엘리자베스는 자신을 데려온 친구들을 기쁘게 해 주려는 마음에서 들렀을 뿐이지만 그 밤이 지나기 전에, 마침내 집에 돌아왔음을 깨달았다. 엘리자베스가 두 사람과 함께 사무실을 들어서던 모습이 눈에 선하다. 마치 예정된 순간 같았다. 거의 50년이 흐른 지금 되돌아보면, 예정된 순간이 틀림없다.

고든 코스비(Gordon Cosby)는 작은 선교 그룹들로 구성된 교회를 꿈꿨다. 이를테면, 각 그룹이 제각각 집중 사역을 하나씩 해 나가는 그런 교회 말이다. 이 꿈은 포터스하우스의 커피하우스, 수양관 선교 그룹 등을 통해 점점 구체화되고 힘과 탄력을 받았고, 다른 선교 그룹들도 속속 생겨났다. 그리고 1960년대 초에는 하퍼 앤드 로우 출판사에서 하나됨을 추구하는 독특한 교회의 이야기를 출판하자는 제안을 받았다.

엘리자베스는 오랜 세월 글쓰기를 천직으로 알고 살았으며, 글도 틈틈이 써 오던 터였다. 그래서 이 일에 자원해 첫 책인 『헌신을 향한 부르심』(Call to Commitment)을 쓰기 시작했다. 책은 1963년에 출판되었고, "우리 곁에서 삶으로 음악을 들려주는 메리 코스비에게" 헌정되었다. 책이 나오고 얼마 후, 엘리자베스는 전화로 내게 물었다. "책, 읽어 봤어요?" 책이 나오는 과정에서 몇 장(章)을 읽어 보긴 했다. 그러나 출간된 책은 아직 읽지 못했다고 솔직히 말했다. 그러자 엘리자베스는 이렇게 말했다. "처음부터 끝까지 쭉 읽어 보세요!" 나는 3일 만에 책을 다 읽었다. 다 읽었을 때, 눈물이 왈칵 쏟아졌다. 나는 남편인 빌 햄에게 소리쳤다. "여보, 정말 너무너무 멋진 책이에요!" 내 말은 사실로 증명되었다. 그 책은 국내외 숱한 독자들에게 말로 다 표현하지 못할 축복이 되었다. 『헌신을 향한 부르심』에 아주 자세하게 기술된 헌신의 삶을 직접 확인하고 체험하겠다며, 매주 전국에서 많은 사람들이 세이비어 교회를 찾아왔다.

『헌신을 향한 부르심』에 뒤이어 출간된 책들은 엘리자베스의 영적 성장 과정을 그대로 보여 주었다. 또한 그녀가 핵심 구성원으로 활동해 왔고 아주 또렷하게 그려 낸 공동체는 물론이고 전 세계의 무수한 공동체에도 자극제와 안내자 역할을 했다. 엘리자베스는 홍수처럼 밀려드는 많은 편지에 직접 답을 하지 못해 못내 아쉬워했다. 특히 투병 중에는 더욱 안타까워했다.

엘리자베스는 자신이 그토록 아름답게 표현한 일을 직접 체험했다. 직접 체험하지 못했다면, 근본 진리를 그토록 뜨거운 마음으로 써 내려가지 못했을 것이다. 엘리자베스는 자기 생각을 느낌까지 정확히 전달하려고 단어를 고르고 또 고르는 수고를 마다하지 않았다.

나는 엘리자베스가 쓴 글의 적잖은 부분이 산문으로 된 시(詩)라고 늘 생각한다.

엘리자베스가 쓴 책은 하나하나 저자의 창조적 지성이 빚어 낸 작품이었다. 두 번째 책은 『세상을 위한 교회, 세이비어 이야기』(Journey Inward, Journey Outward)인데, 이것은 『헌신을 향한 부르심』에서 시작된 이야기의 속편이다.

엘리자베스가 우리 가운데 차지했던 자리와 지금도 차지하는 자리는 그 누구도 메우지 못한다. 엘리자베스가 곁에 없는 삶은 상상하기 어렵다. 그러나 엘리자베스가 우리 곁에 있었고, 글을 통해 아름다운 추억과 풍성한 지혜를 남겨 주어 기쁘기 그지없다. 저 너머 신비롭고 영화로운 저택에서 다시 만날 날을 믿고 고대하며 살아갈 것이다.

도로시 디버스

머리말

이야기는 『헌신을 향한 부르심』에서 시작되었다. 이 책은 그 이야기의 속편이다. 우리 공동체(교회)의 삶을 경험한 수많은 교회의 그리스도인들에게 답하는 의미로 이 책이 쓰였다. 이들을 통해, 우리가 전 세계 그리스도인들과 더불어 한 몸을 이룬다는 사실을 새삼 깨달았고, 그 사실을 더 깊이 생각하게 되었으며, 더 열심히 일해야겠다는 도전도 받았다. 무엇보다도, 이들이 제기한 예리한 질문은 우리에게 큰 도움을 주었고, 우리 안에서 갖가지 질문을 끌어냈다.

우리는 다른 교회들과 대화하면서, '내적 여정'(inward journey)과 '외적 여정'(outward journey) 사이에서 창조적 긴장을 유지해야 함을 더 깊이 깨달았다. 두 여정을 똑같이 강조하는 우리의 방식이 교회 안 사람들은 물론이고 교회 밖 사람들의 마음에도 와 닿은 것 같다.

예배, 기도 소그룹, 스터디 프로그램처럼 내면을 강조하는 교회들은 완전하라는 하나님의 부르심이 이보다 더 많은 부분을 포함한다고 느낀다. 그런가 하면, 도시에서 새로운 형식의 교회를 시도하기 위해 내적 여정을 포기한 교회들은 내적 여정만으로는 충분하지 않다고 느낀다. 이 책에서 소개하는 이야기는 무엇보다도 두 여정을 다

소화한다는 게 무슨 뜻인지 알고자 한 우리의 피땀 어린 노력을 얼핏 보여 준다. 하나가 없으면 다른 하나도 얄팍하고 부족할 수밖에 없음을 우리는 확신한다. 자기 내면에서 어떤 일이 벌어지는지를 알아야 하고 내면의 화해가 얼마나 어려운지도 알아야 한다. 그러지 않고서는 세상에서 감당해야 하는 화해의 사역이 어떤 것인지 잘 알지 못할 것이다. 동일한 사명을 감당하도록 주님께 부름받은 소수의 사람들조차도, 함께 공동체를 이루어 산다는 것은 참으로 어려운 일이다. 이것을 이해하지 못한다면 세상에 공동체를 세운다는 것이 무슨 뜻인지 깨닫지 못한다. 더 나아가, 골방에 박혀만 있어서는 성령의 충만한 능력도 경험하지 못할 것이다.

많은 사람들의 도움이 없었다면 절대로 이런 책을 쓰지 못했을 것이다. 우리의 선교 그룹들에 속한 사람들에게 감사하고, 특별히 내가 본 그대로 쓰길 간절히 바랐던 사람들에게 감사한다. 세이비어 교회 교인들에게 감사하고, 시튼 플레이스 주민들에게 감사한다. 이들은 가난하다는 게 무슨 뜻인지 가르쳐 주었고, 하나하나 배워 가는 우리를 묵묵히 참고 지켜봐 주었다. 시튼 플레이스 주민들이 원하리라고 생각되는 부분에서는 가명을 사용했다. 우리는 아이 사랑 선교회(FLOC) 가족들에게 빚을 졌는데, 이들은 워싱턴에서 백인들이 흑인들에게 무슨 짓을 했는지 어느 누구보다 생생하게 일깨워 주었다. 또한 우리의 지평을 끊임없이 넓혀 주었다. 이들을 통해, 우리는 하나님이 그분의 세상에서 실제로 일하신다는 사실을 새삼 깨달았다. 우리가 이러한 하나님의 일에 동참할 수 있다는 사실은 단순한 대중 신학이 아니다. 세상이 지금과 같을 필요는 없다. 법은 바뀔 수 있고, 비인간적인 구조는 타파될 수 있다.

나의 원고를 읽고 무수한 문장을 부드럽게, 뜻이 분명하게 전달되도록 수정해 준 앨마 뉴윗에게 감사한다. 또한 편집자의 날카로운 눈으로 초고를 타이핑해 준 루스 폭스에게도 감사한다.

1장 내적 여정

세상 격언에 이런 말이 있다. "스스로 돌보지 않으면 아무도 돌봐 주지 않는다." 이 격언은 여러 의미를 내포하며, 이것을 말하는 방법도 여러 가지다. 우리 내면에는 저마다 알아야 하고 소중히 여겨야 하는 자아(自我)가 있다는 뜻일 수도 있다. 성경도 이렇게 말한다. "사람이 만일 온 천하를 얻고도 제 목숨(true self, NEB)을 잃으면 무엇이 유익하리요?"(마 16:26) 이 격언은 한때는 이런 뜻이었지만, 지금은 더 이상 그런 의미가 아니다. 이제 이 격언은 자신이 가진 바를 단단히 지키고, 내일 무엇을 먹고 무엇을 입을지 걱정해야 한다는 사실을 일깨운다. 이웃에게서 아무 도움도 기대해서는 안 된다는 것을 알려 주는 것이다. 우리는 어릴 때 이 말을 들었고, 어른이 된 지금은 이 말을 뒷받침하는 증거를 고스란히 경험한다. 신문에는 이웃집에서 비명이 들려도 모른 척했다는 기사가 하루가 멀다 하고 실린다. 그리스도께서 우리를 빚으셔야 하지만 실상은 전혀 그렇지 못하다. 오히려 신문의 머리기사와 그리스도를 알지 못하는 친구들의 조언이 우리를 제멋대로 주무른다.

이를테면, 이런 식이다. 내가 교통사고를 당한다. 상대방이 잘못했기 때문에 책임도 상대방에게 있다. 그는 내게 미안해하며, 보험회사 직원이 잘 처리해 줄 거라고 약속한다. 그사이, 친구들은 내게 변호사를 선임하라고 충고한다. 그러지 않으면, 상대방에게 넘어가 엉뚱한 서류에 서명하게 된다는 것이다. 친구들은 이렇게 경고한다. "이런 저런 교묘한 질문에 답하다 보면, 너도 모르게 가해자로 둔갑하고 말 거야!" 나는 친구들의 조언을 귀담아듣다가 결국 친구들의 조언에 휘말린다. 나는 나의 삶을 성령께서 품으실 수 있는 자리인 잔잔한 물가에 두는 훈련이 되어 있지 않았다. 잔잔한 물가는 위기의 순간에 꼭 필요한 자리다. 나는 세상에 순응하는 사람들의 조언을 따라 작은 일에 열을 낸다. 그러나 또 다른 세상을 잘 알기에 불안하다. 결국 나는 변호사를 선임하지 않는다. 찾아온 보험회사 직원을 적으로 간주하려 했지만 당혹감을 느낀다. 무엇인가, 누군가 나에게 그를 형제로 맞았어야 했다고 알려 주기 때문이다. 그도 나를 자신의 적으로 안다. 그가 근무하는 보험회사에는 이런 일로 한몫 챙기려 들었던 질 나쁜 피해자들에 관한 기록이 산더미처럼 많기 때문이다. 그는 나에게 이번 사고로 한몫 챙기려 들어서는 안 된다고 줄곧 힘주어 말한다. 내가 단지 수리비만 받겠다고 두 차례나 오금을 박았는데도 말이다. 이런 상황에서는, 서로를 인간 대 인간으로 대할 기회가 없다. 서로 만나기도 전에 상대를 믿어서는 안 된다고 미리 결론을 내린다.

로렌스 판 데르 포스트(Laurence van der Post)는 어느 논문에서 아서왕의 궁정에서 활약하던 백기사와 흑기사에 얽힌 전설을 들려준다. 그 이야기는 우리의 만남이 종종 무엇과 같은지를 설명한다.

두 형제가 있었다. 하나는 흑기사였고 하나는 백기사였다. 두 기사는 각자 자신을 찾아 북쪽과 남쪽으로 떠났다. 오랜 세월이 흐른 후, 두 기사는 어둑한 숲에서 맞닥뜨렸는데 서로 알아보지 못했다. 두 기사는 곧 상대방을 적으로 판단했고, 치열하게 싸우다 피를 흘리며 풀밭에 쓰러져 죽어 갔다. 그제야 두 기사는 투구를 벗었고 서로가 형제라는 사실을 알았다.[1]

서로 치명상을 입히기 전에 서로를 알아볼 수는 없었는가 하는 질문이 떠오른다. 그 질문에 대한 답은 나의 삶이 나와 당신 모두의 하나님께 뿌리내려야만 가능하다는 것이다. 우리는 상대방이 과연 자신이 믿을 만한 사람이라는 점을 증명하겠는가라고 물을 필요조차 없다. 대신에 그 질문을 자신에게 해야 한다. "나는 과연 믿을 만한 사람인가?" 내 안에 두려움을 내어 쫓는 힘이 있는가? 내 자신의 반응을 신뢰하고 무슨 일이 닥치든 감당할 수 있음을 알기에, 상대방에게 진짜 자기 모습으로 존재할(present to another) 수 있는가?[2] 삶의 모든 일은 똑같은 질문을 던진다. 나는 진짜 나 자신으로 존재할 수 있는가? 나는 내적 자원을 신뢰하지 못해서, 상처받는 것에 대한 두려움과 상실에 대한 두려움으로 자신을 방어하려 들지는 않는가? 내 생명을 과감하게 버리지 못하면 그것을 절대로 찾지 못한다.

그러나 마음만 먹는다고 상대방에게 진짜 자기 모습으로 존재할 수 있는 것은 아니다. 우리 자신에게 진짜 모습으로 존재한다(be present to ourselves)는 것이 무슨 뜻인지 경험할 때, 서로에게도 그렇게 존재하게 된다. 그 본질이 성경에 나온다. "하나님의 나라는 너희 안에 있느니라." 변화의 능력은 안에서 솟아난다. "내가 주는 물은 그 속에서 영생하도록 솟아나는 샘물이 되리라"(요 4장). 우리가 맞닥뜨리는 아주 많은 위험은, 이 말씀을 실제로 믿지 않고 갈증을 잠시 식혀 주지만 곧 다시 목마르고 불안하게 하는 샘물을 마시기 때문이다. 대부분의 사람들은 우리의 진정한 자아를 잃어버리게 하는 그 길을 걷는다. 언제나 지극히 현실적이셨던 예수님은 이것을 알기에 엄히 경고하신다. "생명으로 인도하는 문은 좁고 길이 협착하여 찾는 자가 적음이라"(마 7:14).

우리는 두 길이 있다는 사실조차 모를 때가 허다하다. 이를테면, 나는 공예 도구와 관련해 흥미로운 책을 쓸 수 있다. 도구를 세밀하게 관찰하고, 관찰한 내용을 적절히 기술하면 된다. 책을 멋지게 디자인하고 메시지를 담아 전달하면 된다. 그러면 책은 한동안 인기를 끈다. 그러나 책을 쓰는 다른 방법이 있다. 내면 깊은 곳에서라야 나올 수 있는 책이 있다. 이런 책은 평범하지 않다. 저자는 만물에 흐르는 창조적 힘에 자신을 내맡긴다. 전자와 같은 책을 쓴다면, 그 책이 얼마나 시의적절하고, 그 주제와 관련해 지금껏 얼마나 많은 책이 나왔으며, 그 책을 언제 시장에 내놓아야 경쟁력이 있을지 생각해야 한다. 후자와 같은 책을 쓴다면, 이런 사항을 고려하지 않아도 되며 내 책이 구닥다리가 될까 봐 걱정하지 않아도 된다. 수백 번도 더 다뤄진 주제를 다루어도 그 책을 통해 그 주제가 새로워진다. 사람마다 개성이 있듯이, 나의 책에도 개성이 있다.

창조적인 작품은 언제나 고유의 생명력을 가진다. 화가가 자기 생명을 담아 낸 그림은 복제가 불가능하다. 사람들이 그의 그림에 영향을 받을 수는 있으나 그 그림의 본질을 복제하지는 못한다. 창작자의 각인(刻印)은 주제나 기교에 찍히는 게 아니다. 이런 까닭에, 진정한 예술가는 자신이 아는 전부를 다른 예술가에게 거리낌 없이 줄 수 있다. 진정한 예술가는 자기 삶의 중심에 근접해 산다. 그래서 타인의 성공에 위협을 느끼지 않는다. 진정한 예술가는 타인의 성공이 자신에게서 아무것도 빼앗지 않는다는 것을 안다. 타인의 작품은 도리어 그의 지평을 넓혀 주고 그의 은사를 끌어낼 뿐이다. 진정한 예술가는 다른 예술가의 작품 앞에 서서 자신을 변화시켜 줄 새로운 것을 받아들일 줄 안다. 그러기에 한 창작품이 다른 창작품의 가치를 떨어뜨리는 게 아니라 오히려 가치를 더한다. 창작품은 **세심한** 눈으로 보는 사람을 변화시킨다.

그런데 예술가들은 이따금 이것을 기억하지 못한다. 그래서 두려워지면 타인의 작품을 비판하게 된다. 마치 타인이 경쟁자였거나 경쟁자일 수 있다는 듯이 말이다. 또한 자신 속에서 다양한 요소가 신비롭게 결합해 작품을 낳는다는 사실을 잊어버리게 된다. 그게 아니면, 대부분의 사람들처럼 단지 관찰과 기교와 손재주만으로 그린다. 작가의 경우처럼, 그가 이렇게 그린 그림이 아주 멋들어진 작품이고 눈을 즐겁게 해 줄지도 모른다. 그러나 깊은 의미에서 보면, 이런 그림은 창의적이지 않다. 이런 그림은 그의 마음 깊은 곳에서, 그에게 내재한 여러 힘이 결집되는 곳에서 만들어지는 작품이 아니다. 그를 통해 그에게 어떤 일이 일어나지만, 정작 그 자신도 그것을 재현하지 못하는 곳에서 만들어진 작품이 아니다. 피상적인 수준으로 일하는 예술가는 당연히 두려움을 느낄 수밖에 없다. 그에게는 경쟁자들이 많고, 그 경쟁자들은 그의 자리를 넘본다. 결국 그는 진정한 자기 자리에 있지 않았던 것이다. 그 말은 그가 쫓겨날지 모른다는 뜻이다. 그렇다고 그가 타인의 자리를 차지하고 있는 것도 아니다. 진정으로 다른 사람에게 속한 자리를 차지하기란 불가능하기 때문이다.

그렇다. 지금 그가 있는 자리는 그 누구의 자리도 아니다. 한 사람이 그 자리를 차지하고, 그다음에는 다른 사람이 그 자리를 차지한다. 그 자리는 공격이나 부지런함이나 교활함이나 속임수나 기술이나 지식 같은 일반적인 방법으로 손에 넣을 수 있다. 하지만 똑같은 방법으로 그 자리를 잃기도 한다. 이것은 일반적 관행이며, 이것이 옳은지 그른지는 말할 수 없다. 이것은 우리가 논의하려는 부분이 아니다. 그러나 다른 길이 있음을 짚고 넘어가야겠다. 전혀 다른 질서에 속한 길, 지배 법칙이 다른 질서에 속한 길이 있다. 이러한 다른 법 아래에서 찾는 자리야말로 실제로 자신의 자리다. 이 자리를 찾은 사람은 두려워하지 않는다. 그 자리를 빼앗길 일이 없음을 내면 깊이 알기 때문이다. 자기 삶의 기초가 놓였을 때 자신을 위해 준비된 자리에 있는 셈이다.

여기서 예술가를 한 예로 활용한 것은 단지 일반적인 곤경을 설명하기 위해서였다. 우리는 각자의 삶을 빚는 예술가다. 우리가 받은 재료, 우리가 일하는 조건, 우리에게 일어나는 사건은, 우리가 자기 삶으로 만들어 낼 드라마의 일부다. 그러나 재료와 조건과 사건 자체가 결정적 요소는 아니다. 한 인간이 자신의 목적지에, 특별히 자신에게 꼭 맞는 자리에 이르느냐 이르지 못하느냐는 자기 내면에서 하나님 나라를 발견하느냐 발견하지 못하느냐에 달렸다. 또한 그 하나님 나라에서 온전하라는, 또는 다른 사람들이 말하듯이, 거룩하라는 부르심을 듣느냐 듣지 못하느냐에 달렸다. 이러한 부르심을 듣는 자는 선택된 것이다. 그는 어느 자리에 이르려고 아등바등 댈 필요가 없다. 그는 자신의 자리가 있음을 알며, 그 자리를 자신에게 보여 주실 분 곁에 살 수 있다는 것을 안다. 삶이 그의 소명(vocation)이 된다.

삶을 소명으로 여긴다는 말은 넓은 길과 좁은 길이 있음을 안다는 뜻이다. 넓은 길은 생각이 없는 길, 좁은 길은 생각이 있는 길이라 불러도 좋다. 넓은 길은 군중의 길이다. 예수님은 넓은 길을 가는 사람들을, 보지 못하고 듣지 못하는 자라고 묘사하신다. 이들은 잔치에 초대받고도 너무 바빠 참석하지 못한다. 이들은 아주 중요한 일이 끊이지 않고 있으며, 늘 논리정연하고 설득력 있게 참석하지 못하는 이유를 댄다. 이들은 다른 사람들에게 그럴듯하게 설명한다. 이미 자신에게 그럴듯하게 설명했으며, 내면의 모든 불평과 반대를 잠재웠기 때문이다. 이들은 두 길이 있다는 사실을 잊어버렸다. 이들은 외적인 부분에만 반응한다. 온통 외적인 부분에만 주목하기 때문이다. 이들은 많은 답변을 한다. 그러나 다른 사람들에게만 질문할 뿐, 같은 질문을 절대로 자신에게는 하지 않는다. 군중과 엇비슷하다. 이들은 발전하고 변모하는 '입체적 인물'(rounder characters)과는 대조적으로 이를테면 소설에서 '평면적 인물'(flat characters)로 알려진 사람들이다. 다시 말해, 이들은 변하지 않는다. 이들은 이야기가 끝나는 시점에 이르러도 이야기가 시작될 때와 전혀 다르지 않다. 자신 속에 아무것도 받아들이지 않는다. 이들에게 이런저런 일이 일어나지만 이들의 내면에는 결코 아무 일도 일어나지 않는다. 이들의 삶을 보면, 외적인 사건은 풍성하지만 내적인 사건은 빈약하기 이를 데 없다. 이들은 빈곤하지만 그 어느 빈곤 대책에도 포함되지 않는다. 이들은 자신이 잠자고 있다는 사실을 모르는 죽은 자들이다.

    군중에 대한 묘사를 듣노라면 조금은 위안이 된다. 자신은 군중에 속하지 않는다고 생각하기 쉽기 때문이다. 자신을 군중의 테두리 밖에 있다고 할 만한 고무적인 예를 한둘쯤 들지 못할 사람이 어디 있겠는가? 어느 날 내게 던졌던 질문이 떠오른다. 내 생각을 바꿔 놓은 사건이 떠오른다. 내가 두 길이 있음을 알고 좁은 길을 택했던 순간이 떠오른다. 그러나 이것들은 하나의 길(a Way)이 있음을 일깨우는 각각의 경험이었다. 수많은 시간이나 수많은 날 동안 걸었던 길이 아니다. 되돌아보면 더욱 또렷하다. 나는 대부분의 시간을 군중과 함께 넓고 붐비는 대로를 걷는다. 나는 나 자신을 잃어버렸다.

    자신을 잃는 과정은 어린 시절에 부모에게서 비롯되기도 한다. 이를테면, 부모가 그들 자신에게 진짜 자기 모습으로 존재하지 못했기 때문에 자녀들에게도 그렇게 존재하지 못했다. 이러한 부모는 자신의 기준과 목표와는 동떨어진 기준과 목표를 자녀에게 부여한다. 그뿐 아니라 자기 눈에 보이지 않는 것까지 자녀에게 부여한다. 카를 융(C. G. Jung)은 이렇게 말한다.

> 일반적으로, 부모들은 자신이 살 수도 있었으나 인위적 동기로 살지 못했던 모든 삶을 자녀들에게 다른 형태로 부여한다. 다시 말해, 자녀들은 부모의 삶에서 성취되지 못한 모든 것을 보상하려는 의도에 이끌려 어떤 방향으로 무의식적으로 내몰린다. 이런 까닭에, 도덕적 성향이 지나치게 강한 부모 밑에서 이를테면 '비도덕적인' 자녀가 나오고, 반대로 무책임하고 게으른 아버지 밑에서 지나치게 야망이 큰 아들이 나오기도 한다.[3]

부모는 자녀의 개성을 끌어내고 자녀가 자신만의 특별한 운명(destiny, 하나님의 뜻)을 자각하도록 도와주어야 하는데, 그러기는커녕 자녀를 자신의 연장(延長) 정도로 여긴다. 둘이 구분되지 않는다. 이 자체가 불안을 낳는다. 부모에 함몰된 자녀도, 자녀에 함몰된 부모도 귀한 동전이 사라졌음을 내면 깊이 알기 때문이다. 청소년은 자신을 찾아내고 자신이 되려 하고, 소속감을 필요로 하기 때문에, 이러한 고통은 심해진다. 자녀가 십 대 패거리에 휘말려 유행을 받아들이지 않으면, 그 연령대의 군중인 또래들에게 '또라이'라고 낙인찍힐 게 뻔하다. 좁은 문을 아는 부모마저도 그룹의 가치관에 굴복할 생각을 하기 시작한다. 이들은 자녀들이 왕따 당하는 현실을 참지 못한다. 학교도 전혀 손쓰지 않는다. 학교의 관심사는 개인을 보호하는 것이 아니라 집단을 교육하는 것이기 때문이다. 그렇다고 교회가 팔을 걷어붙이지도 않는다. 기독교가 개인에게 관심이 있음을 교회는 잊어버렸고, 숫자에만 목을 매기 때문이다.

아주 쉽게 틀에 갇히는 아이, 아주 쉽게 순응하는 청소년은 내면이 아니라 외면이 빚어 낸 어른이 된다. 어떤 식으로든, 진정한 자아를 잃은 사람의 내면에는 주림이 있다. 이런 주림은 무관심으로 표현되기도 하고, 부지런함으로 표현되기도 한다. 그는 하루에 열네 시간 일하는 직장이나, 자신에게 '전부'인 가정이나, 온갖 노력을 기울여 이룰 만한 성공이나, 끝없이 획득해 낸 것으로 이러한 주림을 채우려 들기도 한다. 그러나 자신의 내적 존재가 제시하는 길을 따르지 않는 사람의 공허감은 그 무엇으로도 채워지지 못한다. 그의 내면에 두려움이 일기 시작한다. 뭔가를 통해, 자신이 엇나가고 있음을 알아차린다. 그는 군중을 응시한다. 군중이 자신을 휙 지나가는 것 같다. 그는 군중에 속했지만, 아무도 그를 인정하지 않는다. 얼굴들이 흐릿하다. 이 사람 저 사람이 스쳐 지나간다. 손을 내밀어 만져 보고 알아보려 한다. 그때 그의 내면에서 뭔가 불뚝 일어난다. 질투와 시기가 벌떡 일어난다. 누군가 자신의 자리를 대신하지나 않을지, 자신에게 없는 것을 갖고 있지나 않을지 걱정이 된다. 누가 친구고 누가 적인지 확신이 서지 않는다. 상대가 품지도 않는 생각을 상대가 품었다고, 상대가 보이지도 않은 반응을 보인다고 여기기 시작한다. 그는 상대방이 존재하게 할 수 없다. 그 자신의 존재를 알지 못하기 때문이다. 내면에 확신이 없기 때문에 상대에게서 확신을 구하려 든다. 진짜 자기 모습으로 상대에게 존재하지 못한다는 뜻이다. 나가서 상대를 만나지만 다음 순간 고민하기 시작한다. "내가 바르게 말을 하고, 좋은 인상을 주며, 일을 제대로 해낼까?" 전혀 다른 감정들 때문에 만남이 엉망이 될지도 모른다. "그 사람이 내 목적에 어떻게 도움이 될까?" "그 사람이 내게 무엇을 원할까?" 어쩌면 상대의 억양, 피부색, 옷차림, 말하는 태도나 방식 같은 외양 때문에 만남이 엉뚱한 방향으로 틀어질지도 모른다.

군중 가운데는 책임지는 사람이 없다. 모두 무죄다. 아무도 이웃을 본 적조차 없기 때문에 사랑하라는 계명을 어긴 사람이라곤 하나도 없다.

그렇다면, 이것이 군중 속에 있는 사람들에게 다음과 같은 질문을 제기하는가? "군중에서 발을 빼려면 어떻게 해야 하며, 잃어버린 자아를 회복하려면 어떻게 해야 하는가?" 아니다. "어떻게 해야 구원받을 수 있을까?"라는 물음을 던진다는 말은 자신이 잃어버린 존재임을 안다는 뜻이다. 자신의 아픔을 안다는 뜻이다. 자신이 성경이 말하는 "멸망으로 인도하는" 길을 가고 있음을 안다는 뜻이다. 그러나 바로 이런 상황에서 의식의 속삭임을 듣는다. 군중의 표시인 무의식(생각 없음)에서 벗어난 것이다.

그렇다면, 군중에서 발을 뺄 길이 없다고 믿어야 하는가? 그렇지 않다. 모든 것이 군중에서 발을 빼지 못하게 방해하는 것은 사실이다. 하지만 하나님은 우리가 군중에서 발을 빼도록 도모하신다. 어떤 사건이나, 번뜩이는 통찰이나, 큰 아픔이 일어난다. 그 사람은 군중 속에 있으나 군중에 속하지 않게 된다. 이런 순간을 이용해, 하나님은 우리 마음과 입에 이런 질문을 두신다. "다른 길이 있는가?" 이런 질문을 던질 때, 내적 여정 또는 '좁은 문'과 관련된 말이 들리기 시작한다. 그러나 우리가 사망으로 인도하는 길과 생명으로 인도하는 길, 두 길이 있음을 알게 되었다고 해서 당연히 좁은 길로 들어서지는 않는다. 그 문에 관한 진실은 지극히 단순하다.

    하나, 그 문은 생명으로 인도한다. 그러나
    둘, 그 길은 힘들다. 그래서
    셋, 찾는 사람이 적다.

    내적 여정을 시작하려는 사람들은 하루를 시작하고 끝맺을 때마다 세 가지 사실을 곰곰이 생각해야 한다. 유혹과 거짓 선지자들과 번지르르한 목적에 맞서 첫째 사실을 단단히 유념해야 한다. 어떤 것은 공짜라는 환상에 이끌려 너무 쉽게 곁길로 가거나 부패하지 않도록 둘째 사실을 단단히 유념해야 한다. 우리에게는 병이 하나 있다. 우리는 큰 상(賞)을 좇는다. 하지만 실제로 어떤 대가를 치러야 하는지 거의 알지 못할뿐더러 우리와 싸우려 드는 적을 상대할 준비도 제대로 갖추지 못한 상태다. 우리는 용기를 구하지 않는다. 우리에게 용기가 필요하다는 사실조차 모르기 때문이다. 우리는 지평선에 나타난 적을 파악하지도 못한 채 적의 수중에 떨어진다.
    군중에서 발을 빼고 자기 운명을 따르려면, 먼저 그 길이 힘들다는 사실을 알아야 한다. 그러나 안다고 해도, 위험하기는 매한가지다. 그 길을 찾는 사람이 드물다는 사실도 기억해야 한다. 자신이 그 길을 가지 않고 있는데도 그 길을 가고 있다고 상상하기 십상이다. 이 지점에서, 종교인들은 하나님 나라를 놓친다. 이들은 자신은 두 길을 알고, 또 두 번째 길을 선택했으니 당연히 그 길을 가고 있다고 생각한다. 군중의 잠에 다시 편안하게 빠져드는 격이다. '종교적인' 군중이긴 하지만 군중이기는 매한가지다.

이것은 '좁은 문'에 관한 책이다. 이제부터 좁은 문을 내적 여정이라 부르겠다. 이것은 교회 갱신에 관한 책이다. 교인들이 내적 여정을 하고 있지 않다면 교회가 새로워지지 못한다고 단언하기 때문이다. 또한 교인들이 외적 여정을 하고 있지 않다면 교회가 새로워지지 못한다고도 똑같이 힘주어 말한다. 외적 여정을 군중의 길과 혼동해서는 안 된다. 외적 여정을 떠나는 사람들은 이웃을 돌아본다. 이들의 세계는 기술 시대와 현대의 거대 도시를 포함한다. 이들은 책임감을 갖고 참여하는 교회를 만드는 데 관심을 둔다. 교회가 내적 여정을 밟지 않고서도 외적 여정을 밟을 수 있다고 생각한다면, 중대한 실수를 범하는 것이다. 교회가 외적 여정을 밟지 않고서도 내적 여정을 밟을 수 있다고 생각해도, 참담하기는 마찬가지다. 그러므로 이것은 외적 여정에 관한 책이며, 자기 삶 속에 두 여정을 모두 두려는 교회의 분투에 관한 책이기도 하다.

2장 내적 여정의 세 가지 소통

'내적 여정'과 '외적 여정'은 우리 공동체에서 친숙한 용어다. 우리는 두 용어를 사용해 그리스도인의 삶이 무엇인지 설명한다. 이 두 용어로 세이비어 교회의 구성원이 된다는 것의 의미를 설명한다. 신앙 공동체로서, 우리는 내적 여정과 외적 여정을 겸하는 교회가 되려고 힘쓴다.

내적 여정은 세 가지 소통(engagement)을 포함한다. 고든 코스비⁴는 교회를 설립할 때 공동체 앞에서 세 가지 소통, 관계를 제시했다. 이것은 설교 주제일 뿐만 아니라, 모든 교회 생활은 이것을 가능하게 하기 위해 이루어진다.

첫째는 자신과의 소통이다. 우리는 자신을 알아야 할 필요성을 점점 강하게 느낀다. 우리는 "네 자신을 알라"는 옛사람들의 충고가 어떤 의미인지 어느 정도 이해한다. 모든 사람에게 내재된 거대한 무의식을 다루는 심층 심리학도 어느 정도는 이해한다. 그러나 자신을 탐구하는 진지한 여정을 시작하려면, 이것만으로는 부족하다. 함께하는 삶을 살고 세상에서 의미 있는 길을 제시하는 교회가 되려면 공동체에서 우리가 경험한 것을 함께 연구해야 한다. 이는 자기 점검이 꼭 필요함을 이해하기 위해서다.

영적인 삶에서 이러한 측면이 없을 때, 신앙인은 꽉 막힌 고집불통이 되기 십상이다. 이들은 결코 제대로 된 신앙인 같지 않다. 이들에게서는 신앙의 본질적인 내용이 전혀 느껴지지 않는다. 다시 말해, 이들에게는 말씀이 육신이 되는 모습이 전혀 느껴지지 않는다. 어떤 사람은 이것이 헌신하는 삶에 역행하는 이 시대 개신교의 반항적인 흐름의 큰 요인이 아닐까 생각한다. 어린 시절 자신의 진정한 주림을 채워 주지 못했던 종교에 대한 감정적인 반발을 세상에 표출하며, 교회 바깥의 사람들과 대화하려면 새로운 상징과 새로운 어휘가 필요하다고 말하는 이들이 개혁자들인가? 우리 공동체에서, 교회에 다니지 않았던 사람들이 신앙 경력이 짧지 않은 사람들보다 다양한 신앙 성향에 대해 더 관대하고 열려 있을 때가 허다하다. 신앙 경력이 오래된 사람들은 도리어 단어 하나, 말 한 마디, 주보에 써 넣은 한 줄에 툭 하면 반감을 드러내기 일쑤다. 주일 아침에 우리 교회를 찾아온 어느 방문자가 생각난다. 그는 우리 교회의 어느 새내기 신자에게 물었다. "어린 양의 피로 씻음을 받으셨나요?" 얼마 전까지 세상에 속했던 새내기 신자는 그 방문자를 쳐다보며 대답했다. "모르겠어요. 하지만 여기서 잠깐 기다려 주신다면, 알아볼게요." 만약 방문자가 우리 공동체의 식구들 중에 신앙이 편협한 부모 밑에서 자란 사람에게 물었다면, 그 질문을 받은 사람은 그의 단어 선택에 흠칫 놀라, 걸어 나가서 다시는 돌아오지 않았을 것이다.

여러 해 전, 데이스프링(Dayspring)에서 개최한 목회자 컨퍼런스에 초대받았다. 지금처럼 혁신적인 시대에 교회가 어떤 전략을 구사해야 하는지 함께 고민하고 논의하는 자리였다. 내가 초청된 까닭은 우리 교회가 몇몇 새로운 형식을 다른 교회들보다 앞서 시도해 성공을 거뒀기 때문이다. 우리는 지금처럼, 그때에도 이러한 형식이 내적인 삶을 강조한다는 점에 대해 교회로서의 확신이 있었다. 그러나 내가 기도를 말하자, 사람들은 몸서리를 쳤다. 그 주말에 나는 새로운 형식의 교회를 개척하는 활기차고 세심한 그리스도인들이, 교회에서 사용하는 어휘에 대해서뿐 아니라 교회의 내적인 삶을 발전시키는 부분에서도 가장 많은 어려움을 겪는다는 사실을 목격했다. 컨퍼런스 참석자 한 사람이 자신이 영적으로 살아온 길을 이야기했다. "저는 기도가 삶을 조종하고 통제하는 수단으로 이용되었던 가정에서 자랐습니다. 반항기를 겪은 후에야 다른 종류의 기도를 알게 되었습니다. 그러나 지금도 교회에서 자란 사람들이 종교 용어와 종교 관습에 등을 돌리게 하는 내면의 감정이 무엇인지 압니다. 그들은 현실과 동떨어진 교회의 모습에 진저리가 난 겁니다."

우리가 어디에 있고 어디로 가길 원하는지 알고 싶다면, 자신을 살펴야 한다. 우리는 종교 용어를 얄팍하게 사용하지 않는가? 다른 사람들의 진리가 우리 삶의 진리와 다르다는 이유로, 우리의 종교 용어로 그들의 진리를 공격하지는 않는가? 우리가 교양이 철철 넘치는 신앙인이라서 부적절한 단어를 사용하는 꼴을 보이기 싫어하는 것은 아닌가? 우리처럼 성숙한 위치에 이르지 못한 모든 사람들에게 눈살을 찌푸리지는 않는가? 사실, 양 극단에서 한쪽으로 치우칠 소질이 우리 모두에게 있다. 반면에, 자신의 편견을 직시할 때 우리는 온전함을 향해 나아가는 셈이다.

어느 날 밤에 커피하우스에서 만난 여자가 떠오른다. 그 여자는 딱딱하고 무미건조했다. 그녀와 앉아 있으려니 올가미에 걸린 느낌이었다. 그래서 그 자리를 벗어날 기회를 잡자마자 도망쳤다. 한 달 후, 나는 강의실에서 현대 신학의 흐름을 가르치고 있었다. 그런데 놀랍게도, 나 자신이 적대적이고 방어적인 단어를 사용하고 있다는 것을 깨달았다. 그때 그 여자가 떠올랐다. 나도 그녀와 다를 게 없었다. 그녀를 만났을 때, 나는 내가 그녀와 아주 다른 사람이라고 생각했다. 그러나 그 만남 이후, 나는 내 삶에서 뭔지 모르지만 위협적인 벽이 여기저기 솟아나 있는 것을 보았다. 내 삶에 솟은 벽은 그녀의 삶에 솟은 벽과 위치가 달랐는지 모른다. 그렇다 하더라도 내 삶에는 벽이 있고, 그 벽 때문에 안과 밖이 나뉜다.

여류 작가 에스더 하딩(Esther Harding)은 『자아와 비자아』(The 'I' and the 'Not-I')라는 책에서 내면세계와 외면세계를 보는 우리의 인식이 제한되어 있다고 주장한다.[5] 하딩에 따르면, 동물의 의식을 연구하는 생물학자들은 재미있는 발견을 했다. 동물은 자신과 관련된 대상만 보고 들을 뿐, 나머지 모든 대상에는 둔감하다는 것이다. 하딩은 더 나아가, 모든 동물은 자신만의 세계에 산다고 말한다. 그것은 움벨트(Umwelt), 곧 자신이 반응하는 바깥 세계의 대상으로만 구성된 닫힌 세계다.

하딩 박사는 자신의 주장을 뒷받침하는 생생한 예를 제시한다. 그 가운데 하나가 숲진드기의 '세계관'(world outlook)이다. 생태 주기의 어느 시점에 이르면, 숲진드기는 번식을 위해 온혈 동물의 피를 필요로 한다. 이 단계에서, 숲진드기는 나무껍질에 착 달라붙어 먹잇감이 지나가길 기다린다. 숲에는 숲진드기가 많은 데 비해 온혈 동물이 적다. 그래서 숲진드기는 길게는 17년까지 기다린다. 이 기간에, 다른 어떤 것도 숲진드기의 필요를 채우지 못한다. 그래서 숲진드기는 다른 어떤 것에도 반응하지 않는다. 의식이 발달할수록, 우리는 동물의 세계에서 더 높이 올라간다. 그렇더라도 인간은 여전히 매우 제한된 움벨트에서 살아간다. 하딩 박사는 움벨트 이론이 인간의 물리적 환경뿐만 아니라 심리적 환경에도 적용된다고 힘주어 말한다. 숲진드기처럼, 우리는 각자 자신과 관련되거나 자신의 필요를 채워 주는 대상만 보고, 나머지 모든 대상에는 눈을 감는 경향이 있다. 우리 주변이나 우리 안에 무엇이 있는지 의식하지 못한다. 모든 사람은 자신의 좁은 움벨트를 넓히고 더 알아 가는 과제를 평생 수행해야 한다. "잠자는 자여, 깰지어다. 그리스도께서 네게 빛을 주시리라."

내적 여정 중에 있는 사람들은 외면에서 일어나는 일뿐만 아니라 내면 깊은 데서 일어나는 일을 알기 위해서 의식을 키우고 진정한 자아와 소통하는 데 전념한다.

이렇게 자신과 소통하는 일에는 질문하기도 포함된다. 교회는 질문을 끌어내는 곳이라고 알려져야 마땅하다. 그런데 이상하게도, 교회의 분위기는 질문을 허용하지 않는 쪽으로 흘러가기 십상이다. 파르지팔(Parsifal, 바그너의 오페라) 이야기에서, 주인공은 여러 해 방황했는데, 그것은 그야말로 필연이었다. 젊은 시절, 주인공은 우연히 그레일 성을 보았지만 이해하지 못해 그 성의 의미를 제대로 묻지 못했다. 여기서 보듯이, 우리는 단지 묻는 게 아니라 올바로 물어야 한다. 교회 구성원으로서, 아무도 묻지 않은 질문에 답하려는 유혹을 뿌리쳐야 하고, 자신과 타인이 질문할 분위기가 조성되지 못하게 막는 방해물이 우리 속에 있다면 마땅히 그것을 제거해야 한다. 누구든 간에, 선생은 답변자가 아니라 질문자여야 한다. "사람들이 인자를 누구라 하느냐?" "너희는 나를 누구라 하느냐?"

우리는 질문해야 한다. 그리고 대부분의 질문을 자신에게 던져야 한다. "내가 왜 그렇게 반응했을까? 내가 왜 낙담했을까? 내가 왜 이렇게 불안해할까?" 시편 기자는 자신과 씨름하면서 이렇게 물었다.

내 영혼아, 네가 어찌하여 낙심하며 어찌하여
내 속에서 불안해하는가?
_시편 42:5

자신에게 질문한 후, 내면에서 들리는 대답을 신뢰해야 한다. 그래야 자기 삶의 땅을 일구고 보살펴서 찾아내야 할 답을 늘 타인에게 요구하는 오류를 범하지 않는다. 물론, 병적인 자기 성찰이 없지는 않다. 그러나 성장에 꼭 필요한 자기 성찰도 있다. 이러한 자기 성찰이 없다면, 어느 시점에 이르러 돌처럼 단단히 굳어져 도무지 변화하지 않게 된다. 우리는 해마다 더 부요해져야 한다. 그래야 삶의 끝에서 되돌아볼 때, 우리의 움벨트가 크게 확장되고, 어릴 때 상상도 못했던 세계를 보게 될 것이다. 노인은 유연하고 열린 자세로 삶을 대할 줄 알아야 한다. 이것이야말로 세월을 주고 어렵게 따낸 훈장이다. 하지만, 현실은 그 반대일 때가 더 많다. 벽은 안에 가두고 제한한다. 나이는 제대로 대접받지 못한다. 텔레비전을 비롯한 온갖 매체가 쏟아내는 광고는 나이 들수록 위험하다는 불안 심리를 교묘하게 이용한다. 우리는 대중매체를 비난한다. 대중매체가 젊음을 숭배하는 사회로 우리를 몰아넣은 주범이라고 인식한다. 그러나 사실, 대중매체는 우리의 우상숭배를 조금 더 부추겼을 뿐이다. 우리는 젊음의 꺼풀에 가려 미래를 제대로 보지 못한다. 우리는 오늘이 내일을 결정한다는 사실을 보지 못한다. 젊은이들이 중년과 노년에 어떻게 될지는 바로 지금 결정된다. 우리는 경직되고 편협한 삶이 노년에 시작된다고 착각한다. 사실, 이런 삶은 이십 대나 삼십 대에, 또는 언제든 우리가 내적 여정을 포기할 때 시작된다. 악화되는 여느 질병처럼, 이런 삶은 해가 갈수록 증세가 뚜렷해진다. 교회는 어떻게 질문을 던지는지 아시는 분을 우리가 영원히 회피해서는 안 된다는 것을 우리에게 일깨워야 한다.

오, 내 영혼아, 낯선 분이 오시리니 예비하라,

질문하는 법을 아시는 분을 예비하라.[6]

자기 인식의 풍성한 원천인 꿈은 우리가 이런 준비를 하도록 돕는다. 우리는 꿈의 메시지를 통해, 우리 자신에 대한 진실에 다가갈 수 있다. 꿈은 의식의 기억에서 사라진 것을 들려주기도 한다. 그런가 하면, 우리가 처한 현재에 새로운 빛을 비추기도 한다. 그래서 우리가 누군가를 보는 눈이나 무엇엔가 반응하는 방식이 근본적으로 달라지기도 한다. 그뿐 아니라, 꿈은 우리가 자신에 관해 부정했던 부분과 들려지길 원하는 부분을 알려 주기도 한다.

인간은 늘 꿈이 중요하다는 것을 알았고, 그래서 꿈의 의미를 곰곰이 생각했다. 역사는 꿈이 가르쳐 준 대로 이런저런 노력을 한 사람들의 숱한 이야기를 전해 준다. 성경도 처음부터 끝까지 꿈꾸는 사람들과 이들의 꿈 이야기로 넘쳐난다. 예수님께, 어느 꿈은 삶의 문제였고 어느 꿈은 죽음의 문제였다. 요셉이 꿈을 따라갔기에 예수님은 자신의 목숨을 노리는 사람들에게서 벗어나셨다. 빌라도는 꿈에 주목하지 않았기에 예수님을 죽이도록 내어주었다.

그런데 정신분석 학자들의 등장으로 꿈의 중요성이 제대로 정립되면서부터 일반인들은 꿈에 관심을 덜 갖게 된 것 같다. 더러는 꿈을 더 깊이 연구하게 되리라고 기대했는지도 모른다. 그러나 이때부터 사람들은 꿈을 전문 해석자들의 영역으로 확신하게 되었다. 과학과 실험은 꿈에 관해 새로운 정보를 엄청나게 많이 제공한다. 하지만 이러한 정보가 개개인의 삶에는 아무 의미가 없다.

꿈이 우리의 깊은 단면을 보여 주는 것은 사실이다. 배웠다는 사람들 중에 그 점에 이의를 제기할 사람은 거의 없다. 그래서 꿈은 단지 전문가들과 이들의 해석을 받을 만큼 여유로운 사람들은 물론이고 모두의 관심사가 되었다. 그렇다고 해서 꿈 해석이 복잡하지 않다거나 문명이 동트던 무렵의 과거로 돌아가 미신과 추측으로 꿈을 다루어도 좋다는 뜻은 아니다. 꿈을 문자 그대로 받아들여서도 안 된다. 상징에 관한 책을 하나 구입해 심심풀이로 꿈을 다뤄서도 안 된다. 하지만 현대 심리학이 꿈에 관해 하는 말에 주의를 기울이고, 자신의 꿈을 곰곰이 생각해 볼 수 있다. 그러지 못한다면, 우리는 과학 시대의 온갖 부를 다 누리면서도 정작 꿈이 자기 삶에 어떤 의미를 갖는지 알아내려 몸부림쳤던 옛사람들보다 가난하다.

칼 융의 말이 힘이 된다. "꿈 해석이 불확실과 독단의 전형이라는, 나의 모든 독자들이 갖는 편견에 동의한다. 그러나 다른 한편으로, 우리가 꿈을 충분히 오랫동안 철저하게 숙고한다면, 즉 꿈을 자신과 연결해 거듭거듭 숙고한다면, 거의 언제나 꿈에서 무엇인가를 얻으리라는 것을 안다." 융은 이러한 '무엇'이 자랑할 만한 과학적 성격을 가진 것이라고 느끼지 않았다. 그러나 꿈이야말로 꿈을 꾼 사람에게, 무의식이 그를 이끄는 방향을 보여 주는 실제적이고 중요한 암시라고 믿었다.

자신과 소통하는 방법은 여럿이다. 우리의 삶이 조각나 있음을 아는 게 매우 중요하다. 본회퍼(Bonhoeffer)는 『옥중 서신』(Letters and Papers from Prison, 복있는사람)에서, "그러므로 하늘에 계신 너희 아버지께서 완전하심과 같이 너희도 완전하여라(perfect)"라는 성경구절(마 5:48)을 "그러므로 하늘에 계신 너희 아버지께서 온전하신(whole 또는 complete) 것처럼 너희도 온전하라"라고 번역하는 게 적절하다고 지적했다. 그러면서 그는 이것을 야고보서 1장 8절이 말하는 두 마음 품기와 대비시킨다. 예수님은 제사장 기도에서 아버지께 "우리와 같이 그들도 하나가 되게 하옵소서"라고 기도하신다. 그러나 우리는 대부분 자신이 나뉘어 있음을 주목한다 해도, 그것은 아주 잠시뿐이다. 우리는 서로 상반되는 감정, 서로 충돌하는 생각, 서로 모순된 행동을 알아채지 못한다. 우리의 한 부분은 결정을 내리지만 우리의 다른 부분은 그 결정을 실행에 옮길 뜻이 없다. 우리는 미련하게도 같은 실패를 되풀이한다. 상대를 연구해 상대가 누구며 그들의 무기가 무엇인지 알려고 애쓰지 않는다. 대신에, 자기 실패를 두루뭉술하게 얼버무리며, 대개 의지력 부족 탓으로 돌린다. 이런 식으로, 우리의 삶은 밤에 아군과 적군을 구별하지 못하는 군대가 충돌하는 끊임없는 싸움터가 된다.

형제의 눈에서 티끌을 보길 그만두고 자기 눈에 있는 들보를 볼 때, 자신이 나뉘어 있음을 깨닫기 시작한다. 그러나 이 시대는 너무나 많은 사람들이 자기 가치를 느끼지 못해 고통당한다. 이런 시대에 우리 안에 있는 빛을, 우리에게서 진리에 기초한 부분을 인식하는 것도 똑같이 중요하다. 빛과 어둠이 있다. 둘 다 있다. 둘 다 숱한 자녀를 두었다. 어둠의 자녀들이 있고 빛의 자녀들이 있다. "내 이름은 군대니." 이것은 우리 모두의 고통이다.

둘째는 하나님과의 소통이다. 자신을 모르는 사람은 결코 하나님을 알지 못한다. 그렇지만 자신을 안다고 하나님을 아는 건 아니다. 하나님은 자아를 통해 말씀하시지만 하나님이 자아는 아니다. 하나님은 무의식의 계시를 통해 우리에게 오시기도 하지만 하나님이 무의식은 아니다.

아빌라의 테레사(St. Teresa of Avila)는 16세기에 글을 쓰면서, 두 가지 소통이 적절히 균형을 이뤄야 할 필요성을 아주 생생하게 깨달았다. 테레사는 기도를 가르칠 때마다, 자기를 아는 지식을 기르라고 충고했다. 테레사는 영혼이 자신을 아는 법을 배우지 못하게 막는 게 사탄의 책략이라고 여겼다. 그래서 자신이 돌보는 수녀들에게 자신을 연구하지 않는 영혼은 크게 진보하지 못한다고 경고했다. "자신을 아는 지식은 참으로 중요합니다. 그러므로 여러분이 천국에 올라가더라도, 자기를 아는 지식을 기르는 일을 절대 게을리하지 않길 바랍니다."[16] 그러나 테레사는 우리가 집중해서 자신에 대한 어떤 부분을 연구할 때 기억하지 못하는 사실을 알고 있었다. 그것은 바로 하나님의 계획으로 우리가 자신을 연구한다는 사실이다. 또한 좋은 것이 아주 많을 수 있는데, 우리는 이러한 자기 연구를 막 시작한 상태에서 그 풍성함을 경험하기 시작할 때 이런 좋은 것을 잊기 십상이다. 지금껏 내적 여정과 관련해 이 부분을 소홀히 했다면, 자기 연구를 시작할 때 여기에 더 주목하는 수밖에 없다. 여기서 명심해야 할 중요한 점이 있다. 진정으로 자신의 삶을 알려면, 자주 자기 연구를 내려놓고 하나님의 '크심과 위엄'을 묵상해야 한다. 테레사는 이렇게 말했다. "제가 보기에, 하나님을 알려 하지 않고는 절대로 자신을 알지 못합니다."

우리가 평생 소통할 하나님이 머나먼 길을 뚫고 우리에게 오신다. 그와 동시에, 그분은 우리 삶의 중심에서 역사하는 거룩한 능력(divine force)이다. 그분은 우리가 여러 방법으로 알게 될 하나님이다. 그러나 그분을 아는 주된 방법 가운데 하나는 성경에 뿌리를 내린 기도다. 내적—외적 여정 중인 우리는 내면의 삶, 즉 기도 생활이 더 나아질 수 있다면 얼마든지 시간을 내려 한다. 우리는 시간을 내어 침묵을 배우려 한다. 삶의 또 다른 면을 알기 위해 자기 영혼의 고요한 자리에서 하나님과 교제하는 시간을 내려 한다.

삶 전체가 기도이므로 특별히 시간을 정하는 것은 인위적이라는 소리가 드세지고 있다. 하지만 이러한 목소리는 온 삶으로 드리는 기도의 경지에 이르려면 어떻게 해야 하는가 하는 질문에는 답하지 않는다. 삶 가운데 벌어지는 사건에서 하나님의 음성에 귀를 열고, 신문의 헤드라인 기사와 위원회 모임에서, 부주의한 친구와 조급한 점원에게서 그분의 말씀을 들으려면 어떻게 해야 하는가? 우리가 깨어 있는 시간의 대부분을 차지하는 소음과 경쟁과 거래에 함몰되지 않으려면 어떻게 해야 하는가? 삶의 무대에서 하나님의 음성을 들으려고 스스로 준비해야 하는 이유는 하나님이 그곳에서 우리에게 말씀하시기 때문이 아닌가?

어느 날 밤이었다. 친구와 포터스하우스(Potter's House, 토기장이의 집)에서 간단하게 사진을 찍기로 약속했다. 조명을 낮추고 촛불 아래 대화하는 커피숍의 분위기를 내는 우편엽서가 필요했다. 그렇다고 손님들에게 사진을 찍어야 하니 포즈를 취해 달라고 부탁할 수는 없는 노릇이었다. 그래서 어느 날 밤, 손님들이 다 돌아간 후 우리 사람들을 불러 놓고 사진 파티를 열었다. 사람들은 이야기를 나누며 커피를 마셨다. 그러다가 "멈추세요!"라고 하면, 그 자세로 8초 동안 꼼짝 말아야 했다. 즐거운 대화가 방해를 받기는 했다. 그래도 다들 지시에 잘 따라 주었다. 하지만 모든 사람들의 협조에도 불구하고, 하나도 제대로 되지 않았다. 우리가 직접 해야 할 게 너무 많았다. 게다가 생전 처음 만지는 낯선 장비를 직접 조작해야 했다. 필름을 넣느라 애를 먹었고, 시간은 시나브로 흘렀다. 우리는 서두르게 되었고 초조해졌다. 실수가 꼬리에 꼬리를 물었고 필름을 날렸다. 똑같은 장면을 찍기 위해 몇 번이고 포즈를 부탁했다. 그러면서 더 서둘렀고, 그럴수록 중압감도 더해 갔다. 다시 연거푸 실수를 했고, 화기애애하던 분위기는 오간 데 없이 사라졌다. 우리는 아직도 포터스하우스의 우편엽서 사진을 찍지 못했다. 그러나 두 사람은 비록 작은 일이라도 산만하고 서두르기가 얼마나 쉬운지 새삼 깨달았다.

대부분의 사람들이 살아가는 하루하루가 전부 '중요한' 사건으로 채워지지는 않는다. 삶의 내용과 질은 우리가 평범한 일에 어떻게 반응하느냐에 따라 결정되며, 우리가 시간을 내어 내적인 삶에 자양분을 공급하느냐 그러지 못하느냐에 달렸다. 시간에 쫓길수록, 우리 시간의 각 부분을 회상하는 것은 더욱더 필요하다. 기도에 힘쓰든 그러지 못하든 간에, 삶 전체가 기도라는 말은 의미가 깊다. 따라서 우리가 구시렁대고 불평하는 대상 가운데 적잖은 부분은 우리가 무의식적으로 내뱉은 요구에 대한 응답이다. 삶 전체가 기도라는 개념을 조금이라도 진지하게 받아들인다면, 우리는 분명 자신의 자세와 태도와 행동이 실제로 무엇을 간구하는지 홀로 곰곰이 생각해 보고 싶을 것이다.

성숙한 교회에서 내적 여정 중인 사람은 단순한 간구부터 중보 기도, 묵상, 관조, 침묵 기도에 이르기까지 온갖 기도에 익숙해진다. 그는 자기 삶과는 다른 삶을 경험할 테고, 일반적인 눈으로는 보지 못하는 세계를 보게 된다. 자신 속에서 살아 있는 말씀이 "혼과 영과 및 관절과 골수를 찔러 쪼개기까지 하며 또 마음의 생각과 뜻을 판단하[는]" 사실을 알게 된다(히 4:12). 모두에게 있는 내적인 삶의 카리스마(charisma, 은사)는 우리와 전혀 관련이 없거나 이질적인 것이 아니라, 우리 안에 스며 있어 끌어내어져서 완전해진다는 것을 깨닫는다.

이런 일은 성경과 더불어 살고, 성경 속을 거니는 믿음의 사람들과 더불어 살 때 일어난다. 여기서 전기 작가는 묵상에 관해 뭔가를 가르칠 수 있다. 전기 작가가 되려면 글을 쓰려는 대상에 발을 들여놓아야 하기 때문이다. 버지니아 울프(Virginia Woolf)는 "그 생각에 잠겨야" 하거나 "그 사람이 되어야" 한다고 했다. 그러려면 때로는 수년간 관찰하고, 가능한 모든 실마리를 추적하며, 기록된 자료를 빼놓지 않고 읽고, 필요하다면 장거리 여행도 해야 한다. 그러나 모든 전기 작가들이 하나같이 하는 말이 있다. 어느 날, 자신 속에서 무슨 일이 일어난다는 것이다. 타인의 삶을 제대로 써 낼 수 있겠다는 생각이 들 만큼 자료를 충분히 모은 게 아니다. 오히려 자신 속에서 그 삶을 실제로 경험한다. 에일린 피펏(Aileen Pippett)이 말했듯이, "어떤 이상한 방법으로 삶에서 과거와 접촉한다." 그녀는 이렇게 썼다.

당신은 어느 위인의 방에 들어간다. 그 사람은 익숙한 의자에 앉아 있다. 당신은 그의 창문을 통해 보고, 그의 눈으로 본다. 당신은 초상화 화가들이 오래전에 그려 낸 그 사람의 습관적이고 무의식적인 몸짓을 놓치지 않는다. 그의 피로를 자신의 뼛속까지 느끼거나 그의 강한 목적의식에 정신이 맑아지기도 한다. 환영이 사라진다. 그러나 당신이 언뜻 보았던 장면이 실제라는 확신은 그대로 남는다.[9]

이 글을 읽고, 당신이 그 정도로 헌신되었고 당신이 살피는 대상이 나사렛 예수라면 당신도 동일한 경험을 할 수 있겠다는 생각이 들지도 모른다. 쇠렌 키르케고르(Søren Kierkegaard)는 아브라함과 이렇게 하나되는 경험을 한 게 분명하다. 『공포와 전율』(Fear and Trembling, 다산글방)에서, 그는 자신이 아브라함과 이삭과 더불어 모리아 땅과 제사를 드리는 자리까지 동행했던 여정을 기록하기 때문이다. 그는 역사 속에 자신의 길을 내어 그 역사를 자기 것으로 만들었다. 이것은 그가 단지 선조의 신앙을 물려받는다는 뜻이 아니다. 선조를 통해 하나님을 배우고, 보이는 교회뿐 아니라 시간과 공간 속에 펼쳐진 교회까지 경험한다는 뜻이다. 하나님이 옛 언약과 새 언약의 인물들에게 주신 말씀을 들을 만큼 우리가 이들과 깊이 있게 동거할 수 있다면, 우리 각자가 가야 하는 여정을 위해 하나님이 주시는 말씀이 있다고 믿게 될 것이다. 이러한 여정에는 내놓을 판도 없을 테고, 과거로부터 배울 수 있는 지침도 없을 것이다. 여정을 시작할 때, 우리는 아브라함과 이삭과 야곱을 비롯해 믿음으로 살았던 모든 사람들의 길에 동참하는 셈이다.

성경의 여러 책 가운데 하나를 선택해 한 해 동안 그 책과 함께 사는 것은 이러한 내적 여정을 시작하는 한 방법이다. 닐스(D. T. Niles)는, 이것은 성인(成人)이 된 후 자신이 줄곧 사용하는 방법이라고 말한다. 닐스 박사에게 영향을 받은 고든 코스비는 시편으로 이러한 훈련을 시작했다.

시편에 관한 책 중에, 우리가 전기 작가와 같은 방식으로 조사하고 숙고하며 연구할 수 있는 책이 있다. 그리고 시편 자체가 있다. 고든 코스비는 매주 시편을 한 편씩 공부하는 방법을 택했다. 먼저, 그는 시편 150편 전체를 두 번 읽으면서 순간순간 자신에게 특별히 다가오는 시편을 골랐다. 자신에게 곧바로 의미 있게 다가오는 시편이 아니면 암송하기가 어렵다는 사실을 알았기 때문이다. 시편 전체를 두 번 읽었을 무렵, 그가 선택한 시편은 35-40편 가량이었다. 그는 매주 이 시편들을 훑었고 그 주에 가장 끌리는 시편을 선택했다. 임의로 선택했을 때보다 암송 시간이 절반밖에 걸리지 않았다. 흥미롭게도, 나중에 그 시편들을 다시 읽었더니 처음 읽었을 때는 전혀 몰랐던 부분을 또렷이 깨닫게 되는 경우가 적지 않았다. 그뿐 아니라, 매주 전에 암송했던 시편들을 되돌아보는 게 중요하다는 사실도 깨달았다. 그러지 않으면, 그 시편들이 기억 속에 함몰될 터였다.

그해가 끝날 무렵, 전체 시편의 3분의 1이 실제로 그의 것이 되었다. 이들 시편의 범주는 다양했다. 그는 회개가 잘 되지 않을 때는 참회 시편을 선택했다. 그러면 놀랍게도, 그의 속에서 회개가 자주 일어났다. 찬양 시편도 있었고, 하나님이 우리의 피난처라고 말하는 시편도 있었다. 그는 이렇게 말했다. "이 시편들을 활용해 보세요. 그러면 하나님이 자신을 지켜 주신다는 게 정말로 느껴지기 시작할 거예요. 그리고 '하늘이 하나님의 영광을 선포하고 궁창이 그의 손으로 하신 일을 나타내는도다'라는 구절을 보고 또 보세요. 그러면 하늘을 보게 되고, 하늘이 하나님의 영광을 선포한다는 걸 알게 될 거예요. 전에 하늘을 보았을 때는, 그건 그냥 하늘일 뿐이었지요." 시편 기자의 경험이 점점 그의 경험이 되었다. 그래서 그는 단순히 말씀을 암송하는 데 그치지 않고 느낌을 자발적으로 표현했다.

그만두고 다른 방법을 택하고 싶을 때가 한두 번이 아니었다. 그러나 흥미를 잃었을 때라도, 훈련을 그럭저럭 잘 버텨 냈다. 이것은 짚고 넘어가야 할 중요한 부분이다. 어떤 훈련이든 간에, 도중에 거부감이 일어나지 않으리라는 보장이 없기 때문이다. 반대 세력이 작동한다는 뜻이다. 이 세력은 모든 좋은 의도를 시야 밖으로 몰아낼 잠재력이 있다. 이럴 때, 적이 누군지 밝히고, 훈련 목적을 다시 한 번 정의해야 한다. 제대로 된 훈련이라면 목적이 있게 마련이다. 훈련 자체가 목적이 아니기 때문이다. 훈련은 우리를 원하는 곳에 이르게 한다. 이것이 훈련의 유일한 가치다. 훈련이 목적과 관계가 없다면 아무 짝에도 쓸모없다. 물론, 목적만 있을 뿐 훈련이 없다면, 어리석기는 매한가지다. 여기서 지금껏 말하는 목적은 우리의 삶이 하나님께 뿌리를 내리게 하는 것이다. 그래야 바람이 불어도 우리의 삶이 뿌리째 뽑혀 나뒹구는 일이 없기 때문이다. 자신이 과연 모래 위에 집을 짓지는 않았는지 알아보려면 자신과 소통해야 한다. 그러나 하나님과 소통하지 않고 반석 위에 집을 짓기란 불가능하다.

폰 휘겔 남작(Baron von Hügel)은 매일 15분씩 경건한 독서를 훈련했다. 그는 이렇게 썼다. "물론, 이런 '독서'는 일반적 의미의 독서와는 사뭇 다르다. 사탕을 입에 넣고 아주 천천히 녹여 먹는 장면을 떠올리면 된다." 그는 또한 이렇게 썼다. "매일 15분씩 이렇게 책을 읽은 지도 40년이 넘었다. 돌아보면, 이런 독서가 내 삶을 든든하게 지켜 주고 내 삶을 차분하게 해 주었던 게 틀림없다."[10] 읽자마자 이 글은 나에게 깊은 의미로 다가왔다. 내가 평소에 책을 번갯불에 콩 구워 먹듯 읽는 버릇이 있기 때문이다. 이런 버릇이 백해무익함을 깨달았다. 나는 내 생각에 훌륭하고 인생을 변화시킬 만한 책, 모두가 읽어야 하는 아주 중요한 책 100권을 읽었다. 하지만 누군가 그 책을 들먹이면, 나는 그 책이 무엇을 말했는지 거의 기억나지 않는다. 내가 그 책을 읽었다고 해서 뭔가 달라졌다는 느낌도 전혀 들지 않는다. 폰 휘겔은 경건한 독서를 하면서 주로 성경, 아우구스티누스의 『고백록』, 토마스 아 켐피스의 『그리스도를 본받아』를 읽었다.

나는 이 훈련을 하면서, 세 가지 소통(engagement)과 관련된 책이면, 종교 서적이든 일반 서적이든 간에 가리지 않고 읽는다. 책을 읽다가 속에서 반응이 일어나는 구절에 이르면, 잠시 책을 내려놓고 그 부분을 묵상한다. 이따금, 그저 그게 무슨 뜻인지 찾아내려 애쓰기도 한다. 이따금, 의미가 아주 분명해 보이고 지혜를 발견했다 싶으면, 잠시 책을 내려놓고 그 구절이 내 안에 뿌리내릴 기회를 준다. 책을 읽으면서 떠오르는 생각의 흐름을 따라가다가 그 구절의 본래 의도와는 사뭇 동떨어진 곳에 이르기도 한다. 이럴 때, 나는 내 생각과 의견을 한데 모으는데, 그것이 다른 사람들의 생각과 의견을 모으는 것보다 훨씬 더 유익하다. 이렇게 책을 읽을 때, 성령께서 가르치신다. 만약, 자신의 독서가 대부분 이러한 성령의 은혜 없이 이뤄진다면, 이 부분을 꼭 기억해야 한다.

하나님을 아는 지식에 깊이를 더하려면 영적 운동이 필요하다. 그러나 그것은 우리 자신의 운동이어야 한다. 평생 깊이 생각하고 묵상하며 조용히 책을 읽은 사람이라면 폰 휘겔의 훈련이 필요 없다. 이 훈련은 그에게 식은 죽 먹기일 테고 성장할 수 있는 기회가 되지도 못한다. 적어도 매년 한 차례 시간을 내어, 자신이 어디에 있으며 자신의 목표가 무엇인지 곰곰이 생각해 보고, 그 목표에 이르려면 어떤 훈련이 도움이 될지 결정해야 한다.

그런가 하면, 자기 목표를 달성하는 걸 방해하는 세력이 있는지도 살펴보아야 한다. 우스펜스키(P. D. Ouspensky)는 우화를 동양의 여러 가르침과 복음서의 다양한 비유에서 찾을 수 있다고 말한다. 그는 저서 『기적을 찾아서』(In Search of the Miraculous)에서 우화 하나를 인용한다.

어느 가르침에서, 종은 많은데 주인도 없고 집사도 없는 집을 사람에 비유한다. 종들은 자기 의무를 깡그리 잊었다. 아무도 자신이 마땅히 해야 할 일을 하려 들지 않는다. 잠시만이라도, 하나같이 주인 행세를 하려 든다. 이런 무질서 때문에, 집은 대단히 큰 위험에 처한다. 집을 구할 방법은 좀더 생각이 깊은 종들이 머리를 맞대고 임시로 대리할 집사를 뽑는 것뿐이다. 그러면 집사 대리가 나머지 종들을 각자의 자리에 배치해 그들이 자기 일을 하게 할 수 있다. 요리사는 주방을, 마부는 마구간을, 정원사는 정원을 지키게 하는 식이다. 이렇게 하면, '집'은 진짜 집사가 돌아와도 문제없도록 준비될 테고, 돌아온 집사는 주인이 돌아와도 문제없도록 준비할 수 있을 것이다.[11]

우리의 목표와 훈련 방법을 결정한 후에, 서로 다른 관심과 목적을 가진 종들에게 이름을 붙이면 도움이 된다. 우리 가정을 자기 마음대로 관리하려 하고, 낯선 분이 오시도록 준비하는 진짜 자아로부터 통제권을 빼앗으려 하는 잘못된 안내인을 분별해 내야 한다. 최근에 기도의 훈련을 지키고 싶어 하지만 어려움을 겪고 있는 젊은 친구에게 이 우화를 말해 주었다. 나는 그의 내면에 기도하기를 원하지 않는 종에게 이름을 붙이고, 각각의 종이 야기한 두려움과 주장이 무엇인지 발견하라고 제안했다.

그는 각기 다른 네 종에게 이름을 붙였다. "각기 다른 네 자아" 또는 "내 자아의 A, B, C, D"라고 불렀다. A는 약삭빠르거나 의심 많은 종이며, 그의 마음에는 이런 두려움이 있다. "하나님이 없거나 하나님에 대해 내가 가진 개념이나 이해가 틀렸을 거야! 정말로 열심히 기도했는데 하나님이 내가 생각하는 그런 분이 아니라는 게 드러나면 어쩌지?" 이 종의 논리는 이러했다. "나는 하나님을 제대로 알지 못해. 그러니 직접 기도하고 하나님을 경험하기보다 책을 통해 영적 대가들의 사상을 읽는 게 더 나아!"

B는 경쟁을 좋아하는 종이었다. 그는 삶을 다른 사람들과 펼치는 경쟁으로 보았다. 이 종은 기도하다가 경주에 뒤쳐질까 봐 두려웠다. 그의 논리는 이러했다. "세상에는 할 일이 많아. 행동하는 사람이 절실히 필요하다고. 한순간도 허비할 겨를이 없어." 이 종은 이렇게도 말하지 싶다. "내 삶의 환경과 문제 때문에, 기도할 겨를이 없어."

C는 의사 표현이 분명하지만 불안해하는 종이었다. 그는 기도에 실패할까 봐 두려웠다. 그는 언제나 이런 논조를 폈다. "어쨌거나 나는 훈련된 사람이 아니야. 한동안은 매일 시간을 정해 놓고 기도할 수 있을 거야. 하지만 그것도 잠시, 곧 그만두고 말 테지. 그러느니 아예 시작하지 않는 게 낫지 않을까? 나는 절대로 기도의 대가들처럼 하지 못할 거야. 그러니 아예 안 하는 게 낫겠어."

D는 세련된 종이었다. 하지만 그는 바보짓을 하지나 않을까 두려웠다. "내 기도가 근거 없고 핵심도 없는 자기기만이 될까 봐 두려워요." 이 종이 내세우는 강력한 논리는 이러했다. "나는 기도를 어떻게 하는지 아예 몰라요."

자신의 다중성을 이해하는 것은 자신을 아는 데 중요할뿐더러 하나님과 소통하고 다른 사람들과 소통하는 데도 중요하다.

내적 여정의 셋째 측면은 다른 사람들과의 소통이다. 이것은 교회는 예수 그리스도 안에서 하나님께 헌신되고 서로에게 헌신된 사람들이라는 우리의 온전한 교회 개념과 연결된다. 고든 코스비는 헌신을 이렇게 말한다.

> 헌신이란, 특정 그룹의 사람들에게 "기꺼이 여러분과 함께하겠습니다"라고 말하는 것이다. "기꺼이 여러분에게 속하겠으며, 기꺼이 여러분과 함께 하나님의 백성이 되겠습니다"라고 말하는 것이다. 이것은 철회해도 좋은 일시적 헌신이 아니다. 이것은 서로에게서 그리스도의 신비를 볼 때까지, 서로의 관계에서 우리가 그리스도의 몸을 이루는 지체임을 알 때까지, 서로 깊은 관계를 맺으며 살자고 약속하는, 비참하고 비틀대는 한 무리의 죄인들에 대한 헌신이다.

교회 안에서 다른 사람들과 깊이 소통하는 것은 늘 어렵다. 이런 소통을 하려는 사람들이 그처럼 적고, 세상에 진정한 기독교 공동체가 그토록 적은 이유가 바로 그 때문이다. 교회 밖에서 그룹을 만들 때, 우리는 가까이하고 싶은 사람들과 멀리하고 싶은 사람들을 구분한다. 깊이 있는 관계는 하나같이 인간적인 친밀감을 토대로 하고, 우애의 기준을 기초로 한다는 뜻이다. 교회는 유일하게 이렇게 하지 않는 곳이다. 한 사람을 교회 구성원으로 받아들이는 까닭은 그가 특정 유형이기 때문이거나, 삶에서 특정 위치에 이르렀기 때문이 아니다. 그리스도를 주(Lord)로 고백했기 때문이다. 우리가 그 사람을 부른 게 아니다. 그리스도께서 부르셨다. 우리가 그리스도의 교회에 속했다는 사실은 알고 보면 매우 위협이 된다. 우리는 그리스도께서 부르신 사람들과 친밀한 관계를 나눠야 하기 때문이다. 그래서 낯선 사람들과 함께하게 된다. 이들은 하나님이 그분의 나라를 선포하는 일에 사용하실 법한 사람들이 아니라는 생각이 자주 든다. 우리는 교회란 무엇인지 제대로 파악한 후에도, 오랫동안 교만과 씨름한다. 다른 교회 그리스도인 형제들이 세이비어 교회를 찾아와 마치 영적 영웅들을 만나는 것처럼 우리 교인들을 대하며 만나게 해 달라고 할 때, 우리는 이것을 느낀다. 이들의 기대에 어긋나지 않게 살아야 한다는 중압감에, 우리가 느끼는 바를 자주 토로한다. "이봐, 서둘러. 휴지 좀 치워!"

기독교 공동체에 녹아들기란 아주 어렵다. 반면에, 내적 여정 중인 사람들에게, 기독교 공동체는 더없는 유익과 근본이 된다. 가치관이 다르고 경험이 다른 사람들과의 관계가 점점 깊어질수록, 우리의 작은 세계의 지평도 넓어진다. 우리의 움벨트가 확장된다. 이전과 달리 삶이 다양하고 풍성해진다.

이런 이상한 공동체에서, 우리의 헌신은 일시적이지 않고, 우리는 마음껏 행동하고 말하게 된다. 다른 상황에서라면 감내 못할 위험도 감내한다. 이를테면, 느껴지지 않는 느낌(unfelt feelings)까지 건드리는 위험을 감내한다. 말 때문에 잘릴 위험이 없음을 안다면 모임에 대해 부정적 반응과 행동을 서슴없이 표현해도 된다. 화를 내도 괜찮고, 해가 질 때까지 분을 품어도 괜찮다. 다시 함께할 테고, 그것이 지금 일어나거나 일어나지 않는 것에 좌우되지 않음을 안다면 자신과 형제 사이에 무엇이 가로막혔는지 말해도 괜찮다.

우리의 부아를 돋우고 잠시도 상대하기 싫은 사람들이 있다면, 이들이야말로 우리에 관해 우리에게 할 말이 가장 많은 사람임이 틀림없다. 현대 심리학에 따르면, 우리는 자신의 싫은 부분을 타인에게서 자주 찾아낸다. 이를테면, 자신 속에 있는 것을 상대에게 투영하는 식이다. 에스더 하딩에 따르면, 우리는 제한된 자기 세계에 살 뿐 아니라, 우리의 움벨트는 "외부와 차단된 투명 울타리로 둘러쳐져 있다. 울타리는 유리처럼, 반사된 표면에 보는 사람의 형상이 비친다. 물론, 그 사람은 자신이 바깥세상을 본다고 생각한다. 결과적으로, 그는 자신의 기준과 관점으로 모든 사람을 판단한다."[12]

공동체로 함께 살아가는 만큼, 우리가 자신에 관해 갖는 환상은 도전을 받는다. 다른 사람들이 보는 우리의 이미지를 의도적으로 깨뜨리려 한다는 뜻은 아니다. 과제는 언제나 자신을 바꾸는 것이다. 다시 말해, 우리 안에서 상대방을 만나지 못하게 하는 걸림돌을 제거해야 한다. 그러나 어떤 영구적인 관계에 갇히면, 우리 자신과 대면해야 하는 갈등 관계가 된다. 평화는 그리스도인이 교제하는 목적이라고 생각했기에, 우리는 진실한 모습을 서로 숨기면서까지 '좋은' 관계를 유지해 왔다. 하지만 이런 평화를 추구하면 순례자로 동행하는 걸 포기하는 셈이다.

최근 어느 책에서, 게오르게 구르지에프(Georges Gurdjieff)는 학생들에게 내적인 삶을 일깨우려 설립한 프랑스의 조화로운 인간 성장 연구소(Institute for the Harmonious Development of Man)를 소개한다.[13] 그 학교에 라흐밀레비치라는 러시아인이 있었다. 라흐밀레비치는 말썽꾼인 데다 공동체에서 문제를 일으키기 일쑤였다. 그는 사사건건 불평했고, 마음에 안 드는 일이 있을 때마다 떠나겠다고 으름장을 놓았다. 어느 날, 그는 으름장을 놓은 대로 파리로 가 버렸다. 구르지에프로서는 앓던 이가 빠진 거나 다름없었다. 하지만 구르지에프는 그를 돌아오게 하려고 엄청나게 노력했다. 모두가 놀랐다. 그는 다른 사람들에게 자극을 주려면 라흐밀레비치가 필요하다고 설명했다. "아무도 그를 좋아하지 않는다는 것을 압니다.…그는 애써 노력하지 않고 그냥 옆에 있기만 해도 주변의 모든 사람들과 마찰을 일으키니까요."

구르지에프는 우리가 자신에 대한 환상이 아닌 진짜 자신을 보아야 하며, 마찰은 갈등을 일으키고 갈등은 사람들로 자신을 돌아보게 한다는 이론을 적용했다. 내가 이 이야기를 기억하는 까닭은 기독교 공동체는 라흐밀레비치를 불러들일 필요가 없기 때문이다. 하나님은 새로운 언약 공동체에 들어오는 각 사람에게 하나 이상의 라흐밀레비치를 주신다.

우리는 하나님과의 관계에서 벗어나고 자신과의 관계에서도 벗어나고 싶은 유혹을 강하게 느낀다. 마찬가지로, 다른 사람들과의 관계에서도 벗어나고 싶은 유혹을 느낀다. 관계가 위기에 처할 때, 꽁무니를 빼고 싶은 유혹도 느낀다. 서로 강하게 충돌하거나 서로 관계가 소원할 때, 이런 유혹을 느낀다. 물론, 이런 유혹은 라흐밀레비치와 함께 있을 때마다 찾아온다. 그러면 우리는 다른 곳에 마음이 더 잘 맞는 환경과 마음에 더 잘 맞는 사람, 즉 "나처럼 생각하고 나처럼 느끼는 사람들이" 있는데 이렇게 유별난 그룹을 고집해 봐야 유익이 없다고 합리화한다. 하지만 이 모든 것은 곰곰이 생각해 보면 상당히 우둔한 생각이며 허상이다. 다른 사람들과 관계를 맺는다고 달라질 게 없기 때문이다. 다른 사람들도 같은 말을 하고, 같은 행동을 하며, 같은 반응을 불러일으킨다. 그러나 물론, 다른 사람들의 거친 모서리가 우리 자신의 거친 모서리를 갈고 닦아 충분히 부드럽게 하도록 용납한다면, 늘 다시 전진할 수 있다. 심지어 우리는 꽁무니를 빼면서도 여전히 그리스도께 속했고 그분의 신비로운 몸에 속했다는 환상을 유지할 수 있을지도 모른다. 그러나 그것은 인정받지 못하는 아집일

뿐이다. 신약성경이 말하는 신비한 몸은 이런 게 아니고 함께 살아가는 열두 제자와 관련이 있다. 신약성경은 늘 고린도 교회나 로마 교회를 말한다. 이 부분과 관련해 자주 제시되는 답변은 두세 사람이 그분의 이름으로 모이면 그곳이 어디든지 교회라는 것이다. 그러나 이것은 그저 친한 친구 몇몇이 모여 기도한다는 뜻이 아니다. 비틀거리는 사람들, 낯선 사람들과 삶을 깊이 나눌 때, 그분의 이름으로 모이는 것이다. 이것은 용서하는 게 무엇이고 용서받는 게 무엇인지 배운다는 뜻이다. 이것은 서로 거미줄처럼 연결됨으로써 서로가 서로에게 속했고 서로가 함께 예수 그리스도의 몸에 속했음을 알게 된다는 뜻이다.

교회는 세 가지 소통이 이루어지도록 삶의 구조를 갖춰야 한다. 어떤 사람들이 생각하듯이, 교회가 제도 없이 그렇게 할 수 있다면, 좋은 일이다. 다른 사람들이 생각하듯이, 그럴 수 없다면, 마련되는 제도가 교회의 내적 여정을 가능하게 하는지 못하는지 실험해 보아야 한다.

그러나 내적 여정이 전부는 아니다. 외적 여정도 있다.

3장 은사 끌어내기

우리는 내적 여정에 늘 힘을 쏟듯이 외적 여정에도 힘을 쏟는다. 그래야 내면과 외면이 서로 연결되고, 서로에게 의미가 있으며, 서로가 가능하도록 돕기 때문이다. 이렇게 되지 않을 때, 자기 생각에 갇혀 있는 사람들에게 적절하게 비판이 가해져야 한다. 우리가 자신과 소통하는 일이 전에 보지 못한 이웃을 볼 수 있도록 지평이 넓어지는 일로 이어지지 않는다면 자신과 맺은 약속을 재점검해야 한다. 우리의 기도가 마땅히 세상의 필요에 구체적으로 참여하는 것으로 이어지지 않는다면, 우리는 기도에 의문을 제기해야 한다. 그리스도인 형제들의 공동체가 거짓된 안전에서, 몸을 사리는 의견에서, 뻔히 알려진 길에서 우리를 건져 내지 않으면, 우리는 그 공동체에 쓴소리를 아끼지 말아야 한다. 그 공동체가 배신했기 때문이다.

내적인 삶을 키우는 목적은 자신에게 비밀스런 유익을 안겨 주기 위해서가 아니다. 조용한 아침 시간에 자기 내면에서 아늑한 자리를 찾는다고 해도, 사람들이 살아가며 부대끼는 현장에서 그 아늑한 자리로 돌아가지 못한다면, 그곳에서 한 말과 그곳에서 빚어진 우리의 모습이 바깥세상에 영향을 미치지 못한다면, 결국 그 일은 중요하지 않다.

내면의 고요함 속에 있으면서 동시에 그것을 외부의 사건과 연관시키기란 결코 파악하기 쉬운 개념이 아니다. 이것은 인생의 단계마다 다르게 이해되기도 한다. 스무 살에는 삶의 물줄기가 외부로 흐르기가 더 쉽다. 마흔은 균형을 이루는 때고, 예순은 삶의 물줄기가 내면을 더 향하는 나이다. 그러나 이러한 일반화는 위험할지 모른다. 모든 삶의 물결은 제각각 다르기 때문이다. 그래서 어떤 사람은 스무 살 때, 마흔 먹은 사람은 듣지 못하거나 절대 듣지 않는 말을 받아들일 준비가 되어 있다. 이것은 우리가 신중함을 배울 때에만 유익한 분류다. 신중해질 때 우리는 젊은이들에게 그들이 갈망하지도 않고 받아들이지도 못하는 짐을 지우지 않게 된다. 그뿐 아니라, 내면세계를 마주하고 싶어 하지 않는 노인들에게도 짐을 지우지 않게 된다.

부르심이 전혀 들리지 않거나 들리지만 반응하지 않거나 부르심에 전혀 반응하지 않는 사람들은 순종하는 법을 알지 못한다. 천국이 가까웠다고 선포하고 내적인 삶을 성장시키는 방향과 틀을 제시하는 것은 지금까지 교회의 일이었다. 그러나 몇몇의 드문 경우를 제외하면, 교회는 이런 일을 어떻게 하는지 잊어버렸다. 진정한 자아에 더 가까이 다가가려 할 때, 개신교에서 도움을 발견하기가 매우 어렵다. 당신이 이러한 내적 여정에서 길잡이를 찾고 있는데 아주 운이 좋게도 자신이 다니는 교회나 사는 도시에서 길잡이를 찾았다고 하자. 그렇더라도, 그는 스케줄이 하도 빽빽해 당신과 수년간 지속될 관계를 시작하기는커녕 30분간 짬을 내 대화하기도 어려울 것이다. 목회자에게 이 역할을 기대하는 게 자연스러울 테지만 이런 역할을 감당할 만한 목회자가 얼마나 되겠는가? 더욱이, 목회자들은 겨우 이십대에 교회를 맡는다. 나이가 지긋하고 내적 여정에서 길잡이 역할을 해 줄 법한 교인들도 여기에 대해서 아무것도 모른다. 신학교에서 자신이 지도자라고 배워 온 젊은 목회자는 '의로운 회중' 앞에서 자신은 도움이 필요한 사람이라고 솔직하게 인정하지 못한다.

급진적인 새 바람이 몰아치지 않으면, 계속해서 이 세대는 교회가 알고 있는 경건 생활의 많은 부분이 자기 안으로 파고드는 것을 내적 여정이라고 여길 것이다. 교회가 내면과 외면 간의 긴장을 유지하지 못하면 구제 프로그램과 인권 시위와 지역 조직에 성급하게 참여하고, 세속 도시에서 일하시는 하나님을 숨 가쁘게 찾게 된다. 그렇다고 하나님을 세속 도시에서 찾아서는 안 된다거나, 교회가 거기 있으면 안 된다는 말이 아니다. 이것은 섬뜩한 진실이다. 교회 여기저기서 이러한 진실을 아는 고통의 신음이 터져 나오면서, 우리는 '출애굽을 이끄신 하나님'의 백성이라는 선지자적 목소리와 삶이 '짓밟히는' 곳이면 어디에나 계시는 하나님의 백성이라는 목소리를 함께 낸다. 우리는 이 진실을 뒤늦게야 깨닫고는, 뒷걸음질 치면서 세상을 보고 한 사코 과학과 맞서려 들며 물질은 거룩하지 못하다고 외치는 종교의 태도에 경악을 금치 못한다. 카를 융은 어디선가 이렇게 말한다. "인간은 자신의 삶에서 특정한 목적을 이루기 위해 어떤 부분을 희생하는데, 그 부분이 오랜 후에 되살아나 칼을 든 채, 자신을 희생시켰던 대상을 희생시키려 든다." 세상일에 발을 빼는 데서 참여하는 데로 강조점이 이동하면서, 교회의 외향적 움직임에서 바로 이런 일이 일어나고 있지 않은가? 여기저기서 칼이 기도를, 내적인 삶을, 수양의 시간을, 하나님을 위협하지 않는가?

내면이 절대로 외면에 희생되어서는 안 된다. 외면도 절대 내면에 희생되어서는 안 된다. 변화는 결코 이런 식으로 일어나지 않는다. 집이 있고 곳간에 양식을 쌓아 둔 사람들은 이것들이 우리 삶에 의미를 주지 못하며, 우리 삶에서 안정제를 내던져 버리게 하지도 못한다는 것을 안다. 가난한 사람들도 집이 생기고 곳간이 생기면, 이것을 알게 된다. 진자의 추는 발을 빼는 쪽으로, 수많은 종교의 대용품 쪽으로 움직이고, 교회는 이러한 흐름을 따라갈 것이다. 그렇게 되면, 칼이 다시 일어날 테고, 이번에는 외면을 겨냥할 것이다.

또는 우리가 환멸을 느끼는 순간이, 세상에 참여할 틀을 찾으라는 명령이 교회에 떨어지는 순간이, 내적인 삶을 찾는 순간도 될 수 있을까? 그래서 세상을 얻을 때, 그리스도께서 말씀하시는 자아(self)를 잃지 않을 수 있을까?

우리 교회의 경우, 내면과 외면을 지탱하는 틀은 선교 그룹(mission groups)이다. 세이비어 교회는 선교 그룹들 속에서 제 형태를 찾는다. 각 그룹마다 자신과 소통하고, 하나님과 소통하며, 이웃과 소통하는 데 꼭 필요한 훈련이 있으며, 섬김의 사역을 위한 특별 훈련도 있다. 커피하우스의 경우, 이러한 훈련 가운데 하나는 아주 단순하다. 시간을 드리는 훈련이다. 매주 하루씩 저녁 7시에서 새벽 1시까지 꾸준히 시간을 헌신하지 않으면, 커피하우스 선교 그룹의 일원으로 남지 못한다. 커피하우스가 제 역할을 하려면, 이 정도 시간은 문을 열어야 한다. 구성원들이 피곤하다고 아무 때나 집에 가거나 낮에 직장 일 때문에 너무 지쳤다고 나오지 않으면 커피하우스 선교가 어떻게 될지 불 보듯 뻔하다. 선교 그룹이 하나의 역할을 수행하기 위해 어떤 훈련이 필요한지는 굳이 설명할 필요가 없다. 내적인 삶의 성장과 관련된 훈련을 향해 늘 "율법주의!"라고 부르대는 사람들이 특별한 일을 성취하는 데 꼭 필요한 엄격한 훈련에 대해서도 그렇게 부르대는 오류를 범한다. 외적인 목표는 우리의 감각에 분명하게 들어오기에, 볼 수 있고 만질 수 있기에, 이해하기가 한결 쉽다.

선교 그룹이나 핵심 그룹(cardes)이나 과제 그룹(task groups)을 조직할 때, 이들이 제각각 다른 자리에 부름받았더라도 내면과 외면은 모두 중요하게 고려되어야 한다. 한쪽이 아무리 성공하더라도 다른 쪽을 무시해서는 안 된다. 외면은 세상의 필요를 채우는 선교와 연결된다. 콜린 윌리엄스(Colin Williams)를 비롯해 수많은 사람들이 이 부분을 설득력 있고 분명하게 설명해 주었기에, 우리는 단지 지적인 동의를 넘어서는 이해에 이르게 되었다. 우리는 도시 아이들에게 취학 전 프로그램이 필요하다면 교회가 그 일에 적절한 모습을 갖출 수 있고, 도시에 모임 장소가 필요하면 커피하우스가 적합하다는 사실을 깨닫기 시작한다. 교회 갱신은 이런 일에 아멘하는 데서 분명하게 드러난다. 그러나 좌절의 위험도 적지 않았다. 교회 그룹들이 열심히 섬겼는데도, 많은 그룹이 의미 있는 방식으로 그 일을 해내지 못했다. 교회가 세상의 필요를 따라 변모해야 한다는 말만으로는 충분하지 않기 때문이다. 그래서 크고 엄중한 문제가 남는다. 도대체 어떤 필요를 말하는가? 주변 공동체를 조사하고 연구했으나 이 문제를 풀지 못했다. 어느 상황에나 존재하는 숱한 가능성 중에 하나를 선택하는 상황에서 서로 합의가 이뤄지지 않을 때가 자주 있기 때문이다. 이를테면, 청소년 비행이 있고, 알코올 중독이 있고, 마약 중독이 있으며, 고령자들이 있고, 맹인들이 있으며, 병든 자들이 있고, 마음과 영혼이 상한 자들이 있다. 주거 문제와 교육 문제가 산재한 빈민가가 있다. 핵전쟁, 자동화와 여가 문제가 있다. 일일이 열거하자면 끝이 없다. 우리는 현장에 달려갈 수도 있고 피상적인 결정을 내릴 수도 있다. 그러나 그것이 부르심을 듣거나 '보내심'을 받는다는 뜻은 아니다. 이것은 주님에게 받은 말씀 없이 선교 현장에 나가는 것일 뿐이다.

   교회 밖 사람들에게 틀을 씌워서는 안 된다. 교회 안 사람들에게도 틀을 씌워서는 안 된다. 내가 어느 날 밤 우연히 커피하우스에 들렀다고 하자. 몇 개월이 지나면서 그곳이 내게 의미를 갖게 된다. 나는 그 커피하우스 운영자들을 알게 되고 그들에게 묻는다. 그들은 내게 한 교회를 소개하고, 나는 그들에게 들은 것을 그대로 경험하게 된다. 그러나 그것은 둘도 없는 나의 경험이다. 나는 그 교회 구성원이 된다. 그런 후에, 그 친숙한 커피하우스에서 웨이터로 봉사해야 한다는 말을 듣는다. 하지만 나는 웨이터가 아니며 웨이터가 될 마음도 없다고 그들에게 항변한다. 그러자 그들은 그리스도인의 삶은 희생하는 삶이며, 나의 항변은 자주 머리를 쳐서 굴복시켜야 하는 나의 '옛' 사람에게서 나온다고 설명한다. 나는 의무감에서 그 일을 할지도 모르지만 내가 그곳에 있다고 다른 사람이 새로워지지는 않는다. 다른 사람들은 내 삶에 대해 캐묻지 않을 것이다. 내 삶에는 자신들이 배울 만한 게 없음을 직관적으로 알기 때문이다.

외형을 모색할 때도, 교회는 내적 순례에 관심을 가져야 한다. 교회의 외형이 교인들의 삶을 진정으로 담아내고 표현하는 길은 이것뿐이다. 교회가 "나를 따르라!"는 예수님의 명령에 순종하는 길은 이것뿐이다. 교회가 이렇게 할 때, 세상은 이런 음성을 듣는다. "내가 온 것은 양으로 생명을 얻게 하고 더 풍성히 얻게 하려는 것이라"(요 10:10).

우리는 그리스도를 '다른 사람들을 위한 분'으로 보면서 반대편 극단으로 치우쳤다. 우리는 교회의 틀을 보며 물었다. "그게 도대체 세상과 무슨 상관이 있나요?" 그리고 교회의 삶은 안으로 자라고, 자신을 키우려 들 것이다. 해답은 세상이 세상의 시각으로 지시하는 틀을 받아들이는 데 있다는 결론을 내리게 된다.

교회의 틀은 세상의 필요와 거의 무관하다. 이것이 문제의 절반이다. 나머지 절반은 교회의 틀이 교회 안 사람들의 필요와 거의 무관할 때도 허다하다는 것이다. 교회의 틀은 우리의 본질적 자아를 깨닫게 하지 못한다. 다시 말해, 우리 자신이 아닌 다른 어떤 존재로 사는 데서 우리를 구원하시는 그리스도를 따르도록 돕지 않는다. 교회는 지금껏 우리에게 무엇을 해야 한다고 말할 때가 너무나 많았고, 우리가 될 수 있는 존재가 되도록 돕지 못했다. 새로운 형태의 교회는 모든 사람이 자신이 **될 수 있는** 사람이 되어야 한다는 필요에 맞게 만들어질 것이다. 우리는 서로가 필요하다. 무엇보다도 우리는 하나님의 자녀다. 다시 말해, 그리스도와 함께하는 공동 상속인이다. 이것은 우리가 단언하는 우리의 공통된 인성(人性)이다. 모든 사람은 하나님의 자녀들이 누리는 영광스런 자유를 누릴 수 있도록 부름받았고, 우리의 틀은 이를 선포해야 한다.

외적 여정은 부분적으로 내적 여정에서 발견한 은사에 따라 결정된다. 달란트를 땅에 묻은 이야기는 은사를 활용하지 않고 썩히는 짓을 하나님이 얼마나 심각하게 여기시는지 보여 준다. 정신의학은 이것을 '살지 않은' 삶('unlived' life)이라 부르는데, 이런 삶은 비참한 결말을 맞는다. "그 있는 것까지 빼앗기리라"(마 25:29). 자신과 자신의 운명에 등을 돌리는 자에게 주는 숱한 경고가 있다. 불안, 불면, 불만, 분노, 무의미, 권태. 이것들은 유린된 자아의 부르짖음이다. 고난을 통해, 우리는 자기 모습에 대한 진실을 되돌아보라는 외침을 듣는다. 돌이켜 고침을 받으라는 것이다. 그러나 우리는 이렇게 자신을 부르는 소리를 외면하고 무관심과 안주와 방관의 땅으로 들어갈 수도 있다. 그곳에 들어서면 안전하게 돌아오지 못한다. "너희가 듣기는 들어도 깨닫지 못할 것이요 보기는 보아도 알지 못하리라"(마 13:14).

한 친구의 삶은 자아의 목소리에 귀를 기울이는 것이 얼마나 중요한지 생생하게 보여 준다. 하비 무어(Harvey Moore)는 선교사 부모 슬하에서 자랐으며, 부모는 섬김의 교리로 그를 양육했다. 그는 수학에 소질이 있었다. 하지만 당시 사회에서는 엔지니어들이 인정받았기에 하비는 엔지니어로 섬길 수 있을 거라고 생각했다. 하비는 엔지니어가 되기 위해 온 힘을 기울였지만 마음에 평안이 없었다. 그는 이렇게 말했다. "죄책감이 들면 그 무엇으로도 안 돼요. 베풀어도 기쁘지 않아요. '의무감'으로 베풀게 되지요. 그래서 베푸는 새로운 방법을 찾아야 합니다." 그래서 하비는 의학에 눈을 돌렸다. 의학을 공부하면 훨씬 넓게 섬길 수 있을 것 같았기 때문이다. 그러나 하비는 의학을 공부하다가 우연히 접한 인류학에 매료되었다. 삶에서 생기는 '왜'를 알고 싶어서였다. 그러나 이번에도 동기가 바르지 않았다. "제가 한 일을 죄다 정당화해야 했습니다. 그래서 '왜'라는 꼬리표를 떼면 훨씬 더 크게 섬기게 되리라고 합리화했습니다. 알 수 없는 것을 찾아 헤맸습니다. 제가 원했던 지식이 저를 하나님으로 만들려 했습니다. 그동안 제가 했던 일 중에 어느 하나도 제게 맞지 않다는 것을 어렴풋이 깨닫기 시작했습니다. 우주의 신비를 캐려는 무모한 짓도 했습니다. 머리를 벽에다 박아 댄 거죠. 그러던 어느 날, 삶이 무엇인지 생각해 보고 싶었습니다. 엔지니어링과 의학 둘 다 제게는 맞지 않는 옷이었습니다. 그때까지, 저는 '내가 뭘 해야 하지?'라고 물었습니다. 그런데 이제 '내가 뭘 하고 싶어 하지?'라고 묻기 시작했습니다. 저는 그림 그리는 게 늘 즐거웠습니다. 난생처음으로 '무엇이 내게 기쁨을 줄까?'라고 물었습니다. 손을 움직여 하는 일이 즐거웠습니다. 저는 제 손으로 뭔가를 창조할 수 있다는 것을 알지 못했습니다. 단지 제 손을 쓰면 즐겁고, 그게 제가 하고 싶어 하는 일이란 것만 알았습니다."

하비는 '이기적' 목적을 추구하다가 오랫동안 죄책감에 짓눌렸다. 아무도 그에게, 우리 삶에 새겨진 것에 복종하는 게 하나님의 뜻에

복종하는 거라고 말해 주지 않았다. 그의 한 부분이 이것을 알았고, 이 부분이 알지 못하는 부분과 싸울 만큼 강해졌으며, 모두가 제각각 지는 십자가를 그도 질 수 있게 되었다.

하비는 중산층 미국인처럼 살지 않는다. 지금 이 순간, 그런 삶은 그에게 중요하지 않다. 그는 자신이 해야 할 일을 찾았다. 부르심을 들었다는 뜻이다. 이런 일이 일어날 때마다, 불가능해 보였던 많은 것이 가능해진다. 부르심에 답하면서, 어떤 이는 생명까지 내려놓는다. 어떻게 그럴 수 있는가? 자기 생명을 찾았기 때문이다. 자신 속에 숨겨진 보화를 발견한 사람에게, 희생의 삶은 참으로 가치 있다. 그는 보화를 캐내려고 자기 소유를 다 팔아도 아깝지 않다. 이를테면, 벅찬 모험을 하고 가진 것을 잃어도 괜찮다. '부르심을 받은' 사람은 내적 자유가 있어 어떤 길을 따르는 데 수반되는 위험을 기꺼이 감내한다. 그는 하루하루 '진정한 자아'에 더 가까이 다가가고, 그러면서 힘을 얻는다.

하비 무어의 집과 작업실과 청동 주물 공장은 모두 워싱턴 D.C.의 조지타운에 자리한 한 칸짜리 차고다. 비가 오면 지붕에 물이 샌다. 바닥에는 카펫도 없고 맨 시멘트 바닥이다. 가구라고는 칸막이를 두른 모서리에 자리한 책상과 침대가 전부다. 나머지는 작업 공간이다. 기다란 벤치 외에, '밥벌이'(tent-making)에 필요한 커다란 용광로가 둘 있다. 덕분에, 하비는 여가 시간에 예술가로 살아갈 수 있다.

하비의 이야기는 그가 인정받는 조각가가 되었다는 데서 끝나지 않는다. 이러한 성공은 마지못해 언급해야 할 사항에 지나지 않는다. 온전히 인간이 되어 가는 여정을 밟는 사람이라면, 성공에 목매지 않아도 되기 때문이다. 모험의 가치는 목적지에 이르는 데 있지 않고 여정 자체에, 곧 '지금'의 삶에 있다. 자신을 예술가로 인정해 주고 교인들에게 예술가가 될 자유를 주는 교회를 찾아냈을 때, 하비는 그 교회의 삶으로 돌아가 선교하는 사람들, 다른 사람들에게 본질적 자아를 자유롭게 깨닫게 해 주는 틀을 제공하는 사람들 틈에 낄 수 있었다. 하비에게, 바로 지금의 선교적 틀이란 포터스하우스 워크숍(The Potter's House Workshop)에서 그가 담당하는 조각 수업이다.

포터스하우스 워크숍 자체는 어느 선교에나 필요한 두 가지 이유로 존재한다. 첫째, 이 도시에는 사람들이 서로를 받아들이는 작은 공동체 속에서 자기 삶을 표현하는 예술 탐구 공간인 예술-공예 센터가 필요하기 때문이다. 둘째, 우리 교회에는 이 워크숍이 자신을 내어주는 도전적 통로라는 것을 발견한 예술가들이 있다. 우리에게 음악가들이 있다면, 음악실이나 밴드는 하나의 선교 틀을 이룬다.

내가 이 글을 쓰는 지금, 워크숍의 핵심 구성원들이 각자 새로운 영역을 개척하러 떠나는 중이다. 어떤 틀이 세상의 필요를 채우지 못할 때뿐만 아니라 우리 자신이 되어 가는 '거대한 여정'을 밟게 하는 뼈대를 제공하지 못할 때에도, 우리는 그 틀을 과감히 포기해야 한다. 한 사람의 삶에서 어느 순간에는 합당한 소명이 다음 순간에도 반드시 합당하지는 않다. 젊은 부모에게 필요한 성장과 베풂의 틀이 있지만, 젊은 독신이었을 때 필요했던 틀과는 전혀 다르다. 중년에 받은 은사는 나름대로 특별한 구석이 있다. 노년의 소명은 청년 시절의 소명과 사뭇 다르다. 우리가 내적 여정을 가는 중이라면, 한결 뚜렷이 목표를 감지할 것이다. 또한, 자신을 새로운 깊이로 알게 될 때, 우리의 가치관과 강조점과 방향이 완전히 달라진다.

이것은 꼭 이전에 부르심을 헛들었다는 뜻이 아니다. 자신이 진리로 이해하는 대상에 자신을 아낌없이 내어줄 때, 새로운 앎에 이른다. 우리는 자신과 관계없는 게 무엇인지 확실하게 알게 되고, 전에는 아주 나지막한 소리로밖에 들리지 않던 부르심에 귀를 열게 된다. 이것은 그리스도 안에서 들리는 하나님의 부르심으로, 그분의 세상과 화해하는 하나님의 선교에 동참하라는 부르심이다. 이러한 화해는 우리 안에서 화해가 이뤄지는 만큼만 이뤄진다. 웹스터 사전은 '화해하다'(reconcile)를 '다시 친구가 되다'라고 정의한다. 우리는 자신과 다시 친구가 되어야 한다. 생각이 깊은 사람은 이기적이거나 자기중심적이라는 이단 사설에 속아 죄책감에 짓눌릴 필요가 없다.

선교 지향적 전도자들은 교회가 건물 짓기에 바쁘고 자기 사람들만 챙긴다며 비판의 목소리를 높였다. 그러나 이러한 비판이 우리가 보는 교회들에는 해당되지 않는다. 우리가 보는 교회들은 자기중심적 태도에서 구해 내야 할 필요가 없다. 이들은 자기 사람들의 달란트를 찾아내 길러 주어 진정한 사명(mission)을 감당하게 한다.

우리 공동체에서 자기 사명을 발견한 사람이 더 있다. 월리 윌슨(Wally Wilson)은 자기 삶의 불만스런 부분을 과감히 직시함으로써 자기 사명을 발견했다. 그는 자신이 무엇을 하고 싶은지 진지하게 묻고는 간단한 사실을 발견했다. 머리를 깎아 주고 싶었다. 몇몇 지역의 생각과는 반대로, 머리를 깎으면 기분이 좋아진다고 느꼈다. 그는 물가 상승으로 비싸진 이발이 가난한 사람들을 위한 실제적인 사역이 될 수 있다는 생각을 하게 되었다. 이발사 과정을 이수하려면 1,000시간이 필요했으나 그는 조금도 실망하지 않았다. 월리가 이발사 자격증을 땄을 즈음, 우리는 이발이 절대 단순하지 않음을 배웠다.

거의 2년이 지난 후에야, 월리는 새로 습득한 기술을 써먹을 기회를 잡았다. 그는 그해 7개월을 노스캐롤라이나 산골에서 일했다. 예배드리러 가는 작은 교회에서 산골 사람들을 만났고, 이들을 통해 그 지역의 빈곤 문제를 알게 되었다. 그는 주민들을 도와 집을 수리하고 페인트를 칠하면서 사역을 시작했다. 곧 이발 기술을 이용해 주말에 주민들의 머리를 깎아 주고 집에 페인트를 칠해 주었다. 윌리는 이제 우리 교회의 첫 선교사로서 노스캐롤라이나 산골 주민들을 섬기며, 자신의 십일조를 자신의 사역에 쓰도록 허락받았다. 그의 임무 가운데 하나는 일지를 쓰고 자신의 영적 훈련과 선교 활동에 관한 보고서를 매달 교회에 제출하는 것이다.

우리 교회가 운영하는 크리스천 리빙 스쿨(School of Christian Living)에서, 고든 코스비 목사는 그리스도인의 직업(vocation)을 주제로 강의했다. 그는 타인의 은사를 끌어내는 것이 그리스도인의 우선 과제이자 사명이라고 요약했다. "우리가 세상에 보냄을 받은 목적은 사람들을 선하게 만들기 위해서가 아닙니다. 사람들이 각자 의무를 다하도록 독려하기 위해서가 아닙니다. 사람들이 복음을 거부하는 까닭은 우리가 한 사람의 본질인 은사를 끌어내기보다 여태껏 사람들을 선하게 만들려 했고, 사람들이 각자 의무를 다하도록 독려하려 했으며, 사람들에게 새로운 짐을 지웠기 때문입니다." 그런 후에, 그는 우리가 다른 사람들에게, 하나님이 그들을 위하신다는 것과 그들이 그 무엇이 '될' 수 있음을 알려 줘야 한다고 주장했다. "그들은 자신이 어떤 사람이 되어야 하는지 마음 깊이 알고 있으며, 그런 사람이 될 수 있습니다. 그들은 자신이 마땅히 해야 하는 일을 할 수 있습니다. 그리스도인으로서, 우리는 이러한 좋은 소식을 전하는 자입니다."

우리는 이 일을 어떻게 수행하는가? 고든은 이렇게 말했다. "우리는 자신의 은사를 활용하는 데서 시작합니다. 지금 하는 일을 아주 즐겁게 하고 있다면, 다른 사람의 깊은 것을 끌어낼 방법을 가진 셈입니다. 이런 사람이 좋은 소식(Good News)입니다. 그는 좋은 소식을 말하고 있는 게 아닙니다. 그 사람 자체가 좋은 소식입니다. 그는 새사람이 누리는 자유를 만끽하는 사람입니다. 자신의 은사를 자유롭게 활용하는 사람은 성령께서 하고자 하시는 일을 다른 사람들에게 하시게 할 수 있습니다."

학생들이 받은 과제는 각자 자기 은사가 무엇인지 생각해 보고 "나는 내 은사를 활용하고 있는가?"라는 물음에 대한 대답을 찾는 것이었다. 다음 수업 때, 사람들은 과제물과 관련해 발표를 해야 했다. 겨우 몇 사람만 자기 은사가 무엇인지 말할 수 있었다. 어떤 사람들은 자신의 특별한 은사가 무엇인지 고심해 보았으나 대답하지 못했다. 달란트가 다양한 사람들 가운데 몇몇은 지금껏 한 번도 그중에 하나를 콕 짚어 내지 못했고, 해가 바뀔 때마다 이것저것 집적거려 보다가 하나도 제대로 개발하지 못했다고 했다. 그런가 하면, 어떤 사람들은 자신의 은사를 짚어 내기는 했으나 그 은사 때문에 자아와 교만의 문제가 더 심각해진다고 느꼈으며, 실제로 자신의 은사를 활용하면 곤란한 문제에 빠질 것처럼 죄책감이나 모호한 불안감을 표현했다. 과제가 자아와 지나치게 밀접한 관련이 있다고 느껴 과제에 손도 대지 않은 사람들도 있었다. 이들에게, 은사와 섬김은 아무 관련이 없었다. 수업에 참석한 사람들은 대부분 미국 교회에서 자란 터라 그런지, 각자의 섬김이 각자의 개성에 적합한 형태를 띨 수 있다는 생각을 전혀 하지 못했다. 이들에게는 인간을 '반복이 불가능한 사건'이라고 여기는 기독교가 개성을 강조한다는 사실이 낯설지 않왔다. 그러나 이러한 사실은 이들에게 전달되는 과정에서 왜곡되거나 훼손되었고, 그래서 언제나 상대방, 즉 '바깥'(out there) 사람에게 적용되었다. '부르심'의 전체적 개념을 구체적인 삶에서 파악하는 것조차 어려웠다. 분명, 하나님은 '부르신다.' 인류와 관련된 성경 기사에 기록된 첫 음성은 하나님이 서늘한 저녁에 아담을 부르시는 소리라는 것은 절대 실수가 아니다. 부르시는 하나님과 보내시는 하나님에 관한 성경 이야기는 추상적이고 성경적인 개념으로, 하나님이 나를 부르시고 보내실지도 모른다고 믿는 것과는 사뭇 다르다. 하나님은 인격적인 분이다. 이것은 내가 상당히 중요하다는 뜻이다. 다시 말해, 내 안에 하나님의 형상이 있다는 뜻이다. 내가 부르시고 보내시는 하나님과 접촉할 수 있다는 뜻이다.

밭에 묻힌 보화를 찾아내는 길은 진정한 자아를 찾아내는 것이다. 한 사람이 다른 사람에게 주는 은사(선물)는 자신이라는 선물이다. 달란트는 이러한 자아의 표현이다. 이것은 자신을 세상에 내보내서, 세상 자원을 활용하고 하나님의 영을 가진 자가 되게 하는 방법이다. 역설적으로, 이것은 자신을 뒤에 남길 뿐 아니라 미래로 보내는 길이기도 하다. 창조 행위를 통해, 새로운 것들이 생겨나고 선지자의 말이 퍼지기 때문이다.

4장 복구 지원팀

은사 끌어내기를 강조하는 공동체에서 살다 보면, 온갖 일이 일어나는데 그 모든 일을 어떻게 다 챙길 수 있는지 궁금할 것이다. 하지만 시간이 지나면서 아무도 그렇게 모든 일을 챙기지는 않는다는 것을 깨닫는다. 어떤 사람들에게는 이 일이 위태로워 보인다. 특히 사사건건 간섭하려는 사람들이라면 더욱 그렇게 느낄 것이다. 처음에는 교회의 중심 기구인 교회 운영 위원회가 선교 그룹들의 활동을 꼼꼼히 감독했다. 그런데 새로운 선교 그룹들이 속속 생겨나면서 세밀한 감독이 점점 어려워졌다. 수십 개 그룹은 고사하고 한 그룹이 진행하는 일을 다 살피기도 버거웠다. 여기저기서 새로운 선교 프로젝트를 논의하는 소리가 들렸다. 각 그룹이 가진 문제는 너무나 다양해서 그 문제를 오랫동안 씨름해 온 사람들만이 이 사안에 대해 결정을 내릴 수 있었다. 선교 그룹 수를 제한할 수 있었을는지는 모르겠다. 그러나 그렇게 했다면, 사람들이 저마다 고유한 은사를 발휘하고 선교를 통해 자기 삶을 표현하게 해야 한다는 교회의 소명에 충실하지 못했을 것이다.

이따금, 우리가 조각조각 쪼개져 간다고 말하는 사람들이 있었다. 그러나 그들은 대체로 교회 선교에 참여하지 않는 사람들이었고, 옆줄 밖에 서서 공동체에게 이러쿵저러쿵 요구하기만 하는 사람들이었다. 우리 모두 가끔씩 이런 자리에 선다는 사실만 아니라면 이 부분을 언급하는 게 중요하지 않을지 모른다. 우리는 우리가 있어야 할 자리를 찾지 못한다. 그런가 하면, 더 낫게 들리는, 좀더 영적으로 들리는 일을 하겠다며 구체적인 기존의 선교에서 발을 빼기도 한다. 섬김을 통해 하나된다는 사실을 배운 적이 있다면, 우리는 그 사실을 잊은 게 틀림없다. 섬기지 않는다면 우리는 그리스도와 하나되지 못하고 그분의 백성과도 하나되지 못한다. 이것이 은사 활용이 그토록 중요한 이유다. 우리는 은사를 활용해, 서로 섬기고, 서로에게 자신을 준다. 이런 방법으로, 그리스도 안에서 하나됨을 깨닫는다. 믿음으로 나아가 이웃을 섬길 때, 내면에서 하나됨이 일어난다. 우리의 말은 하나되게 하는 말이 되고, 우리의 행동은 하나 되게 하는 행동이 된다. 섬김에 뿌리내리지 않는 기독교 공동체는 없으며, 관계에 뿌리내리지 않는 그리스도인의 섬김도 없다. 그리스도께서 씻기신 발은 다름 아닌 친구들의 발이었다. 우리 중에 많은 사람은 이것을 깨달아야 한다. 바깥에 있는 사람들을 사랑하기란 쉽지만 이웃을, 가까운 사람을 사랑하는 일은 전혀 다른 문제다.

복구 지원팀(Restoration Corps)의 이야기는 한 가지 선교 방식을 찾아내고 이웃에게 눈을 돌린 여섯 사람의 이야기다. 시작은 여느 선교 그룹과 다르지 않았다. 한 사람이 은사를 발휘했고 주변에 사람들이 모였다. 샤론 에이버리는 선교 프로그램 때문에 우리 교회에 이끌렸다. 그러나 그녀는 우리 교회에서 실행하는 선교 과정을 다 마쳤는데도 마음에 드는 선교 그룹을 찾지 못했다. 샤론은 포터스하우스에도 발을 들여놓아 보았으나 왠지 자신과는 맞지 않다는 것을 깨달았다. 워크숍도 기웃거려 보았지만 색채와 디자인을 좋아하는데도 불구하고 그 중심으로 들어가지는 못했다. 그녀는 자신이 집과 일터와 교회에서 비참하고 불행하다며 투덜거렸다. 샤론은 이렇게 말했다. "딱히 제 것이라 할 만한 사명이 없었어요. 그때 누군가 제게 물었어요. 제가 원하는 것을 무엇이든 할 수 있다면 무엇을 하고 싶으냐는 거였어요. 저는 사회사업을 전공했고 그 일이 저한테 맞지 않다는 것을 알 만큼 오래 일했죠. 그 물음에, 저는 용기를 내서 '실내 장식이요!'라고 대답했어요. 하지만 제 문제는 이것이었어요. '그것으로 어떻게 선교할 건데?'"

아무도 해답을 주지 않았다. 그런데 교회로부터 제안이 왔다. "교회에 수리하고 손 봐야 할 방이 여럿 있는데, 그중 하나를 맡아서 해 볼래요?" 샤론이 그 제안을 남편에게 알리자 그녀의 남편은 자신이 페인트를 칠하겠으며 도와줄 사람들도 찾아보겠다고 했다. 여덟 사람이 방 한 개의 페인트칠을 돕겠다고 나섰다. 그러나 눈 깜짝할 새 1년이 흘렀고, 이들은 열두 개 방에 페인트를 칠했다. 처음에, 이들은 편안하고 느슨하며 수동적인 그룹에 지나지 않았다. 기도회도 없었고, 성경 공부도 없었으며, 정기적으로 모이지도 않았다. 목요일 밤에 모였으나, 사람들은 기분 내키는 대로 오기도 하고 오지 않기도 했다. 뮤리엘 립은 이렇게 말했다. "저는 식구가 많아 너무 깊이 참여하고 싶지는 않았기 때문에 그 모임에 참여했어요. 그저 가서 교제하고 조금 도와주면 되겠다 싶었거든요. 처음 몇 주는 모든 게 다 좋았어요. 그저 웃고 티격태격하며 페인트를 칠하는 게 전부였거든요."

그러나 이들은 그저 웃고 티격태격하며 페인트를 칠하는 데서 그치지 않았다. 이들은 선교 그룹을 만들어 워싱턴 빈민가에서 사역하면 어떨지 의논하기 시작했다. 샤론은 적은 비용으로 가난한 사람들을 돕고 그들의 아파트를 꾸며 줄 생각에 흥분을 감추지 못했다. 그러나 이들이 이런 궁리를 시작했을 때, 경험 많은 사람이 다른 그룹의 이야기를 해 주었다. 가난한 사람들을 도와 집을 단장해 주었더니 집주인이 집세를 올리더라는 것이다. 바로 그때, 이들은 비영리 단체가 낡은 건물을 수리하거나 새 건물을 짓는 경우 연방 주택관리청이 저리로 장기 융자를 해 준다는 사실도 알게 되었다. 이들은 큰 집이나 작은 아파트를 한 채 구입해, 국민주택법 221-D3에 의거해 자금을 지원받아 수리할 생각을 하기 시작했다.

몇몇은 교회 밖을 부지런히 훑고 다녔지만 반대로 몇몇은 움츠리며 꾸물대기 시작했다. 그들이 처음에 생각했던 것보다 더 깊이 참여해야 했다. 하지만 이들은 무슨 이유 때문인지 완전히 발을 빼지는 못했다. 그것은 무거워지기 시작한 오랜 헌신에 대한 압박감 이상의 그 무엇이었다. 이들은 이따금 교회 일을 하면서 실수도 했고, 서로 화를 낼 만큼 가까워졌다. 누군가 자기가 맡은 몫을 제대로 못한다며 핀잔을 주기도 했다. 이제 이들은 그저 페인트를 칠하며 방을 하나씩 헤쳐 나가는 것뿐만 아니라 페인트칠을 통해 자신의 길을 헤쳐 나갔다. 샤론은 자신감이 붙자, 좀더 대담하게 색깔을 선택했다. 식료품 저장실에서, 샤론은 드디어 해방감을 만끽했다. 그녀는 과거를 돌아보면서 자기 영혼의 어두운 밤이라고 했다. 그녀는 핑크색, 선황색, 청회색, 연보라색, 오렌지색 같은 자극적인 색깔을 선택했다. 그러고는 과감하게 혼합해 구성원들에게 주었다. 항의가 없지는 않았지만 그들은 그대로 칠했다. 식료품 저장소가 마무리되었을 때, 샤론은 자신이 실내 장식가로 인정을 받으리라고 확신했다. 몇 사람은 샤론을 인정했으나 모두가 인정한 것은 아니었다. 그녀는 여전히 모두에게 인정을 받아야 했다. 우리는 모두 식료품 저장소가 멋지다며 편을 들었다. 그곳은 커다란 집에는 으레 다 있고 나름대로 쓸모도 있지만 별 특징도 없고 그다지 주목받지도 못하는 공간이었다. 그런데 하룻밤 사이, 그 공간이 예술 논쟁의 중심이 되었고, 우리는 모두 열렬하게 찬성하거나 반대하는 쪽에 섰다.

샤론은 자신을 반대하는 사람들에게 딱 하나를 양보했다. 오렌지

색을 포기했다.

복구 지원팀 구성원들의 개성은 페인트를 칠할 때만 충돌한 게 아니었다. 구성원들이 도심 선교를 더 진지하게 고민할수록, 훈련과 좀 더 조직적인 삶이 중요해졌고 새로운 문제들이 생겨났다. 이들이 공식적인 교회의 선교 그룹으로 인정받으려면, 모임을 체계적으로 운영해 나가고 기도와 예배와 성경 공부를 훈련받을 뿐만 아니라 세상에서의 삶 한 구석에 참여하는 핵심 그룹이 있어야 했다. 훈련 주제는 권위에 관한 전반적인 문제를 부각시켰다. 이 그룹에는 훈련된 목회 상담자 조 놀즈가 맡은 그룹 치유 프로그램에 참여하는 사람들도 있었다. 훈련이라는 말에 이들은 반발했다. 이들은 자신들이 지금껏 내내 복종하며 권위를 의식하고 살았다고 느꼈다. 이제 이들은 치유 프로그램에 참여하면서, 이러한 느낌을 떨쳐 버리는 법을 배우고 있고 그 누구의 권위에도 쉽게 굴복하려 하지 않는다.

모든 그룹에는 화해자(reconciler)가 필요하다. 하나님은 복구 지원팀에 제이미 에페스를 보내셨다. 맬런 캐링턴은 자신에 관해 이렇게 말했다. "저는 늘 비주류예요. 콧대 세고 냉소적인 놈이지요. 그렇다고 제가 늘 반대만 하거나 시끄럽게 구는 놈은 아니에요. 하지만 모든 사람들에게는 그렇게 보이나 봐요." 하지만 그는 제이미에 관해서는 이렇게 말했다. "제이미는 이를테면 왕의 영어(King's English, 순수 영국 영어)를 구사했어요. 늘 적절한 때에 적절한 말을 했지요. 우리가 필요할 땐 곁에 있었어요. 우리가 틀을 갖추기 시작하자 다른 일에 헌신하려고 떠났어요. 하나님이 하신 일 같아요."

복구 지원팀은 꾸준히, 또는 애써서 헌신했고, 교회의 선교 그룹으로 공인받았을 뿐 아니라 컬럼비아 특별구 법률에 따라 지역 복구 지원단(Community Restoration Corps)이 되었다. 이러한 새로운 위상이 구성원들에게 전통적인 형제 사랑의 마음을 주지는 못했다. 그룹 내에서, 반감이 여과 없이 표출되었다. 충돌은 일상 다반사였다. 모두가 다 충돌을 원하지는 않았다. 모든 감정을 터놓고 표현하고 점검하지 않는다면 진정한 공동체를 이룰 수가 없다고 느끼는 사람들과, 반면에 무슨 희생을 치르더라도 원만하게 가야 한다고 느끼는 사람들 사이에서 충돌은 자주 일어났다. 복구 지원팀은 극단적인 사람들로 넘쳐났다. 그러다 어느 쾌활한 페인팅 팀이 몇 달간 고통스러운 작업을 해나가면서 문제를 하나씩 해결하기 시작했다. 다른 그룹들이 여러 해를 함께한 후에야 손을 대었던 일에, 이들은 순수하면서도 무모한 용기로 뛰어들었다. 나머지 사람들에게는 이 작은 그룹의 '함께하는 삶'이 아주 힘겨운 싸움으로 보였기 때문에 우리는 왜 그들이 저러고도 매주 함께하는지 의아했다.

붙어 있는 까닭은 사람마다 달랐다. 샤론은 이렇게 말했다. "이들은 제게 '새로운 나'를 시도할 기회를 주었어요. 우리는 싸우기도 했어요. 하지만 우리가 함께했다는 사실도 알아요." 그룹의 중재자 데니스 에이버리는 이렇게 말했다. "지금껏 살면서 이런저런 일을 하도록 뽑힌 적이 많았어요. 하지만 저에게 리더 자질이 있다고 믿은 적은 한 번도 없습니다. 제 자신의 가치조차 제대로 믿지 못했거든요. 그래서 사람들에게 인정받으려고 늘 주변 사람들이 저에게 원하는 일을 하고 다녔지요. 리더 역할을 했던 게 아니었어요. 표를 세고 있었던 게지요. 이런 짓거리는 이 그룹에 조금도 보탬이 되지 않았어요." 돈 하데스터는 이렇게 말했다. "우리가 도심 선교를 의논하기 시작했을 때, 제 자신의 역량을 넘어서는 책임감을 느끼기 시작했습니다. 교회는 우리한테 실수해도 괜찮다고 했고, 제게 아무런 자격도 요구하지 않고 뭐든지 해 보라고 했습니다. 제가 누군가를 위해 이 일을 할 수 있겠다는 생각이 들기 시작했지요. 이따금 그룹을 떠나고 싶을 때도 있었지만 그때마다 이런 생각을 하며 되돌아 왔지요." 맬런 캐링턴은 이렇게 말했다. "제 평생 한 그룹이나 조직에 이렇게 오래 참여해 본 적이 없었어요. 저는 논쟁과 언쟁을 정말 싫어하거든요. 그런데 우리는 작은 문제를 놓고 숱하게 따지고 싸웠지요. 그러나 차이라면, 이 그룹은 따지는 데 그치지 않고 일을 하나씩 해 나간다는 거예요. 그래서 제가 이 거친 그룹을 떠나지 못하고 있나 봐요. 게다가, 저는 이 사람들에게 제가 필요하다고 생각할 만큼 아주 이기적이기도 하고요."

자신이 누군가에게 필요하다는 사실은 인간의 영혼에 중요하다. 샤론이 말한 '새로운 나'를 시도할 만큼 안전하다고 느껴지는 자리를 갖는 것도 중요하다. 자신의 진정한 내면을 발견할 줄 알고 얻는 것이 아니라 베푸는 것을 생각하기 시작하는 것도 중요하다. 겉모습이 어떻든, 이러한 근본적이고 기본적인 변화가 격렬한 언쟁이 오갔던 작은 그룹에 참여한 사람들의 삶에서 일어나고 있었고, 그들은 이제 '지역 복구 지원팀'이라는 유망한 간판까지 얻게 되었다.

맬런이 말했듯이, 그들은 논쟁을 하면서도 일을 처리해 나갔다. 그리고 그들이 워싱턴 빈민가를 둘러보며 발견한 것은 그곳에서 수많은 집을 보았지만 자신들은 단 하나도 고치지 못할 것 같다는 사실이었다. 국민주택법 221-D3은 다른 도시에는 도움이 될지도 모르지만 워싱턴의 가난한 사람들에게는 도움이 될 것 같지 않았다. 워싱턴 빈민가의 부동산 가격은 하늘 높은 줄 모르고 치솟았다. 구매 비용이 많이 들 뿐 아니라, 연방 정부가 요구하는 조건은 지역 정부보다 더 까다로웠다. 연방 주택관리청이 주는 장기 융자를 받으려면 이런 조건을 만족시켜야 했는데, 이것은 구입비에 수리비까지 더해져 소득이 낮은 가정은 도저히 감당하지 못할 수준으로 임차료가 오른다는 뜻이었다.

복구 지원팀은 연방 정부의 도움을 받겠다는 생각을 포기하고, 부자 정부가 하지 못하는 일을 시작했다. 이들은 스스로 2,000달러를 모았다. 우리 교회의 또 다른 선교 그룹인 아이 사랑 선교회(For Loving of Children)는 주니어 빌리지(Junior Village)[14]에 자녀를 맡긴 가정에 관심을 가졌는데, 계약금 3,500달러로 구입할 수 있는 집을 하나 찾아냈다. 그들은 구입한 집을 주니어 빌리지에 자녀를 맡긴 가정이 사용하게 해 준다면 지역 복구 지원팀의 2,000달러에 1,500달러를 보태겠다고 제의했다. 다양한 선교에서 자주 그러듯이, 한 팀이 다른 팀을 도울 수 있었다. 그렇게 해서 그 집을 샀다. 식료품 저장실이 샤론에게 영혼의 어두운 밤이었다면, 뮤리엘에게는 이 집을 구입한 게 영혼의 어두운 밤이었다. 아직 어린 자녀들 때문에, 뮤리엘은 이 작업에 직접 참여하지는 않겠다고 했다. 집을 하나 마련해 주는 것과 관계를 돕는 것은 전혀 다른 문제다. 그러나 주니어 빌리지에 자녀를 맡긴 가정을 돕는 전체 프로그램은 이것을 염두에 두고 계획되었다. 주니어 빌리지에 자녀를 맡기는 이유는 주거 공간이 부족해서이기도 했지만 그들 가정의 정서가 불안정하기 때문이기도 했다. 뮤리엘은 이렇게 말했다. "친구가 필요한 사람에게 친구가 되어 주는 일은 마음이 끌렸어요. 하지만 두렵기도 했죠. 우리가 그 집을 구입하기 전에 가장 큰 절망이 찾아왔어요. 저는 찬성표를 던지기로 결심했지만, 그것은 그때껏 제가 경험한 일 중에 가장 무서운 일이었습니다."

복구 지원팀은 회원 둘을 잃었고, 남은 회원은 여섯뿐이었다. 그런데 그 집을 구입했을 때, 이들은 사명에 새롭게 헌신했고 서로에게도 새롭게 헌신했다. 이들은 잘해 나갔다. 그 집을 구입할 때까지의 나날들이 폭풍우였다면, 바로 이어진 날들은 고요해 보였다. 복지과(Welfare)[15]의 도움으로, 복구 지원팀은 그 집에서 생활할 가정을 정했고, 복지과에 집수리가 끝나는 날짜를 알려 주었다. 우리의 선교 그룹들이 세상에 천국의 징표가 되리라던 고든의 말이 생각난다. 그러나 복구 지원팀에게는 아직 그날이 이르지 않았다. 맬런은 이렇게 말했다. "주민들이 우리 소문을 들었나 봐요. 우리 복구 지원팀은 아무 매력도 없었어요. 게다가 수리를 마쳐야 하는 날짜가 촉박해, 몇몇은 매주 사나흘씩 밤에도 일을 했어요. 쓰레기를 치우고 가구를 옮기고 바닥을 깔고 온 집에 페인트를 칠했습니다. 매일 저녁에 일이 끝나면 우리는 지저분하고 냄새나는 몰골을 하고는 서로를 보며 깔깔대고 웃었지요."

언제나 실제적이고 현실적인 맬런에게 시험의 순간이 찾아왔다. 약속한 날짜는 코앞에 닥쳤는데 페인트를 칠해야 할 벽이 열다섯 군데나 남았고 깔아야 할 바닥도 여럿 남아 있었다. 그런데 맬런은 샤론이 아이 방 벽에 조용히 풍선을 그리고 있는 걸 보았다. 두 사람은 여러 달 동안 생각이 맞지 않아 티격태격했었다. 풍선처럼 작은 문제로 싸웠다. 맬런은 풍선에 우선순위를 두지 않았다. 반면에, 샤론은 풍선을 아주 중요하게 여겼다. 맬런은 이런 샤론을 이해하게 되었다. 어느 날, 맬런은 샤론을 이렇게 두둔했다. "샤론은 아기자기하게 장식하는 일로 우리를 돕고 있지요. 그려야 할 풍선이 하나라도 있다면,

바닥 같은 건 샤론 눈에 들어오지 않을 거예요. 샤론도 일부러 그러는 건 아니에요. 이런 게 샤론 눈에는 띄지 않을 뿐이지요. 샤론은 여기저기서 남은 페인트를 구해다가 잘 섞어 아름다운 색을 내지요. 제가 그렇게 할 수 있을까요? 당신이 그렇게 할 수 있을까요?"

복구 지원팀이 달성한 기적 중에 하나는, 은사의 다양성을 새로운 수준에서 깨달았다는 것이다. 이들은 그간 서로에게 불평하고, 무슨 작업을 하더라도 모두 똑같이 해야 한다고 고집했었다. 그러던 그들은 사람마다 은사가 제가끔 다르다는 것을 깨닫게 되었다. 어떤 사람은 오랜 시간 일하는 은사를, 어떤 사람은 화해자의 은사를, 어떤 사람은 관리자의 은사를, 어떤 사람은 세밀하게 일하는 은사를, 어떤 사람은 재정을 관리하는 은사를 가졌다. 그 집에는 찬장 청소처럼 아무도 하려 들지 않는 일이 많았다. 하지만 베티 윌킨슨은 달랐다. 베티는 부엌 청소를 즐겼다. 그뿐 아니라, 여린 아가씨가 할 법한 일이 아니었는데도 베티는 배관 공사와 장부 정리도 할 줄 알았다. 그래서 복구 지원팀은 은행과 관련된 일은 베티에게 떠맡겼다.

사역이 연이어 새 단계로 옮겨 가면서, 새로운 은사들이 드러났다. 샤론이 에이스이자 제일의 '사냥꾼'이라는 점에는 의심의 여지가 없었다. 다른 사람들도 가구를 찾아다녔지만, 가구 냄새를 가장 먼저 맡고 귀신같이 찾아내는 사람은 샤론이었다. 어느 날, 샤론은 차를 몰고 가다가 낡은 의자 옆에 서 있는 한 남자를 보았다. 샤론은 브레이크를 밟고 후진해, 그 의자를 가져도 되느냐고 물었다. 그러나 사실 그녀는 그 의자를 그다지 갖고 싶은 마음도 없었다. 뒤에 그 의자보다 더 괜찮은 의자들이 있으리라고 생각한 것은 아니었다. 단지 그 의자를 얻어야겠다는 충동을 따랐을 뿐이었다. 남자가 의자를 트렁크에 싣는 동안, 샤론은 그 집에 관해 이야기했다. 알고 보니, 그 남자는 부동산 중개업자로, 여러 채의 집을 가구 없이 세를 놓기 위해 집에서 여러 가구들을 빼야 했다. 그는 방금 어느 집을 말끔히 단장하고 남은 페인트 여러 통과 청소 도구를 자동차 뒷자리에 실어 주었다. 하나같이 요긴하게 쓰일 만했다. 샤론은 뒷골목에서 텔레비전 하나, 온 바닥에 다 깔고도 남을 만한 카펫, 세탁기 하나를 재주껏 건졌다. 모두 합쳐, 이 선교 그룹은 일곱 개 방에 놓을 가구와 침대를 거저 얻었다.

한 발씩 나아갈 때마다, 이 작은 그룹은 구성원들에게서 새로운 은사를 하나씩 발견했다. 그러나 이것이 이들의 대폭발을 막지는 못했다. 집수리가 거의 막바지에 이르렀을 때, 대폭발이 일어났다. 모두 밤늦도록 온 힘을 다해 일한 이튿날 이른 아침에 그들은 그 집에 이사 들어올 가정의 가장이 직장을 잃은 문제에 대해 의논을 했다. 처음부터 가장에게 직장이 있어야 한다는 것이 입주 조건이었다. 데니스는 복지과의 도움을 받아 선정한 가정의 가장이 그날 직장을 잃었다고 보고했다. 다른 직장을 얻을 가능성이 높았지만, 직장이 없는 가장의 가정이 입주하도록 허락해야 하는 걸까? 복구 지원팀은 가장의 벌이에 덧붙여 매달 60달러를 지원하기로 결정한 상태였다. 그 정도면 큰 금액이었다. 복구 지원팀 구성원들은 이미 교회에 십일조를 내고 있었기 때문이다. 이들이 한 가정의 생활비 전체를 무기한 부담해야 하는 위험을 감수하겠는가?

그런데 결정을 더 어렵게 하는 문제가 있었다. 주니어 빌리지 직원들에게 아이들이 이사하는 날짜가 잘못 통보되었다. 그래서 주니어 빌리지는 전 주에 일곱 명의 아이들을 복지과에 넘겼는데, 복지과는 이들을 다시 주니어 빌리지로 돌려보내야 했다. 너무나 속이 상했던 아이들 중에, 두 아이가 돌아가는 길에 병이 나고 말았다. 그런데 복구 지원팀이 가장 어린 두 아이를 또 실망시킬 참이었다. 이미 상처를 받은 아이들을 보면서도, 대부분의 회원들은 "가장이 직장을 얻을 때까지 기다려야 합니다"라고 주장했다. 격분한 한 회원이 비인간적인 처사라고 항의했다. 하지만 그에게 이런 대답이 돌아왔다. "형제님은 그냥 조용히 계세요. 아무것도 한 일이 없잖아요." 화약에 불을 댕긴 격이었다. 모두가 폭발했다. 대체로 조용하게 말하는 데니스가 한마디로 상황을 종결했다. "모두, 입 다무세요." 여러 달 이 작업을 해 오면서, 데니스는 내면에서 나오는 권위로 말을 하게 되었다. 작은 무리에 침묵이 내려앉았고, 아무도 침묵을 깨지 않았다. 아무 말도 하지 않고 이들은 페인트 통을 치우고 솔을 씻었으며 말없이 떠났다. 그들은 절대 다시 돌아오지 않을 것 같았다.

고든은 그룹 중재자(moderator)의 책임에 대해, 늘 무엇보다 그룹의 하나됨을 유지하고 그 깊이를 더해야 한다고 말한다. 이렇게 하려면, 계속해서 소명을 일깨우는 사람이 있어야 한다. 그가 말한 '소명을 일깨운다'는 말은 무슨 뜻일까? 간단히 말해, 매우 기본적인 사실을 거듭거듭 말한다는 뜻이었다. 이를테면, 이런 것이다. "우리가 예수 그리스도 때문에 함께합니다." "이것은 하나님이 우리에게 맡기신 사명입니다." "우리의 삶에 대한 최우선권은 그리스도께 있습니다. 그러므로 우리는 그분께 순종해야 합니다. 우리는 그분의 주권적인 명령 아래 있습니다." 그룹에게 이러한 선포는 한 번으로 그쳐서는 안 되고, 계속해서 되풀이되어야 한다. 데니스는 각 사람에게 이와는 다른 말을 했을지 모른다. 그러나 다음 날, 데니스는 모든 사람에게 전화를 걸어, 그들의 소명은 서로 싸우기 위한 것이 아니라 하나됨과 그리스도께서 맡기신 사명을 위협하는 악의 세력과 싸우는 것임을 일깨웠다. 다시 모였을 때, 복구 지원팀은 가장이 직업이 없어도 그 가정의 입주를 허락하기로 결정했다.

그룹 전체가 이 가정과 관계를 맺는다면, 가족이 부담을 심하게 받을 듯했다. 그래서 이 가정을 맡기기 위해 그룹에서 두 사람을 정했다. 돈 하데스터와 뮤리엘 리프가 선택되었고, 다시 앙숙이 한 조가 된 듯했다. 돈은 자신이 의식적으로든 무의식적으로든 간에 우람하고, 시끄럽고, 무례하고, 둔감하고, 저속하다는 인상을 준다고 했다. 그러나 이러한 겉모습 뒤에는 아픔을 아는 따뜻하고 너그러운 마음이 숨어 있었다. 뮤리엘은 온화한 영혼의 소유자였다. 그러나 맬런의 말처럼, "그렇다고 뮤리엘을 얕잡아 보면 안 됩니다. 뮤리엘은 느긋한 성격이지만 절대로 호락호락한 사람이 아니거든요. 우리가 그 가정을 입주시킨 후에 그 사실이 드러났거든요."

'그 가정 이후'와 '그 가정 이전'이라는 두 표현은 여러 달 동안 복구 지원팀 구성원들의 대화에 자주 등장했다. 이들에게 둘의 차이는 기원전(BC)과 기원후(AD)의 차이만큼이나 분명했다. 이들은 자신의 선교를 오로지 "우리가 그 가정을 입주시키기 전"과 "우리가 그 가정을 입주시킨 후"라는 견지에서 말할 수 있을 뿐이었다. 그 가정은 이들에게 선물과도 같았다. 이들의 삶에 은혜가 드러나기 시작했다. 복구 지원팀을 가까이에서 보면, 그들은 사도행전의 교회 같았다. 이들에게 뭔가 빛나고 놀라운 일이 일어났다. 이들이 다시는 티격태격하지 않았다는 뜻이 아니다. 이들이 각자의 개성을 그대로 살리면서 하나가 되었다는 뜻이다. 돈 하데스터는 이것을 성경구절을 빗대어 표현했다. "우리는 징그러울 정도로 가까워졌어요. 마치 결혼한 부부 같다니까요. 그들이 우리를 필요로 할 때 우리가 그들 곁에 있다고 믿기 때문인 거 같아요."

돈과 뮤리엘은 그 가정의 엄마와 아빠를 복지과 사무실에서 처음 만났다. 이들의 재산이라고는 주니어 빌리지에 맡긴 일곱 자녀와 어느 차고에 처박혀 있는, 할부금도 다 갚지 못한 냉장고 한 대뿐이었다. 그러나 돈과 뮤리엘에게, 이들은 유명 인사나 마찬가지였다. 뮤리엘은 이렇게 말했다. "그들을 직접 보는 게 마치 유명 인사를 보는 것 같았어요. 우리는 2년 동안 이 가족을 두고 의논했는데, 그들의 얼굴을 실제로 보고 이름도 실제로 불러 보게 된 거지요. 그들에게 말을 걸고 싶었고, 그들이 무슨 생각을 하는지도 알고 싶었어요." 그날, 돈과 뮤리엘은 이들을 단장한 새 집으로 데려갔다. 나중에 이들과 쉽사리 말을 주고받게 되는 여자는 아무 말 없이 집 안 이곳저곳을 둘러보았다. 그리고 나중에는 이들과 그다지 많은 말을 하지 않은 그 집의 가장이 방마다 다니며 평을 했다. 집을 다 둘러보고 나자 어색한 시간이 찾아왔다. 모두 거실에 서 있을 뿐 아무 말도 하지 않았다. 뮤리엘은 이들이 감사하다는 말을 어떻게 해야 할지 잠시 머뭇거리고 있다고 느꼈다. 그때 돈이 "기도합시다!"라고 말했다. 아마도 어색한 분위기를 전환하기 위해서였을 것이다. 이들은 종교적 대화는 일절 하지 않기로 미리 정해 두었다. 그래서 기도하지 않는 것은 모두가 이해하는 사항이었다. 복구 지원팀은 현대 전도법의 첨단을 걷고 있었다. 그 순간, 뮤리엘은 약속을 어긴 돈이 당혹스러웠다. 하지만 나중에 되돌아보았을 때 괜찮은 방법이었음을 깨달았다. 모두가 감사하다고 말해야 하는 상황에서, 마땅히 감사를 받아야 할 분에게 감사하지 않을 이유가 뭐가 있겠는가?

   이튿날, 뮤리엘은 두 자녀와 함께 스테이션왜건(뒷좌석에 큰 짐을 실을 만한 공간이 있는 자동차)을 몰고 새 가족을 데리러 갔다. 주니어 빌리지에 맡겨진 아이들은 나이별로 나뉘어 있어서 뮤리엘은 건물을 옮겨 다니며 일곱 아이를 모아야 했다. 아이들은 아주 신이 나서 서로 인사했을 뿐 아니라 진지한 대화도 나누었다. 차 안에서, 큰 아이들은 아기와 세 살배기를 가만두지 못하고 이리저리 옮겨 가며 서로 자기 곁에 두려 했다. 두 아이에게 쏠린 관심은 너무 늦은 감이 있었다. 유아기의 여러 달 동안, 이들을 안아 주고 얼러 줄 사람이 없었다. 그래서인지 아이들은 웃지도 않고 울지도 않았다. 언니 오빠들이 번갈아 안아 주는데도 별 반응이 없었다. 뮤리엘은 운전을 하면서 이들을 흘끔흘끔 훔쳐보았다. 이들에게 유아 시절을 되돌려 주기에는 너무 늦은 게 아닐까 하고 생각했다. 별 반응이 없는 커다란 눈망울은 유아 시절을 영원히 잃었다고 말하는 것인가?

   단장한 새 집에 도착하자, 엄마가 아이들을 하나씩 안아 주었다. 아빠는 아이들의 머리를 토닥여 주었다. 뮤리엘은 이런 모습을 뒤로 하고 그곳을 떠났다. 어딘지 모르게, 자신이 무단 침입자라는 느낌이 들었기 때문이다.

   그 후 여러 날 동안, 아빠는 관청에서 마련해 준 일터에 나갔고, 샤론은 집에 들러 서랍장마다 아이들의 이름을 예쁘게 그려 주었다. 일주일에 한 번, 돈과 뮤리엘은 이들을 방문했다. 뮤리엘은 이렇게 말했다. "우리는 이들을 보러 갈 때면, 으레 한 블록 앞에서 차를 세우고 기도합니다. 지금까지 이들의 삶은 온통 슬픔뿐이었어요. 한 가정이 감당하지 못할 만큼 숱한 어려움을 겪었거든요. 잠자리에 들 때면

이들이 떠올라요. 그럴 때면 이런 가정이 저기 어둠 속에 또 얼마나 많을까 하는 생각을 합니다. 다시 시작하고 싶지만 짐이 너무 무거워 그러지 못하는 가정들 말입니다."

초기에, 이들의 대화는 주로 돈을 어떻게 벌고 어떻게 예산에 맞게 쓰느냐에 집중되었다. 이들은 이 문제를 두고 자주 통화했다. 예산 항목 중 하나는 매주 약간의 금액을 아빠가 다니는 직장의 신용조합에 예금하는 것이었다. 물론, 엄마에게는 알리지 않을 작정이었다. 이 가정은 예전에 여러 차례 깨졌고 그때마다 아이들은 주니어 빌리지에 보내졌다. 아빠가 돈을 버는 족족 술을 마시느라 허비했고 집세는커녕 식료품 살 돈도 없었기 때문이다. 그런데도 엄마는 한 푼도 저축하려 들지 않았다. 그녀는 막무가내로 안 된다고 했다. 마침내, 그녀는 저축을 해 봐야 자신에게는 아무 도움도 안 될 거라고 말했다. "또 그 인간이 술 처먹고 다 써 버릴걸요." 돈은 남편을 믿어 보는 위험을 감수해야 한다고 그녀를 겨우 설득했다. 아빠는 여전히 술을 마신다. 매달 충고하고 설득하는데도, 그는 여전히 술을 좋아한다. 그래도 아직 저축해 둔 돈에 손을 대지는 않았다.

뮤리엘은 이렇게 말한다. "우리가 전문적인 조언을 하지는 못해요. 그 부분은 우리 능력 밖이에요. 그러니까 그냥 친구로 지내요. 이건 할 수 있거든요." 뮤리엘은 복구 지원팀에서 활동하는 데 가장 큰 걸림돌이 자신의 가족이라고 생각했다. 그러나 이제 가족은 그녀에게 가장 큰 재산이다. 가족 덕분에, 뮤리엘은 이 가정의 엄마와 금방 가까워졌다. 그녀는 아이가 아프거나 집안에 문제가 있을 때마다 뮤리엘에게 도움을 청했다. 그 엄마는 분명한 일도 하려 들지 않을 때가 많았다. 그때마다 뮤리엘은 조바심을 냈다. 그 집 아이들은 밤늦게까지 자지 않았다. 그 집에는 스케줄도 없었고 정해진 일과도 없었다. 그래서인지 뮤리엘은 이들이 제대로 살고 있다고 여기지 않기 시작했다. 그러나 뮤리엘은 또한 이것을 이해하기 시작했다. 지난 여러 달 동안, 뮤리엘은 그 젊은 엄마도 가난의 자녀임을 깨달았다. "이 엄마에게서 자신의 물질적 필요를 채우지 못한다는 게 무슨 뜻인지 배웠어요. 저는 그런 생각을 해 본 적이 없거든요. 저는 필요한 거라면 언제든 가질 수 있었으니까요."

돈은 이 가정의 아빠와 더 가까웠는데, 그는 뮤리엘의 '빼어난 영어'를 무서워했다. 돈도 그에게 친구 이상이 되려고 애쓰지 않았다. 돈은 이렇게 말했다. "저는 실수할 자유를 받았습니다. 그래서 그들에게도 똑같은 자유를 줄 수 있었지요."

이 가정의 첫째 아이는 천식을 앓았고, 처음 몇 달 동안 여러 차례 다급하게 병원으로 실려 갔다. 여덟 살배기는 간질 환자다. 세 달이 지났는데도, 아기는 여전히 생기가 없다. 세 살배기는 이것저것 집어 들고 이따금 미소를 짓거나 뭔가를 잡으려고 손을 내민다. 두 아이가 특별히 밝기는 하지만, 그래도 모든 아이가 학교에서 뒤처진다.

이들은 복구 지원팀이 품은 하나님의 어린 양이다. 데니스는 이렇게 말한다. "과연 우리가 그들의 삶에서 중요한 사람들인지는 모르겠어요. 하지만 그들이 우리의 삶에서 중요해진 건 분명해요. 그들이 우리를 바꿔 놓았거든요."

어느 날, 그 엄마는 자주 그러듯이 한밤중에 뮤리엘에게 전화를 해, 자신을 비롯해 네 아이가 세례를 받았다고 말했다. "우리 힘으로는 못해요. 이제 알겠어요. 우리에겐 하나님이 필요해요."

뮤리엘은 이렇게 말했다. "저도 알고 있었지요. 이 가정과 함께하면서 알게 되었어요. 그들에겐 집이나 우리나 돈 외에 더 필요한 게 있어요. 저에겐 이것들이 다 있고 다른 것들도 있어요. 하지만 이것들만으로는 부족해요."

5장 프론티어 교회와 정신의학

능력으로 움직이고 권위로 하나님 나라를 선포하는 미래 교회는 심층 심리학이 찾아낸 것들을 잘 알고 활용해 상처받고 깨어진 세상 사람들뿐 아니라 교회 안의 사람들도 섬길 줄 알아야 한다. 이것은 내적 여정 중인 교회, 인간의 온전함(wholeness)에 관심을 가진 교회의 일면이다. 하지만 이것은 받아들이기 힘든 개념이다. 왜냐하면 우리 안에 낯설고 불편한 느낌을 불러일으키기 때문이다. 이것은 그리스도인을 전인(whole person)으로, 기독교 공동체를 '구원받은' 공동체로 이상화하는 우리의 생각과 충돌한다. 목회 상담 프로그램을 사역에 도입한 교회들조차 이러한 프로그램을 전체 회중과 연결해서 보지 못하고 분리된 병자들과 연결해서 본다.

우리 세이비어 교회에서는 더 이상 이렇게 하지 못한다. 치유 프로그램에 아주 많은 교인들이 참여한다. 처음 2년 동안, 전체 교인 250명 가운데 150여 명이 참여했다. 참여한 150여 명 가운데, 70명은 3개월에서 2년까지 그룹 치유 프로그램에 참여했다. 지금도 계속되고 있는 이 프로그램은 6-8명으로 구성된 여섯 그룹을 대상으로 진행된다. 이러한 그룹들은 매주 한 차례 모이며 활짝 열려 있다. 나가는 사람들과 들어오는 사람들이 늘 있다는 뜻이다. 게다가 우리 교인들 중에는 종교적 배경을 알지 못하는 교회 바깥의 정신과 의사들과 심층 분석을 하는 사람들이 10퍼센트가 넘는다. 이러한 수치에도 불구하고, 우리 중에는 여전히 정신의학을 뒤섞인 느낌으로 보는 사람들이 많다. 신앙 및 영적 순례와 관련된 치유 프로그램을 찾아야 할 필요성에 대해서도 마찬가지다. 그래서 나는 망설이다가 앞의 수치를 제시했다. 과연 우리 교회에서 희망과 힘을 찾는 친구들이 이런 수치에 놀랄지 의문이었다. 이런 수치는 지금껏 우리 안에 불러일으킨 몇몇 물음을 다른 사람들에게서도 똑같이 불러일으킬 게 분명하기 때문이다. 그러나 이런 까닭에, 나는 이 수치를 포함시켰다. 나는 신학자도 아니고 정신과 의사도 아니기 때문에, 종교와 정신의학의 주제에 관해 지금까지 나온 자료에 더 보탤 수가 없다. 자주 추상적으로 기록될 뿐인 내용에 대해, 경험을 기반으로 말할 수 있는 어느 교회의 구성원으로서 글을 쓸 뿐이다.

우리는 대부분 대도시에서나 보는 정신의학에 기반을 둔 세련된 모임에 참석해 본 적이 없다. 과거에 정신과 의사의 도움이 필요한 사람은 니고데모처럼 밤에 갔다. 가장 가까운 친구들조차도 짐작 못했다는 뜻이다. 가능하면, 가족에게까지 사실을 숨겼다. T. S. 엘리엇의 시구가 떠오른다.

> 이제 그대 리본 길에서 뿔뿔이 흩어져 사네,
> 아무도 이웃이 누군지 모르고 알려고 들지도 않네
> 이웃이 너무 성가시게 하지만 않으면.[16]

세이비어 교회에서 우리는 공동체로 살아간다. 공동체로 살면서 자기 문제를 감추지는 못한다. 사실, 우리의 문제인데도 자신조차 모를 때가 허다한 문제를 공동체는 밝히 드러낸다. 깊이 있는 관계는 늘 이렇다. 기독교 공동체는 우리의 어린 시절 가정에 가장 근접한 공동체다. 어린 시절에 가정에서 받은 상처와 해결하지 못한 문제들이 새로운 '믿음의 가정'에서 다시 밝히 드러난다. 이따금 잘 적응한 사람들이 교회에 들어온다. 이들은 활동적이며, 교회 선교에 기꺼이 참여한다. 그런데 몇 달 혹은 1년 후, 많은 일들이 기대했던 것과 달라 보인다. 사실은 훨씬 좋아졌다. 예전에는 이런저런 불안감 때문에, 또는 그저 소속감을 느끼고 싶어 많은 활동을 했었다. 어떤 사람들은 깊은 관계를 맺는 것이 두려워, 공동체를 갈망하면서도 사람들이 가까이 다가오면 슬그머니 뒷걸음질 친다. 그런가 하면, 어떤 사람들은 예전에 묵살했던 갈망이 속에서 다시 꿈틀대고 되살아나고 있음을 발견한다. 이유는 사람마다 다르지만 이런 경험은 늘 고통스럽다. 진정한 성장에는 아픔이 따른다. 진정한 깨달음에는 고통이 따른다.

어떤 사람들은 세이비어 교회가 헌신하는 까닭은 우리 교인들이 다른 교인들보다 필요한 게 많기 때문이 아니냐고 묻는다. 우리는 그 질문을 곰곰이 생각한 끝에 "아니오!"라고 답한다. 비록 우리가 교회 안 사람들의 필요를 더 잘 의식한다고 말할 수 있지만 말이다. 그러나 이것이 복음을 듣는 데 필수적이지 않은가? 그리스도께서 다음과 같이 말씀하실 때 누구에게 말씀하시는지 분명히 하셨다. "건강한 자에게는 의사가 쓸 데 없고 병든 자에게라야 쓸 데 있느니라. 너희는 가서 내가 긍휼을 원하고 제사를 원하지 아니하노라 하신 뜻이 무엇인지 배우라. 나는 의인을 부르러 온 것이 아니요 죄인을 부르러 왔노라"(마 9:12-13).

또한 정신 건강 분야에서 일하는 사람들은 해체 과정이 없으면 인격이 성장하지 않는다는 이론들을 진지하게 숙고한다. 우리 자신과 타인들의 눈에 우리의 내면이 산산조각 나고 있다면, 그런 과정은 인격이 한 단계 성장하기 위한 준비 단계일 것이다. 청소년기가 이 이론을 뒷받침한다. 청소년기는 혼란과 격동의 시기지만, 성장의 시기이기도 하다. 중년과 노년의 삶은 청소년과 같은 길을 걷지 않는다. 청소년들은 그들만의 심리적 격동기를 겪는다. 새로운 것을 받아들이기 위해 낡은 것을 버린다.

우리 사회가 노화(老化)를 두려워하는 이유는 우리가 삶에서 영적 차원을 잃어버렸기 때문이다. 그래서 우리는 자기 삶에 새겨진 하나님의 계획을 놓치고, 삶이 각 시기마다 우리 존재를 새로운 단계로 부른다는 사실을 알지 못한다. 이러한 부름을 거부하고 싶은 유혹을 느낀다. 옛 땅이 더 친숙하다. 지금 사는 집은 오랜 세월에 걸쳐 지었다. 설령 우리가 이 집을 좋아하지 않더라도, 현재의 집은 미지의 집보다 안전해 보인다. 그러나 하나님은 우리에게 새 땅을 보여 주려 하시고, 우리가 새 집에 살게 하려 하시며, 옛 땅을 휘젓고 그 땅에 바람과 홍수가 몰아치게 하신다. 만약 우리가 지혜롭고 잠에서 깨어난다면, 우리는 낡은 집을 버리고 하나님이 구하는 자들에게 보여 주시는 땅에 새 집을 지을 것이다. 삶에서 우리의 감정을 격동시키는 다른 모든 위기는 성장과 더 깊은 사고를 낳는 동일한 창조적 잠재력을 갖는다. 그러나 재앙을 불러 올 잠재력도 공존한다. 적절한 버팀대가 없다면 수면 밑의 저류(低流)에 빠져 헤어나오지 못할지도 모른다. 공동체는 바로 이 부분에서 이따금 정신의학의 도움을 받는다.

스스로 감당하지 못할 정도로 큰 문제가 없는 사람들을 가장 불쌍히 여겨야 할지도 모른다. 이런 사람들은 고통과 상실의 기억이 없으며, 한밤중에 울었던 기억도 없다. 그래서 다른 사람들이 겪는 아픔과 상실을 듣는 귀가 없다. 어쩌면 이런 사람들이 가장 많은 것을 잃어버린 사람들인지도 모른다. 그들은 자신을 잃어버리고, 슬픔에 잠긴 세상을 잃어버린 사람들이다.

우리가 사는 동네에 대해 한 가지 아는 것이 있다. 우리에게 특별한 위기와 스트레스의 순간이 찾아올 뿐 아니라 주변 사람들의 삶에도 깊은 어려움이 찾아온다는 것이다. 부부 세 쌍 가운데 한 쌍 꼴로 파경을 맞고, 입원 환자 다섯 가운데 하나 꼴로 정신에 문제가 있는 환자이며, 멀쩡한 나라에 알코올 중독자가 500만에 이른다. 이뿐만이 아니다. 청소년 비행, 범죄, 마약 중독, 도박, 지체아동, 사생아 문제도 심각하다. 알코올 중독자 한 사람 때문에 여러 사람들이 겪는 큰 정서적 혼란을 생각해 보라. 이들은 스스로 서지 못한다. 이런 사실을 파악하는 건 한결 쉽다. 그러나 범위를 확장해 이들과 연결된 수백만의 사람들을 생각해 보라. 이들이 이 땅의 거대한 정서적 질병인 '자주 소란을 일으키는' 이웃의 한 부분일 뿐이라는 사실도 기억하라. 우리 모두를 괴롭히고 우리가 선물로 받은 관계를 절망적이고 어렵게 만드는 질투와 시기와 공격성은 어떻게 해야 하는가? 권태, 무관심, 무의미도 현대 세계의 불안 목록에서 윗부분을 차지한다.

그러나 우리는 용케도 자기 삶을 서로에게 아주 잘 숨긴다. 그래서 자신이 혼자가 아니라고 생각하지 않는다. 불신은 잘 감지되지 않는 우리의 질병이다. 우리는 '서로 신뢰하는' 마음을 받았으나 두려움이 높은 벽을 만들어 그것을 짐작도 못한다. 우리는 상처받을까 봐 두려워하고, 말할 때에는 소심해진다. 우리가 하는 말은 우리를 공격하는 데 이용되거나 서로에 대한 충심을 저버리기 일쑤다. 그러기에 우리는 자신의 짐과 타인의 짐에 고립이라는 짐을 보탠다.

우리 교회에서 어떤 사람이 2년간 다른 교회에 다녔는데, 교회 생활에 적극적으로 참여했고 기도 그룹에도 참여했다. 그녀가 그 교회를 떠나 우리 교회로 돌아오기 전 주에 그 교회의 친구들이 찾아와 처음으로 자신들의 문제를 얘기하고 고민을 털어놓았다. 그 교회를 떠날 사람이었으니 그녀에게 비밀을 털어놓아도 안전할 터였다.

우리 교인들 중에 자신이 치유 프로그램에 참여하고 있다고 교회 밖 사람들에게 거리낌 없이 말하는 사람들이 있다. 그런데 이들이 이런 사실을 털어놓으면, 바깥 사람들은 '멀쩡한' 사람이 왜 그러냐며 큰 충격을 받는다. 우리 교회에 다니는 어떤 여성은 이따금 다른 교회에 가서 자신이 우리 교회의 치유 프로그램에서 겪었던 경험을 들려주었다. 그녀는 이렇게 말했다. "교회 프로그램을 말할 때보다 훨씬 더 실감납니다. 나중에 저를 찾아오는 사람들은 자신의 생각과 감정, 고민을 터놓고 말하지요. 제가 제 고민을 터놓고 얘기하니까요. 서로에게 할 말이 있는 거지요." 신뢰가 신뢰를 끌어냈다. 그녀가 처음 용기를 낸 건 동네 아주머니들이 커피를 마시며 수다를 떠는 자리에서였다. 이런 자리가 늘 그렇듯, 가벼운 이야기가 오갔다. 이야기 방향이 정신의학으로 옮겨 갔을 때, 재미있는 농담과 익살이 많이 오갔다. 그녀는 이렇게 말했다. "정신과 상담을 받아야 할지도 모르겠어요." 그녀가 치유 프로그램에서 얻은 정보를 그들과의 대화에 소개했다. "그들의 자부심에 화가 나지 않았다면 그렇게 하지 못했을 거예요. 그들은 뭐든 자신이 문제 없다고 여기는 것 같았어요." 그들은 그녀가 그다지 대수로워 보이지 않는다고 확신했고 이런 확신에서 궁색하나마 위안을 받았다. 그리고 그녀는 동네에서 과도한 모험을 했다고 느끼며 그 자리를 떠났다. 그러나 이튿날, 두 여자가 찾아왔고 한 여자는 전화를 했다. 이들은 자신에 관해 말하고 싶어 했고, 치유 프로그램이 자신에게 도움이 될지 알고 싶어 했다.

우리는 자신이 프로이트의 충격을 극복하고 현대 정신의학을 받아들이는 세련된 시대에 산다고 생각한다. 대학의 여러 과정과 대중잡지 기사들이, 이 주제와 관련된 정보를 제공하는 기사들과 이런 인상을 한층 강하게 준다. 그러나 과학으로서, 정신의학은 여전히 의심쩍다. 자주 가장 크게 위협받는 듯이 보이는 의학 전문가들조차 정신의학을 미심쩍게 본다. 많은 질병이 정신적 요인에서 비롯된다는 것은 널리 확인된 사실이다. 그러나 우리는 마음과 몸의 관계를 쉽사리 인정하지 못한다. 정신과 의사를 찾는 사람들에게 찍혔던 낙인이 가정의를 찾는 사람들에게도 찍힐까 봐 두렵기 때문이다. 정신의학을 우리 자신이나 '멀쩡한' 이웃과 연결시켜 보지 않고 정신 장애를 가진 사람들과 연결시켜 보는 게 가장 안전하다. 우리가 다른 사람들을 위해 치료법을 처방할 수 있다면 자신에게도 그럴 수 있으며, 이것은 자신의 내면세계의 알 수 없는 무서운 그 무엇과 대면하지 않아도 된다는 뜻이다.

우리 삶의 수면 아래로 흐르는 그 무엇에 대해 설령 어렴풋이 알더라도, 우리는 그것을 그냥 내버려 두길 원할 정도로 잘 안다. 우리는 검증되지 않은 자기감정의 힘을 두려워한다. 그래서 자신에게 아무 질문도 하려 들지 않는다. 하더라도, 엉뚱한 질문을 한다. 우리는 이렇게 위태로운 평화를 유지한다. 혼란스러운 생각은 전혀 일어나지 않는다. 생각하려 들지 않기에 행동할 시간이 더 많다. 우리는 진정제의 시대와 발을 맞추려 든다. 우리가 건강하지 않다고 말하는 사람이 아무도 없다. 우리는 성가신 영향으로부터 자신을 기어코 보호하려 든다. 그래서 자신이 벽에 갇혀 지낸다는 사실조차 알려 들지 않는다. 우리는 "나는 누구인가?"라고 물으려 들지 않는다. 혹은 우리가 어디서 왔고, 어디로 가는지 묻지 않는다. 그리스도 안에서 오는 삶을 품으라는 부르심, 자유로워지라는 부르심, 온전하라는 하나님의 부르심을 우리는 들으려 하지 않는다.

이러한 부르심이 있을 때, 신자는 이따금 자신이 이해하는 기독교에 대해 갈등 상황에 처한 자신을 발견한다. 기독교는 그리스도께서 치유하시며 우리가 그분께, 오직 그분께 매달리면 온전해지리라고 약속하기 때문이다. 그렇다고 하나님의 치유 능력이 역사하는 통로로서 의사가 필요 없는 것은 절대 아니다. 정신과 의사도 마찬가지다. 교회 안에는 아직도 정신과 의사를 하나님의 섭리를 침범하는 자로, 하나님의 능력을 찬탈하는 자로 여기는 보이지 않는 선(線)이 있다. 기독교에 근거한 정신의학 안에는 그리스도인에게 분석가가 필요 없다고 주장하는 사람들이 여전히 있다. 하나님이 치유하실 것이다. 하나님이 우리가 알아야 할 모든 것을 보여 주실 것이다. 물론 이것은 사실이지만, 이런 말은 하나님이 화해의 대리자로 분석가를 선택하지 않으실 것을 가정하고 있다. 마음이 괴로울 때, 우리는 자주 하나님이 직접 치유하셔야 한다고 느낀다. 우리가 기도하거나 성경을 읽거나 예배할 때, 그런 치유가 일어나야 한다. 전설이 이렇게 말하며, 우리 또한 그러리라고 강하게 느낀다. 우리는 이것을 숱한 방법으로 말한다. 우리는 의심의 미로를 헤쳐 나가며, 정신의학이 그리스도인의 순례에서 발을 붙이지 못하게 한다. 특히 분석가들을 찾아가고 치료를 경험하는 사람들은 이런 태도에 당혹스러워한다. 정신의학은 기독교가 실패한 분야에서 성공했다는 느낌을 받기 쉽다. "어쨌거나 저는 믿음으로 그리스도께 도움을 구했지만 아무 도움도 받지 못했어요. 하지만 분석가에게 도움을 구했더니 도와주었어요. 저를 구하고…저를 치료한 사람은 바로 분석가예요."

믿음과 정신의학의 관계 문제는 다른 곳에서도 나타난다. 그리스도인은 이렇게 말한다. "저는 정신의학을 믿어요. 하지만 그리스도인이 아니라면 누구에게도 가고 싶지 않아요." 그러면서 자기 삶의 영적인 부분이 분석에 포함되지 않으면 그 사람은 온전하지 않다고 이유를 댄다. 그러나 이것으로는 왜 우리가 의사와 선생에게 우리를 영적 수준에서 대하라고 요구하려 하지 않는지 설명되지 않는다. 우리가 정신과 의사에게 이것을 요구하는 까닭은 그가 영혼의 문제를 다룬다는 것을, 기독교가 우리에게 요구하는 내적 여정에서 그가 우리의 안내자라는 것을, 내면 깊은 곳에서 알기 때문인가? 우리는 정신의학이 우리 안에 도래하는 하나님 나라와 관련이 있다고 직관으로 알고 있는가?

그러나 그렇다면, 확실히 그리스도인은 굳이 그리스도인을 자신의 치료자로 둘 필요가 없다. 그리스도인이라면, 교회 자원을 활용해 내적 여정을 완수하고, 자신이 지나는 땅에 관한 정보를 얻을 수 있다. 자신을 넘어서는 그 무엇에 뿌리를 두고 살아가는 분석가가 필요한 사람은 교회 밖 사람(the unchurched)이다. 불신자야말로 해석자를 두지 않으려는 경향이 가장 강하기 때문이다. 그는 정신의학으로 종교를 만들려 하고, 이를 신봉하는 개종자를 얻으려 한다. 그러면서도 자신이 향해 가는 도시의 의미와 이름을 아직 찾지 못했다.

그러나 그리스도인이 그리스도인 치료자를 요구하는 까닭은 이런 이유 때문만은 아니다. 어쩌면 그는 자기 믿음의 뿌리가 얕지나 않은지, 자기 마음의 의심이 질문으로 변하지나 않을지, 그 질문에 해답이 제시되고 그 해답이 자신이 믿고 있는 근거를 흔들지나 않을지 두려워하는 것인지도 모른다. 우리는 자신의 안전을 무너뜨릴 잠재력이 가장 강한 대상에게 가장 큰 위협을 느끼지 않는가? 바울은 이것을 보여 주는 고전적인 예가 아닌가? 바울은 내면의 소리를 듣지 않으려고 발버둥 쳤다. 내면의 소리를 들으면, 자신의 삶이 통째로 바뀌고, 동족에게서 버림받으며, 직장을 잃고 외톨이가 될지도 모르기 때문이었다. 그가 그리스도인들을 도륙한 것은 자신에게 밀려들며 자기 삶의 중심이었던 교조(敎條)를 쓸어 버리는 진리의 힘에 완강하게 저항하기 위해서가 아니었는가?

우리는 몇몇 두려움을 무시할 수 있다. 유대인이든 이방인이든 간에, 정신과 의사는 우리를 자신의 형상대로 빚으려 하지 않는다. 그는 신념이나 목표를 강요하지 않는다. 진정한 안내자는 각 사람이 자기 삶의 진리를 찾도록 돕는 데 집중한다. "두렵고 떨림으로 너희 구원을 이루라"(빌 2:12). 그는 화해자로 외면의 갈등을 일으키는 내면의 갈등을 우리가 알도록 돕는다. 그는 우리 자신의 정신(psyche)에 치료 능력이 있다고 믿는다. 카를 융은 분석가들에 대해 이렇게 말했다. "우리가 대하는 사람들은 각자 생활방식이 매우 다르다. 따라서 아무리 지혜로운 상담자라도 이들에게 꼭 들어맞는 처방을 내리지 못한다. 그러므로 우리는 그들이 자신의 본성에 귀 기울이도록 가르쳐야 한다. 그래야 그들이 무슨 일이 일어나고 있는지 자기 내면으로부터 이해할 수 있다."[7]

기독교 세계에는 교회 생활의 틀을 세상을 향한 선교에 맞게 짜라고 외치며, 세상을 통해 말씀하시는 하나님의 음성을 들으라고 촉구하는 훌륭하고 새로운 예언자들이 있다. 그러나 이들은 하나님이 지금도 정신분석 학자들의 힘겨운 노력을 통해 우리에게 말씀하고 계실지 모른다는 가능성에 자주 귀를 막는다. 교회 개혁자들은 교회가 발 벗고 행동에 나서야 한다는 사실은 확실히 알지만, 자기 자신에게 깊이 뛰어드는 일에 대해서는 자주 미심쩍은 눈으로 바라본다. 그것은 세상과 단절된다는 의미로 그들에게 다가오기 때문이다. 이들이 놓친 점은 단절이 이미 일어났고, 목회자의 서재나 정신과 의사의 진료실에서 상담이 이뤄지는 목적은 한 사람이 진정한 자아를 찾도록 돕는 데 있다는 것이다. 우리는 자신을 모르는 그만큼 세상도 모른다. 거꾸로 말하면, 자신을 아는 사람은 자신의 세상도 안다.

그러나 논쟁은 계속된다. 그렇다면 우리는 서로에게 사역자가 되고, 서로에게 귀를 기울일 수는 없는가? 얼마든지 그럴 수 있다. 우리는 그렇게 하도록 부름받았다. 가정은 아이가 가장 먼저 경청을 배우는 곳이어야 한다. 그러면 아이는 경청하는 사역자의 자질을 갖추게 된다. 하지만 이런 일이 가뭄에 콩 나듯이 일어나며, 기독교 가정이라고 예외는 아니다. 프로이트는 기독교를 제한된 시각으로 보았는데, 이것은 그가 기독교 가정에서 자란 환자들을 상대하는 과정에서 비롯되었다. 교회에서 자랐지만 살면서 내면 깊은 곳에서 말할 기회를 주는 사람을 한 번도 만나지 못한 사람들을 우리는 매일 본다. 어느 젊은 여성은 이것을 이렇게 요약했다. "친구들은 제게 정신과 의사가 필요 없다고 했어요. 제게 필요한 건 제 얘기를 들어줄 좋은 친구라고 했어요. 문제는 단 하나, 제게는 50분은 고사하고 5분이라도 제 얘기를 귀담아들어 줄 사람이 없다는 거였지요. 처음에, 저는 말 그대로 그저 귀담아들어 주는 대가로 정신과 의사에게 비용을 지불했어요." 분명히 세상에는 귀담아듣는 사람들이 있다. 그러나 그 수가 적다. "추수할 것은 많되 일꾼이 적[도다]"(마 9:37). 우리는 자신이 얼마나 잘 듣지 못하는지 안다. 그러나 그 이유는 그간 자신에게 귀를 기울이지 않았기 때문이다. 자신의 말을 듣지 못하는 사람은 타인의 말도 듣지 못한다.

교회가 성장하면 정신의학이 교회 선교에 다양하게 활용될 수 있을뿐더러 정신의학 자체가 선교하는 교회일 수 있음을 깨닫는다. 정신 병원, 사회복귀 훈련 시설, 상담 센터, 정신 건강 프로그램과 같은 형태의 교회는 빠르게 도래하는 시대에 앞서가는 교회가 될 것이다. 이것은 교회가 직장을 선택하는 젊은이들과 대화를 나누고, 이들로 하여금 정신과 의사, 치료사, 사회사업가, 간호사가 세상 직업(vocation)일 뿐만 아니라 세상 속에 있는 교회의 직업으로도 필요하다는 것을 인식하도록 도와야 한다는 뜻이다. 지금 이 순간, '계몽된' 미국조차, 정신과 의사는 13,000명당 1명꼴이다. 그 숫자에는 믿기 어려운 뭔가가 있다. 그러나 이것은 우주선을 쏘아 올리는 이 시대가 정작 우리가 낯선 별에 발을 딛을 때 무엇을 해야 하는지 묻기 위해서는 멈추지 않는다는 것을 보여 준다. 그저 그 별에 이르는 게 목적이다. 세상 사람들이 내적 여정에 오르지 않으면, 우리가 그곳에 이르느냐 이르지 못하느냐는 그다지 중요하지 않다. 새 시대는 새로운 영적 시대를 요구한다. 하지만 자신을 더 깊이 이해하지 못하면, 이 시대는 오지 않는다. 하시드 유대교에 이런 말이 있다. "여호와께서 아브람에게 이르시되 너는 너의 고향과 친척과 아버지의 집을 떠나 내가 네게 보여 줄 땅으로 가라. 여호와께서 사람에게 말씀하신다. 첫째, 너의 고향을 떠나라. 이것은 네가 자신을 덮은 어둠에서 벗어나라는 뜻이다. 둘째, 너의 친척을 떠나라. 이것은 어머니가 너를 덮은 어둠에서 벗어나라는 뜻이다. 셋째, 네 아버지의 집을 떠나라. 이것은 아버지가 너를 덮은 어둠에서 벗어나라는 뜻이다. 그제야 내가 네게 보여 줄 땅으로 갈 수 있으리라."[18]

6장 포터스하우스

매주 한 남자가 포터스하우스에 혼자 들어와 에스프레소 커피를 주문해 조용히 마시고 나갔다. 그러던 어느 날 밤이었다. 그는 직원에게 낯선 사람들이 자주 묻는 질문을 했다. "누가 이곳을 운영하나요?" 카페에서 그런 질문을 하는 게 흔한 일은 아니므로 그 질문에는 이내 설명이 뒤따른다. 그는 한 해 내내 퇴근길에 포터스하우스에 자주 들렀다고 말했다. 그는 이렇게 말했다. "전에도 새로 문을 연 가게들을 봤는데, 모두들 엄청나게 열심이었지요. 처음엔 모든 게 반짝반짝하지요. 그러다가 광택이 조금씩 사라지기 시작하거든요. 모서리가 깎이고 곧 반들반들해져요. 오래 지나지 않아, 그저 또 하나의 카페나 식당으로 전락하고 말지요. 그런데 이곳은 그러지 않았어요. 틀림없이 이유가 있겠죠."

이 대화는 포터스하우스가 문을 연 첫 해에 있었다. 이 대화가 기억나는 이유는, 내가 그를 담당한 직원이었고 단어를 신중하게 선택해 교회가 이곳을 운영하고 교인들이 봉사한다고 말했기 때문이 아니라, 그가 곧바로 "아…그러니까 헌신이 해답이군요!"라고 답했기 때문이다. 그는 내가 주저했던 단어를 사용했고, 자신이 비밀을 찾아냈음을 내게 알려 주었다. 그는 어떤 교인들이 한참 걸려야 이해하는 선교하는 교회의 기본을 빠르게 파악했다.

포터스하우스는 문을 연 지 7년째다. 광택은 여전하다. 올이 굵고 거칠었던 삼베 테이블보는 빛이 바래고 좀더 부드러운 빛이 되었고, 테이블에는 이따금 이빨 빠진 컵들이 나왔다. 그러나 다리가 가는 의자 중에 부서진 것들은 좀더 견고한 의자로 교체되었고, 바닥에는 오래된 나무 바닥처럼 보이는 두툼한 새 카펫이 깔렸다. 벽은 소박하지만 우아한 나무판자를 덧댔고, 촛대와 덴마크식 램프 장식도 추가했다. 포터스하우스에 사람들이 꽉 들어찼던 밤도 있었고, 자유를 외치는 즉흥적인 노래가 울려 퍼진 때도 있었다. 그러나 포터스하우스는 언제나 평화로울 것 같다.

포터스하우스에 관해 물었던 남자는 계산대 직원에게 스스로 답했다. 그는 이렇게 말했다. "이곳을 곰곰이 생각해 봤는데, 이제야 알겠어요. 여러분이 온 세상을 아름답게 할 수는 없지만 여러분이 선 이 작은 공간은 아름답게 할 수 있지요."

우리가 보기에도, 포터스하우스의 연갈색 건물과 은은한 조명과 직접 깎아 만든 석조물은 나름대로 운치가 있다. 그러나 이것이 선입견일지도 모른다. 왜냐하면 세상이 자주 "누가 이곳을 운영하나요?"라고 묻는다면, 그 해답을 아는 교회는 매우 빈번하게 이렇게 묻기 때문이다. "왜 이곳을 운영하나요?" "교회가 커피하우스에서 어떻게 증언을 하죠?" 존 페리(John Perry)는 "커피하우스: 전도인가 회피인가?"라는 제목의 글에서 우리 모두에게 바로 이 질문을 던졌다.[19]

좋은 질문이다. 커피하우스의 증언은 관련 당사자들에게조차 늘 분명하지는 않기 때문이다. 커피하우스가 어떤 사람들에게는 전도로 보이고, 어떤 사람들에게는 회피로 보인다. 현재 교회가 운영하는 커피하우스는 전국적으로 950곳이 넘으며, 계획 중인 곳도 적지 않다. 이런 상황에서, 우리는 이런 선교 형태의 기본에 대해 숙고하고 서로 생각을 나눠야 한다. 우리는 우리의 커피하우스에서 이따금 이렇게 해야 한다. 우리의 커피하우스만 해도 매주 70명의 봉사자가 필요하기 때문이다. 이들 70명은 각자 일주일에 하룻밤씩 커피하우스에 나와 봉사한다. 커피하우스는 저녁 8시에 열고 자정에 닫는데, 봉사자들은 자신이 선택한 날에 한 시간 일찍 나왔다가 문을 닫고 한 시간

후에야 돌아간다. 이렇게 한 사람이 매주 여섯 시간 봉사하고, 70명의 봉사 시간을 모두 합치면 매주 420시간에 이른다.

이들은 대부분 자기 일과를 끝내고 커피하우스에 나와 봉사한다. 그래서 어떤 사람은 늘 이렇게 묻는다. "그럴 만한 가치가 있나요? 이곳이 그저 또 하나의 커피하우스에 지나지 않는다면, 커피하우스를 전문으로 운영하는 사람들에게 맡기세요." 첫 해, 커피하우스 운영에 자원 봉사자들의 수고를 빼고도, 3,000달러가 들었다. 이 때문에 커피하우스의 목적에 의문을 제기할 구실이 늘었다. 대부분이 커피하우스 사역이 옳다고 느끼는 것으로는 부족했다. 우리 자신을 위해서는 이 사역을 정의할 필요가 없더라도, 다른 사람들을 위해 그럴 필요가 있었다. 우리는 이 사역을 '임재, 섬김, 대화' 세 단어로 간단하게 요약했다.

임재(presence, 있음, 존재). 이 단어는 기독교 자료와 교회들이 해 온 대화에 이따금 등장하는데, 우리는 커피하우스 선교를 설명하면서 이 단어를 선택했다. 우리를 위해, 이 단어는 이름 없는 것에 이름을 주었다. 그러나 우리는 지금껏 우리에게도 해석되지 않은 것을 해석해 달라는 요청을 끊임없이 받는다. "여러분이 말하는 임재란 무엇을 의미하는가요?" 그저 우리는 우리를 통해 교회가 커피하우스에 임재한다(present)고 말할 수 있을 뿐인가? '임재'라는 단어가 우리의 임재를 의미했는가? 아니면 또 다른 임재(Presence)를 말했는가? "두세 사람이 내 이름으로 모인 곳에는 나도 그들 중에 있느니라"(마 18:20). 친숙한 이 구절이 진리인가? 우리는 그렇게 믿고 행동하라고 요구받았다. 그러기에 신성모독적인 의심이 노골화되었다. 마음으로 신비로운 믿음을 붙잡는 것과 시장에서 그 믿음을 드러내는 일은 전혀 다르다.

우리가 그곳에 있었으므로 그곳에 임재(Presence)가 있었다고 주장한다면, 너무 뻔뻔스러운 걸까? "누가 이곳을 운영하나요?"라는 물음은 이러한 임재에 대한 증언이었는가? 어느 바쁜 토요일 밤, 어느 손님이 팁이라며 두고 간 50달러 수표에 이것을 확인해 주는 단어가 하나 적혀 있었다. 수표 왼쪽 아래에 있는 '수령인＿＿＿＿'의 공란에 '영감'(inspiration)이라고 적혀 있었다.

　주위 시선에 아랑곳하지 않고 커피하우스에서 구혼한 젊은 커플이 있었다. 이들은 결혼해 타지로 떠났으나 커피하우스가 가장 그리웠다. "커피하우스는 뭔가 다르다는 느낌이 들었어요. 워싱턴에 돌아간다면, 왜 그런지 설명해 달라고 해야겠어요." 우리가 이런 얘기를 아는 까닭은 이들이 아주 즐겁게 돌아와 질문했고, 질문하면서 임재 사역을 감당하는 교회를 증언했기 때문이다.

　임재 사역(ministry of presence)은 그 자체로 시사하는 바가 적지 않은 포터스하우스에서 봉사하는 많은 사람들에게 깜짝 놀랄 소식이었다. 포터스하우스의 세련된 분위기 때문에, 우리는 예전의 전도 방식은 전혀 생각하지 못했다. 그럼에도 불구하고, 우리는 드러내 놓고 말하지는 않았지만 커피하우스 선교의 효율성은, 어느 정도는 누군가 적절한 때에 지혜로운 말을 하는 데 달려 있다고 느꼈다. 우리에게 그저 편안하게 '있을'(be) 수 있는 능력은 전혀 없었다. 우리는 입으로는 하나님이 전도자고 성령께서 커피하우스에서 일하신다고 떠들어 왔다. 그러나 사실 우리들 대부분은 세상 사람들이 거듭 거듭 돌아와 성령을 증언할 때까지는 이것을 실제로 전혀 믿지 않았다. 이로 인해, 상황이 뜻하지 않게 바뀌었다.

　섬김(service). 비록 머리로 이해하기는 더 쉽지만, 임재와 마찬가지로 나름 어려운 개념이었다. 우리의 임재(존재) 자체가 뭔가 차이를 만든다는 사실은, 우리가 스스로에게 몰두할 때는 자기 자랑처럼 보였다. 우리는 섬김을 증언의 한 형태로 받아들일 준비가 훨씬 더 잘 되어 있었다. 섬김은 겸손이라는 우리의 이미지에 더 잘 맞았다. 그리스도께서 종의 형체를 취하셨으니 우리도 종의 형체를 취하고 싶었다. 그리스도께서는 명령하실 수도 있었으나 도리어 대야를 들고 들어와 친구들의 발을 씻겨 주셨다. 교회가 종의 역할을 회복해야 한다는 것은 너무나 자명한 사실이었다. 우리 가운데 있는 행동가들에게는 존재보다 행위를 강조하는 게 일반적으로 더 이치에 맞는 것처럼 보였고, 따라서 그것이 더 현명한 접근으로 보였다. 결국, 이것은 누구에게도 쉽지 않은 길임이 드러났다. 우리 가운데에는 말째가 됨으로써 첫째가 되려고 애쓰는 사람이 아무도 없었다.

첫째, 우리는 사람마다 모두 일하는 방식이 사뭇 다르다는 사실을 발견했다. 일을 구성하는 요소에 대해 저마다 생각이 달랐다. 부지런하고 정열적인 사람들이 늘 있었다. 이들은 자신의 수고에 만족하지 못했고, 모든 사람이 똑같이 성실한 게 중요하다고 느꼈다. 이들은 짐을 진다는 느낌을 숨겼는데, 이들이 이렇게 느낀 데는 그만한 이유가 있었다. 이들은 주변에 할 일을 두고는 절대로 다른 사람들처럼 편안하게 지내지 못했기 때문이다. 우리 가운데 마음이 따뜻한 사람들, 남과 잘 어울리는 사람들이 있었는데, 이들은 섬김을 단지 목적을 위한 수단으로 보았다. 이들은 테이블에서 와 달라는 요청이 있으면, 손님들과 쉽게 긴 대화에 돌입했고, 매우 다양한 주제로 대화를 나누었다. 이들은 다른 테이블의 손님들이 어떻게 되든 개의치 않았다. 섬김을 통한 증언은 대화를 통한 증언에 완전히 묻혀 버렸다. 이들은 자신의 책임을 누군가 대신해 주리라고 생각하거나, 커피하우스를 찾는 몇몇 손님들이 느끼는 불쾌감을 대수롭지 않게 여겼다. 다른 테이블의 손님 시중을 잠시 중단했어도 그들은 커피하우스의 진정한 사명을 더 잘 감당했다고 믿었기 때문이다. 그런가 하면, 그저 게으르고 일하지 않으며 늘 요리조리 빠져나가는 사람들도 있었다. 이들은 어떤 면에서, 일은 쥐꼬리만큼 하면서 그런 사실을 알지도 못할뿐더러 문을 닫을 무렵이면 완전히 녹초가 되는 형제들보다 다루기 쉬웠다. 이러한 부류의 사람들이 다양하게 있었다. 하지만 이들의 모습이 우리 모두의 모습은 아니다. 또 남들이야 서로 티격태격하든 말든 자신은 묵묵히 종의 일을 감당하는 사람들의 모습도 아니다. 우리는 세상이 "우리가 어떻게 서로 사랑하는지" 보도록 시장(市場)에 있고 싶어 했다. 하지만 세상이 늘 우리를 보고 있지는 않다는 사실에 감사했다.

우리는 종의 역할을 하면서, 선교하는 교회가 직면하는 큰 문제, 권위의 문제에 부딪혔다. 우리는 특별한 책임이 따르는 권위를 원하지 않았을 뿐만 아니라 그 권위를 다른 사람들에게 위임하는 위험을 감수하려고도 하지 않는다는 것을 깨달았다. 다른 사람에게 권위를 부여하면, 그 사람이 우리 어깨를 두드리며 "저 테이블 좀 닦아요!"라고 할 테고, 우리 내면 깊은 데서 뭔가 부글부글 끓어오를지 모를 일이었다. 우리가 스스로에게 기쁨을 주는 일을 한다면, 그 일을 자진해서 한다면, 그리고 우리가 종이 아니라 단지 종의 역할을 할 뿐이라는 게 널리 알려진다면, 종으로 섬겨도 아무 문제없을 거라는 점도 깨달았다. 고든 코스비는 어느 큰 대학에서 초청받아 세 차례 강연을 한 적이 있는데 그때 일을 들려주었다. 그가 그 대학에 머무는 동안,

모두들 그를 닥터(Doctor, 박사)라고 불렀다. 그는 이 호칭을 여러 번 바로잡아 주었다. 그러나 사람들은 그의 말을 인정하면서도 여전히 그를 닥터 코스비라고 불렀다. 그는 새삼스럽게 고집하지는 않았다. 강사가 닥터라는 타이틀을 갖는 게 학문 공동체의 위신에 중요한 것처럼 보이기 시작했기 때문이다. 여러 날이 지나, 코스비는 워싱턴에 돌아와 포터스하우스에서 테이블을 '닦았다.' 그날 밤은 특히 손님이 많았고, 여러 테이블에서 사람들이 그와 마주 앉아 교회 갱신에 관해 대화를 나누고 싶어 기다리고 있었으나 기회가 없었다. 코스비가 서둘러 어느 테이블을 정리하고 있을 때, 한 손님이 그의 손을 덥석 낚아채며 무례하게 말했다. "이봐, 종업원!" 고든은 이렇게 말했다. "그때 이런 말이 목구멍까지 치솟는 걸 억지로 참았지요. '내가 누군지 몰라? 난 이런 거 안 해도 그만이라고.'"

종의 마음은 타고나는 게 아니라고 하더라도, 섬김을 통한 증언은 우리와 상관없이 이루어지지는 않는다. 젊은 여성이 던졌던 질문은 이 사실을 가장 잘 설명해 준다. 그녀는 웨이트리스를 잠시 부르더니 이렇게 물었다. "저쪽에서 테이블 시중드는 남자 보이세요? 제가 그분 비서였어요. 그때 저분은 유망한 젊은 변호사였어요. 그런 분이 여기서 테이블 시중을 들고 있다니, 도대체 어떻게 된 일인가요?" 웨이트리스는 그녀에게 아는 대로 성심껏 설명해 주었다.

커피하우스에 자주 들른 사람들은 매일 밤마다 직원이 바뀐다는 사실을 눈치 챘다. 이들에게 가장 인상적인 부분은 이 사람들이 매주 자원해서 시간을 낸다는 사실이었다. 많은 사람들은 돈이 주요 동기일 거라고 추측했다. 그래서 또 다른 의문이 생겼다. "교회가 이렇게 번 돈으로 도대체 뭘 하려는 거지?" 우리는 친절하게 설명해 주었다.

커피하우스가 아무리 인기가 좋아도 하루에 고작 네 시간밖에 열지 않는데다 매주 하루는 쉰다. 일주일에 24시간밖에 문을 열지 않으니 사실 운영비를 감당하기도 어렵다. 이렇게 설명하면 으레 이런 질문이 나온다. "그런데 왜 이 일을 하세요?" 단순하게 말하길 좋아하는 맬런 캐링턴은 이렇게 말했다. "사람들이 제게 이렇게 물으면, 저는 이렇게 대답합니다. '지금 여기서 좋은 시간을 보내고 계시잖아요. 그렇지 않나요?' 사람들은 '맞아요!'라고 답하지요. 그러면 저는 이렇게 말합니다. '그렇다면, 이 일을 할 만한 가치가 있지요.'" 어떤 사람들은 기회를 포착해, 여러 교회에서 일어나는 소동에 대해 말한다. 교회와 세상을 연결하고, 교회가 세상을 향해 말하게 할 뿐 아니라 세상의 말도 듣게 해 주는 다양한 형식을 말한다. 이러한 형태의 대화에서, 과제는 수년간 교회에 걸음하지 않은 사람들에게 다가오는 새로운 교회를 알리는 것이다. 장식에 수고를 아끼지 않고 그림을 바꿔 거는 일도 섬김의 또 다른 형태이며, 변화하는 교회를 증언한다. 또한 우리를 모든 종류의 대화로 인도한다. 어떤 사람은 조명에 감탄해 이렇게 말했다. "믿을 수가 없어요. 교회에 이렇게 훌륭한 조명 기사가 있다니, 믿을 수가 없어요."

대화(dialogue). 우리는 신앙 선포를 대화라는 제목 아래 두었는데, 대화가 섬김이나 임재와 연결되지 않는 경우는 드물었다. 대화는 섬기는 도중에 쉽게 흘러나왔으며, 임재의 순간에 다른 곳으로 흘러들어 갔다. 심지어 대화는 침묵과도 연결되었다. 우리는 말이 그리 중요하지 않음을 알기 시작했고, "궁창이 선포하고"(시 19:1) "날은 날에게 말[한다]"(시 19:2)는 것을 이해하기 시작했다. 포터스하우스에서 일어난 일은, 토기장이가 일하는 모습을 보는 중에 하나님의 음성과 말씀을 들었던 예레미야에게 일어났던 방식과 다르지 않다. 차이라면, 우리가 보기에 우리의 경우는 덜 극적이었고 늘 오래 걸렸다는 것이다. 불타는 떨기나무는 거의 없고, 길게 펼쳐진 사막은 많다.

포터스하우스를 시작하고 얼마 지나지 않았을 때였다. 화가 잔뜩 난 여성이 찾아와 몇 달 전에 좋은 직장을 잃었다고 했다. 매주, 그녀는 새로운 일자리를 찾아 거리를 헤맸고, 그럴수록 더 겁이 나고 더 화가 났다. 우리는 그녀와 수백 시간을 대화하고, 도움이 될 만한 사람들과도 접촉했다. 그녀는 취업이 무산될 때마다 더 화를 냈고, 결국 그녀 스스로 일자리를 얻기는 다 글렀다고 말하는 것처럼 보였다. 그러던 어느 날, 그녀는 일자리를 하나 제의받았다. 6개월 전이라면 거들떠보지도 않았을 자리였으나 지금은 사정이 달랐다. 그녀는 우리를 마치 원수 대하듯 했었지만, 이제 미래에 대해 어느 정도 안심이 되자, 우리를 대하는 태도도 달라졌다. 그러나 그녀는 결코 교회에는 발을 들여놓지 않았다. 여전히 커피하우스에서 조용하고 심각한 사람으로 통했지만 모든 직원과 거의 빠짐없이 인사를 나누었다. 그녀와 우리가 나누는 대화는 짧아졌지만, 그래도 그녀는 교회의 여러 사역에 친숙해졌고 이따금 그중에 한 사역을 위해 수표를 내놓았는데, 늘 적절한 사람의 손에 그 수표를 기분 좋게 건네주고 나갔다.

커피하우스에서의 대화는 소리 없이 이뤄질 때가 많았다. 하지만 우리가 말을 사랑하지 않았기 때문이거나 말의 능력에 대한 믿음을 갖고 있지 않았기 때문이 아니었다. '깊은 우물, 흐르는 냇물, 생명의 샘'이 될 수 있는 말이 많지 않았기 때문이다. 우리들 대부분은 교회에 속하지 않았거나 수년간 교회를 떠났다가 교회로 돌아온 사람들이었다. 우리는 하나님을 우리와 대화하려고 오랫동안 기다리신 분,

우리의 말을 들으시는 분으로 알고 있었다. 우리는 교회의 그룹 치유 프로그램에서 인간의 수준에서 경청의 대상이 된다는 것이 무엇이며, 질문하고 탐구할 수 있다는 것이 무엇인지도 경험했다. 이따금 독단적 태도가 기어들어 와 한 사람에 대해 "그는 그리스도인이 아니야!"라거나 "저 사람은 그리스도인이 아니야!"라고 말하기도 했지만 대체로는 열린 분위기였다. 각자 스스로 결론을 내리도록 허락했다. 우리는 각자 자신의 때에 자신의 길을 찾도록 서로 믿고 맡기는 법을 배웠다.

우리 가운데 몇몇은 마르틴 부버(Martin Buber)의 글에 깊은 영향을 받았다. 우리의 차림표 뒷면에는 이런 글귀가 있다. "포터스하우스는 사람과 사람이 만나는 자리입니다." 부버가 '만남'(meeting)이란 단어에 부여한 깊이와 높이에 대한 인식이 담긴 문구다. 부버의 저작들은 만남이 합의에 달려 있지 않으며, 서로 다른 시각이 충돌하는 자리에서 이루어진다는 것을 경험으로 확증해 주었다. 우리는 다른 사람들에게서 얼마나 많은 변화가 일어나는지 모를 때가 허다했다. 그러나 우리 속에 어떤 변화가 일어난다는 것은 이따금 감지했다. 모리스 프리드만(Maurice Friedman)은 펜덴 힐의 마틴 부버에 관한 강연에서 이렇게 말했다. "[하나님이] 아담에게 하신 '네가 어디 있느냐?'는 질문은 모든 사람에게 하신 것입니다." "너는 네 삶에서 어디 있느냐?" 이것은 포터스하우스의 대화에서 우리 자신의 삶과 관련해 가장 자주 제기되는 물음인데, 이 물음이 다른 사람들에게도 제기되었다고 보는 게 자연스럽다. 이따금 3년이나 5년 후에 돌아와 대화를 마무리하는 사람들이 있다. 이런 사람들 중에 젊은 화가가 하나 있는데, 그의 추상화 몇 점이 포터스하우스 벽에 6주 동안 전시되었다. 그의 작품에 대한 평가를 들을 때마다, 그의 인기가 올라가고 있다는 인상을 받았다. 그의 작품은 "네가 어디 있느냐?"라는 물음에 대한 그의 대답이기도 했다. 전시 기간이 끝나자, 포터스하우스를 찾던 그의 발길도 끊어졌다. 그는 5년 후에야 돌아왔는데 "네가 어디 있느냐?"라는 물음에 이렇게 답했다. "저는 죽어 가고 있습니다. 저는 내면에서 죽어 가고 있습니다."

포터스하우스가 첫해를 넘기고 2년째 접어들면서, 우리는 임재와 섬김과 대화의 사역이 우리 자신의 예배 생활과 밀접한 관련이 있음을 한 단계 높은 차원에서 깨닫기 시작했다. 사실, 우리는 태생적으로 타인에게 존재하고(present to another), 순간에 대해 존재하는(present to the moment) 사람들이 아니다. 우리는 주변의 온갖 자극에 사로잡히거나, 외부의 사건에 넋을 잃기가 아주 쉽다. 또는 극단적으로, 내면의 사건이나 허상의 세계에 함몰되기 쉽다. 이런 상황은 자주 "백만 마일 떨어져 있는" 존재로 묘사되거나 "그분하고는 아무 상관없어!"라는 말이나 "정신 차려!"라는 명령으로 표현된다. 우리는 온갖 행동을 하지만 우리의 인격들에 대해 이를테면 부재지주다. 우리는 자신에 대해 부재하기(absent to ourselves) 때문에 타인들과 눈앞의 일에도 부재한다.

우리가 교회(the Church)로서 세상에 존재하지 않는 까닭은 내주하시는 교회의 주님께 존재하지 않기 때문이다. 우리가 타인을 그분의 임재 속으로 불러들이지 못하는 까닭은 우리 자신이 그분의 임재를 잊어버렸기 때문이다. 우리는 순간의 하나님(the moment God)과 함께 서 있는 대신, 수많은 길을 달려 내려온다.

우리는 첫해가 지나기 오래전에, 종의 역할이 우리의 특권이나 안

락이나 편의를 위협하면, 우리가 종의 역할을 깡그리 회피하는 경향이 있다는 것을 깨달았다. 만약 고객들이 자신들에게 정말 필요한 것이 무엇이고 우리가 실제로 어떻게 섬길 수 있는지 우리에게 말한다면, 과연 우리가 우아한 종의 환대를 커피하우스 밖으로까지 확대할 수 있겠는가? 그렇게 되면, 우리는 꽁무니를 빼지 않겠는가? "친구, 우리가 생각한 건 그저 커피 한 잔이었네. 우리는 차림표에 있는 메뉴만 서비스한다네. 개중에 몇몇은 서비스가 안 될 때도 있네." 설령 우리가 타인의 짐을 질 수 있다 하더라도, 다른 사람에게 우리의 짐을 지우면서 그를 형제로 맞을 수 있겠는가? 우리는 누구를 섬기는가? 우리는 인간의 필요를 섬길 뿐인가? 아니면 진리의 섬김까지, 진리이신 그분의 섬김까지 나아가는가?

대화의 삶은 어떠했는가? 우리의 말은 우리의 혼란을 증언했는가? 아니면 대화가 우리 자신을 넘어 우리 주 예수 그리스도의 아버지 하나님께로 향했는가? 예수님은 오셔서 그리스도인들에게는 만사가 형통하다고 증언하셨는가? 아니면 오히려 하늘과 땅 사이에 대화가 가능하다고 하셨는가? 그리스도께서는 "내 영혼을 아버지 손에 부탁하나이다"라고 하셨다. 이 한마디는 대답하시는 하나님을 증언한다. 세상의 절망을 넘어서는 대화, "어찌하여 나를 버리셨나이까?"라고 묻는 우리의 고통스러운 질문에 답하는 분이 계시다고 하는 대화가 우리 자신의 삶에 있었는가?

우리는 임재와 섬김과 대화를 통한 증언을 정의하고 숙고했으며, 이러한 증언은 포터스하우스의 토대를 이루는 기도와 경건의 훈련을 새롭게 헌신하는 데 도움이 되었다. 한 그룹에 참여해 커피를 나르는 일과 일상적이고 편협한 반응에서 벗어나는 것은 다른 문제라는 것이 분명해졌다.

  커피하우스의 원래 의도는 '일어나 나가는'(up and out) 사람들을 위한 사역이었지만 나중에는 더 다양한 면을 갖게 되었다. 우리는 세상과 마주하면서 자신과도 마주했다. 우리는 받아들이지 못할 사람들을 받아들이는 문제에 관해 아주 많은 얘기를 나눴다. 하지만 커피하우스에 매일 밤 와서는 테이블을 한데 붙이고 생일 케이크를 직접 가져와 우리의 심기를 건드리는 사람들과는 잘 지내지 못했다. 우리는 적대적인 태도뿐 아니라 좋은 의도의 비판에도 우리 자신이 얼마나 방어적이 되는지 깨달았다. 우리는 경건이 공격을 은폐하고, 용서가 하나님뿐만이 아니라 용서하는 어느 누구에게나 값비싸며, 용서하지 않는 자에게도 값비싸다는 것을 배웠다. 우리는 숱한 방법으로 숱한 교훈을 얻었다. 하나님이 밀고 들어오시고, 내면에서 서로 충돌하는 요소들이 연합하며, 우리가 부대가 아니라 하나에 불과한 순간에 은혜가 찾아왔다.

  선교에 집중하고 기술 시대의 신학적 이슈를 제기하는 현대 교회는 제도적 형식을 무시하는 경향이 있다. 어떤 사람은 모든 교회가 수많은 교인을 풀어 놓아 세상 속의 교회가 되게 해야 한다고 느낀다. 신학적 이슈를 제기하고 말씀을 선포한 다음에 어떻게 해야 할지에 관해서는 거의 말이 없다. 한편으로, 새로운 선교 전략은 대중적인 종교 집회를 크게 벗어나지 않는다. 집회가 끝나면 갈 데가 없다. 참여할 만한 공동체도 눈에 띄지 않는다. 말씀을 들었지만 그게 전부 같다. 하나님은 말씀하시지만 우리가 들을 준비가 된 말씀만이 우리에게 들린다는 인식이 거의 없다. 내면의 깊이가 더할 때마다 거룩한 것에 마음이 열린다. 맥스 워런(Max Warren)은 교회가 세상에 침투

해 하나님의 목적을 세상에 전하는 데 그쳐서는 안 된다고 강조한다. 그는 이렇게 말한다. "교회는 행진하는 군대일 뿐 아니라…죄를 치료 받는 자들을 위한 병원, 곧 사람들이 성도로 자라가는 공동체이기도 하다.…세상에서의 교회 선교에 관해 글을 쓰는 사람들은 교회가 기관으로서 모든 선교 과제를 이행할 수 있다는 듯한 말을 진즉에 그쳤어야 했다."[20]

포터스하우스 공동체에는 가난한 사람들도 있는데, 이것은 지금껏 우리 모두를 치유하는 데 도움이 되었다. 커피를 끓이는 사람, 설거지를 하는 사람, 청소하는 사람은 유급 직원이다. 주니어 빌리지 출신의 십 대 소년은 포터스하우스에서 그의 평생에 첫 직장을 얻었다. 그는 집 없는 아이들을 돌보는 주니어 빌리지에서 자랐다. 한 번도 직장을 가져 본 적이 없었고 시내에 가족도 없었다. 하지만 열여덟 살이 되어 주니어 빌리지를 떠나야 했다. 어떻게 해야 할지 몰라 고민하고 걱정하던 때에, 포터스하우스가 그를 후원했다. 그는 입대하고 첫 휴가를 받았을 때 포터스하우스에 가면서 "나 집에 가!"라고 말했다. 그의 뒤를 이어, 다른 십 대들도 왔다. 보다 최근에, 우리는 워싱턴 빈민가 사역을 하다가 알게 된 친구들을 고용해 이런 일을 맡겼다. 이들은 우리의 좁은 세계를 넓혀 주었다. 에스더 도시가 루실레의 열네 살짜리 딸이 미혼모 쉼터에 들어가도록 힘쓰던 일이 기억난다. 에스더는 루실레에게 쉼터에서 딸을 잘 돌볼 테고 아기도 좋은 가정에 입양될 거라고 전해 주었다. 에스더는 깊은 안도감을 느꼈다. 루실레가 이미 두 손자에다 아버지 없는 딸을 기르고 있던 터라, 에스더는 루실레도 이런 안도감을 느낄 거라 예상했다. 그런데 예상과는 달리, 루실레는 깜짝 놀라며 몸서리를 쳤다. 루실레는 마침내 이렇게 말했다.

"에스더, 그 아이는 제 손자예요. 제 살과 뼈라고요. 우리 집에서는 그런 짓 하지 않아요."

우리를 바깥세상과 가장 극적으로 만나게 해 준 사람은 클래런스였다. 포터스하우스에 일하러 왔을 때, 클래런스는 주거침입에 절도 전과가 화려했다. 그는 커피하우스 생활에 쉽게 적응했다. 일을 잘했을 뿐만 아니라 성격까지 온화하고 다른 사람이 필요한 것을 잘 헤아렸다. 클래런스는 신사이기도 했다. 여자가 무거운 짐을 들고 있으면 못 본 척 지나치지 않았고, 여자를 자동차까지 꼭 에스코트해 주었다. 클래런스가 손에 번호 자물쇠를 든 채 열린 금고 앞에 쓰러져 있는 모습을 보고 나서야 우리는 그의 과거를 알게 되었다. 그때 그는 여러 술집을 전전하며 취한 상태로 그렇게 밤새 평화롭게 자고 있었다.

우리는 아무 책임을 묻지 않았지만 클래런스는 감옥행을 피할 수 없었다. 그의 범행은 한두 건이 아니었다. 2년 후 에스더에게 편지 한 통이 날아들었다.

사랑하는 에스더 아주머니께,

한참을 망설이고 고민하다가 편지를 씁니다. 편지를 쓰는 지금도 불안해요. 발신인 주소를 보고, 제가 교도소에 있다는 것을 아시겠지요. 이번에는 마약법(소지와 판매) 위반으로 들어왔어요. 제가 점점 더 나쁜 놈이 되어 가는 것 같습니다. 어쩌면 이런 제 모습 때문에, 아주머니께서 제 편지를 갈기갈기 찢어 버릴지도 모르겠네요. 하지만 그러지 않으시길 바라요. 제가 처한 상황에 대해서는 그럴듯한 이유를 댈 수 없을 뿐더러 아무 변명도 하지 않겠습니다. 다만 손쉬운(???) 돈벌이의 유혹이 너무 강했다고만 말씀드리겠습니다. 제가 아주머니께 이렇게 편지를 쓰는 까닭은 제가 대답하지 못하는 물음 때문입니다. 누군가 제게 묻는다고 해도, 제가 과연 대답할 수 있을지 의문입니다. 지금 제게 한가로운 시간이 많다는 것도 한 가지 이유일 거예요. 어쨌든 저는 이 물음 때문에 생각하기 시작했고, 제 생각의 중심에는 포터스하우스가 있고 포터스하우스와 관련된 분들이 있습니다. 생각해 보니 제가 포터스하우스에서 정말 행복하고 잊지 못할 시간을 보냈다는 걸 깨달았습니다. 그곳에서 보낸 시간이 제가 정말로, 진짜로 행복했던 몇 안 되는 시간 중에 하나였다는 것도 깨달았어요. 운이 좋아 다시 전국을 돌아다니게 되더라도, 포터스하우스의 사람들보다 더 멋진 사람들을 찾을 수 있을 것 같지 않아요. 포터스하우스 사람들은 저의 화려한 전과를 알고 난 후에도, 여전히 저를 있는 그대로 받아들였고 있는 그대로 진심으로 사랑해 주었어요. 정말이지, 여태껏 살아오면서 거의 겪지 못한 경험이었어요. 저를 따뜻하게 감싸 주고 이해해 준 사람을 하나만 꼽으라면, 그 영예는 아주머니와 고든 코스비 목사님께 돌아가야 합니다. 그렇다고 다른 분들이 제게 잘해 주지 않으셨다는 말은 아니에요. 다른 분들도 제게 듬뿍 부어 주셨고, 저도 그분들을 아주 좋아해요. 그러나 두 분에 관해서라면, 저는 일종의 선입견이 있는 것 같아요. 두 분은 물론 다른 분들에게도 매우 감사하게 생각해요. 그러나 금고 문제 때문에, 저를 받아 주신 분들에게 은혜를 원수로 갚고 말았습니다. 여기서 저를 상담한 정신과 의사 선생님은 제가 사람들이 가까이 다가오는 걸 무서워해서, 사람들이 가까이 다가오기 시작하면 그들에게 상처를 줄 방법을 찾는다고 했어요. 저는 잘 모르지만 의사 선생님 얘기가 맞는 것 같아요. 하지만 저는 금고 사건이 가장 부끄럽고, 그 사건 때문에 가장 마음이 아픕니다. 한 사람 한 사람에게 인사를 하고 싶지만, 모두 다 기억나지는 않아요. 하지만 제가 기억나는 분들에게만이라도 안부와 사랑을 전합니다. 여러분 모두를 알게 되어 감사드려요. 여러분 모두를 마음에 깊이 간직하겠습니다. 안녕히 계세요.

늘 여러분 곁에 있고 싶은
클래런스

클래런스의 어머니는 남편을 다섯이나 거치면서 자녀를 열여덟 명이나 두었다. 현재 클래런스가 처한 곤경에는 이런 환경도 무관하지 않다.

빈민가에 들어가 가난한 사람들과 더불어 사는 것만이 그들을 돕는 길이라 느끼는 사람들이 많다. 그러나 모두가 이런 대응을 하지는 못하는 게 분명하다. 포터스하우스 경험을 통해 알게 되었듯이, 일하는 방법은 여러 가지가 있다. 우리 교회의 어떤 그리스도인들은 자신의 사업장을 일하는 공동체로 만들었다. 이들의 장부는 연말 결산 때 예전과 같은 수익을 보여 주지 않았는지도 모른다. 그러나 하나님 나라를 확장하는 데 수익을 사용했다는 한 가지 이유만으로도 이들은 다른 장부에 기록되기에 충분하다.

우리는 포터스하우스를 통해 처음으로 비즈니스 세계에 뛰어들었다. 에스더는 기업인 협회 회원이 되었고, 처음에는 총무로 선출되었으며 그다음에는 지역 협회에 대표로 파견되었다.

포터스하우스 사역은 그곳에서 일하는 사람들을 위한 사역, 세상을 위한 사역, 교회를 위한 사역, 세 부분으로 구성된다. 점차적으로,

포터스하우스는 우리 시대에 지역 교회의 선교 틀을 모색하는 전 세계 교회와 교류하는 장소가 되어 간다. 지금껏 포터스하우스는 우리 모두에게 고통스런 대면의 장소였다. 어느 날 밤, 바짝 긴장한 젊은이가 불쑥 들어와 대기선을 휙 지나치더니 직원에게 다급하게 말했다. "고든 코스비를 만나야겠습니다." 그러자 직원이 말했다. "제가 고든 코스비입니다. 잠시만 기다려 주시겠습니까?" 잠깐 짬이 생겨, 고든은 테이블을 사이에 두고 그 젊은이와 마주 앉았다. 알고 보니, 그 젊은이는 목사였는데, 대뜸 "곤경에 처했습니다"라고 말했다. 그의 사정 이야기는 이 한마디로 요약되었다. 그러나 정중하지만 불안 섞인 그의 말로는 그가 어떤 곤경에 처했는지 파악하기가 쉽지 않았다. 그의 말은 이러했다. 그는 세이비어 교회에 편지를 보내, 청소년부 아이들을 데리고 워싱턴을 방문할 거라고 했다. 도심에서 사역하는 개척 교회와 며칠 함께할 수 있게 숙소를 제공해 달라고 부탁했다. 편지는 그가 속한 교단의 사회활동부에 전해졌다. 사회활동부는 워싱턴 남동부에 자리한 어느 흑인 교회에 숙소를 마련해 주었다. 젊은 목사는 이렇게 말했다. "지금 아이들이 거기에 있습니다. 목사님이 저를 구해 주셔야 합니다. 정말 곤란한 지경에 처했습니다." "그 곤경이라는 게 뭔지 좀더 자세히 말씀해 주시겠습니까?" 고든이 물었다. 그러자 젊은 목사는 이렇게 답했다. "그곳은 흑인 교회입니다. 우리 아이들은 모두 백인이고요. 부모들이 좋아하지 않을 겁니다. 부모들이 제게 책임을 물을 거예요. 목사님 교회에 우리가 묵을 만한 곳이 없을까요?"

고든은 그럴 만한 공간이 없을 뿐만 아니라 행여 있다고 해도, 그에게 호의를 베푼 흑인 교회의 마음을 상하게 하면서까지 도와줄 수는 없다고 잘라 말했다. 고든은 젊은 목사에게 두 가지 대안을 제시했다. "교단 본부에 연락해 보세요. 그쪽이라면 정보도 많고, 숙소를 찾기도 어렵지 않을 겁니다. 그게 아니라면, 지금 배정받은 숙소를 그대로 쓰면서 인솔해 온 아이들을 가르치는 기회로 활용하세요."

젊은 목사는 뾰루퉁한 얼굴로 돌아갔다. 이튿날, 그가 아이들을 인솔해 교외에 자리한 어느 백인 목사의 사택에 짐을 풀었고 도심에서 선교하는 교회를 안전하게 둘러보았다는 얘기를 들었다. 그러나 단지 둘러보기만 하려는 그룹이 하나라면 참여하길 원하면서 기회를 달라고 부탁하는 그룹이 백이었다. 우리는 계획이 없었지만, 포터스하우스에서 다른 교회들과 대화를 나누노라면, 이따금 대화는 젊은 이들을 어떻게 선교에 참여시킬 것인가라는 문제에 집중된다.

포터스하우스는 로마가톨릭 신자들과 개신교 신자들이 언제라도 대화를 나누는 자리였다. 그러나 1967년 봄, 우리가 이따금 이론화한 것이 실재가 되었다. 우리는 워싱턴 D.C.에 자리한 미국 가톨릭대학 신학부(Theological College of the Catholic University of America)의 젊은 신학생들을 알고 있었는데, 포터스하우스의 주일 저녁 그룹의 구성원들 중에 절반이 새로운 선교로 자리를 옮겼을 때, 우리는 신학생들을 주일 밤 그룹에 초대했다. 신학생들은 적극적으로 화답했다. 같은 언약에 매인 같은 선교, 또는 그들이 그렇게 부르듯이 '사도의 임무'(apostolate)를 함께한다는 것은 우리 모두에게 대화에서 한 걸음 나아가는 것으로 보였다.

고든은 대학에 학생들의 참여를 바라는 편지를 보냈고 승낙도 받았다. 우리는 새로운 선교 단원들을 밤 11시까지는 학교로 돌려보낼 계획이었다. 그러나 학장은 학생들에게 이렇게 말했다. "그럴 필요 없어요. 이번 선교에 끝까지 참여하세요." 학장은 옛 형식에 평생을 바친 사람이었으나 새 형식에 "예"라고 말하고 있었다. 젊은 신학생들을 이끄는 사람들이 품은 이러한 생각과 신뢰는 이 불확실한 시대에 우리 교회들에게 주신 말씀처럼 보였다. 우리 교회는 이따금 과연 개신교 교단 조직이 개혁될 수 있을지 의아해한다. 그런데 이번과 같은 일을 통해 우리 가운데서 새로운 일이 일어난다. 변화의 약속이 우리 개인의 삶과 전체의 삶 위에 별처럼 나타난다. 처음으로, 포터스하우스의 주일 저녁 선교 그룹은 미국 장로교(Presbyterian Church, U.S.) 출신으로 우리 교회에서 훈련을 받는 마티 맥대니얼과 로마가톨릭 사제 수업을 받는 조 밀러를 공동 회장으로 지명했다.

포터스하우스의 다른 그룹들도 빈민가에서 커피하우스를 운영하는 일을 비롯해 제각기 다른 프로젝트를 진행하고 있었다. 포터스하우스는 이제 7년이 되었고, 이런 까닭에 이제 '변화'라 할 만한 게 눈에 띄는 것 같다. 7은 완전수다. 옛것이 지나고 새것이 되는 때다.

7장 예배의 옛 형식과 새 형식

커피하우스 교회[21]

우리는 이따금 지나가는 말로 포터스하우스에서 주일 예배를 드리면 어떨까 하는 이야기를 했다. 그러나 그러면 커피하우스를 찾는 손님들이 포터스하우스가 결국은 사람들을 교회에 끌어들이려는 술책에 지나지 않았다고 말할 거라고 걱정하는 사람들이 늘 있었다. 우리의 본부 건물에 자리한 블루 채플이 끊임없이 지지해 주지 않았다면, 커피하우스 교회는 결코 태어나지 않았을 것이다. 우리는 예배를 두 차례 드렸는데, 그때마다 예배실이 가득 찼고 어떤 사람들은 들어가지 못해 거리에 서 있어야 했다. 우리의 선교 신학을 감안할 때, 교회 건물을 짓는다는 것은 공개적으로 거론하기는커녕 생각조차 불가능한 일이었다. 포터스하우스에서 실험적인 교회를 시작해 보자는 제안이 다시 나왔을 때, 암울했던 우리의 미래가 전에 없이 활짝 열렸다. 누가 등을 떠밀면, 평소에 생각지 않던 것을 생각하게 된다.

포터스하우스의 주일 저녁 모임을 주관하는 그룹이 제안했는데, 이들은 8주간 시험적으로 예배를 드려 보고 싶다고 했다. 교회 운영 위원회는 흔쾌히 동의했다. '하나님이 우리에게 주신' 기회를 수행할 카이로스의 순간 같았다.

우리는 전통적 교회처럼 11시를 예배 시간으로 정했다. 11시는 우리가 본부에서 드리는 두 차례 정규 예배 시간 사이였기 때문이다. 11시에 예배를 드림으로써, 욕심을 내어 두 예배에 참석하는 것이 불가능해졌다(그런 일이 일어날거라 생각하지는 않았지만). 새 교회는 우리 교인들에게만 알렸다. 포터스하우스에서는 광고를 전혀 하지 않았다. 우리는 새 교회를 마치 지하 교회처럼 다루었다. 우연하게 자신이 그리스도인이라고 밝히지 않는 한, 아무에게도 새 교회를 말하지 않았다.

우리는 8주 동안 주일 아침 예배 때 말씀을 전할 사람으로 여러 평신도를 선택했는데, 면면이 다양했다. 애브너 롤은 과학자이고, 버드 윌킨슨은 도공이다. 빌 맬로니는 해양학자이고, 데이비드 본스는 언약 공동체(Covenant Community) 회장이다. 앨마 뉴윗은 배우이고 그의 남편 빌 뉴윗은 화학자다. 데이비드 마이어는 국무부에 근무하고, 톰 허버스는 보험 관리인이다. 제임스 라우즈는 대부업자이자 개발업자다. 각자 할당된 15분을 지켜야 했고, 아무리 길어도 20분을 넘기지 말아야 했다.

첫 주일과 그 이후에도 우리는 9시에 나와 커피를 두 주전자 준비했고, 테이블마다 여섯 명씩 앉게 해 강사를 가장 잘 볼 수 있도록 테이블을 배치했다. 예배 순서지는 린 트라웃이 표지를 디자인해 몇 곳에 비치해 두었는데 순서지 그 자체가 예배 초대장이었다. 음악을 잘 알고 스테레오 녹음 시스템을 설치한 하트 쿠퍼스웨이트가 매주 강사와 상의해 예배 때 음악을 효과적으로 틀었다. 음악은 10시 45분에 시작되어 예배 분위기를 조성했고, 그래서 들어오는 사람들은 대개 조용히 테이블에 앉았다.

11시 정각에 우리는 커피하우스 기도문을 함께 읽었다. "우리가 성부와 성자와 성령의 이름으로 이곳에 모였음을 깨닫고 인정하게 하소서." 고백과 용서의 기도가 끝나면, 리더가 성경을 읽고 설교를 했다. 모두 '설교자'(preacher)라는 단어를 쓰려 하지 않았다. 우리는 '설교'(sermon)라는 단어도 '말로 표현된 묵상'(spoken meditation)이라는 표현으로 바꿔야 했다. 평신도 지도자들이 '설교'라는 단어를 거부했고, '설교'라는 단어가 커피하우스와 어울리지 않아 보이기도 했기 때문이다. 말로 표현된 묵상이 끝나면 15분간 침묵이 흘렀다. 처음 5분은 완전한 침묵이었고, 그다음에는 잔잔한 음악이 흐르다가 음악 소리가 서서히 커졌다. 음악이 흐르는 마지막 5분 동안, 커피와 롤빵을 나누었다. 그러고 나면 사람들이 '설교자'에게 무슨 말을 하거나 질문을 던졌다. 활기차고 때로는 뜨거운 토론이 따랐고 그것이 끝나면, 기도문에 나오는 헌신의 고백과 축복의 기도를 나누며 12시 15분에 공식적으로 예배를 마쳤다. 그러나 아무도 곧바로 돌아가지 않았고, 늘 문을 닫는 2시가 다 되어서야 돌아갔다.

우리는 처음 계획했던 8주간의 예배가 다 끝나기 한참 전에 우리 교회뿐 아니라 어쩌면 우리 시대의 교회에 의미 깊은 예배 형식이 시작되었음을 깨달았다. 이것은 여러 면에서 분명했다. 첫째, 정식 강단에 서야 한다면, 절대 응하지 않았을 평신도들이 설교 부탁에 열심히 응했다. "정 사람이 없으면, 저를 부르세요!"라며 자원하는 사람도 있었다. 관습에 얽매이지 않는 우리 교회에서도 전례가 없는 일이었다. 평신도들은 처음부터 커피하우스를 자기 교회라고 말했다. 둘째, 커피하우스 교회가 빼어난 설교에 의존하지 않는다는 게 분명해졌다. 회중은 설교와 관련해 질문을 할 수 있었고 설교에 덧붙일 수도 있었다. 그래서 설교는 더 생생해졌다. 그뿐 아니라, 메시지의 진정성은 전하는 사람의 삶에 있었고, 몇 주 후 누적 효과가 나타났다. 매 주일 각기 다른 선지자가 나타나 우리가 허다한 증인들에 둘러싸여 있음을 알려 주었다. 결코 한 사람이 커피하우스 교회를 좌지우지하지 않았고, 커피하우스 교회가 관리된다는 낌새도 없었다. 그래서인지, 되돌아보면 참 신비롭다. 그분의 임재가 점점 더 생생해졌고, 누가 교회의 머리인지 점점 더 분명해졌다.

또 다른 중요한 요소는 우리가 테이블에 둘러앉아 함께 떡을 뗀다는 것이다. 첫 예배가 끝난 후, 누군가 감사 기도를 드리고 먹자고 제안했다. 다음 주일, 우리는 그 제안을 따랐으나 우리의 감사 기도는 '종교적이고 인위적'으로 들렸다. 전체적으로 예배의 분위기였기 때문에 말이 필요 없었다. 많은 사람들은 이것을 아침 성찬으로 느꼈으며, 커피와 롤빵을 건네는 사람은 주의 만찬에서 하는 말을 나직이 되뇌었다. 상징은 오해의 여지가 전혀 없었으며, 그래서 나중에는 롤빵 접시마다 냅킨을 깔았다.

가끔씩은 대화가 피상적이거나 사교적인 수준에서 머물기도 했지만 밀도 있는 대화가 오갈 때가 더 많았다. 소개하는 시간이 따로 없었는데도 처음 보는 사람들끼리 이런저런 주제로 토론을 벌였다. "살아 계신 하나님이라고 하셨는데, 그 말이 무슨 뜻인가요?" "좁은 길을 가려면 어떻게 해야 하나요?" "경건하게 살려면 꼭 훈련을 받아야 하나요?" "삶이란 도대체 뭔가요?" 이따금 리더가 우리에게 질문하기도 했다. 질문은 묵상에서 나오거나 허심탄회한 대화에서 나올 때가 더 많았다.

가장 중요한 것은 공동체 경험이었다. 기독교 공동체의 선물을 자주 주고 또 받았다. 그 주일 아침들을 되돌아볼 때면, 참 이상하다는 생각이 든다. "네가 어디 있느냐?"는 하나님의 물음에 대한 자신의 대답을 어떻게 생판 모르는 사람들과 나눌 수 있었을까?

몇 주 지나면서, 더 많은 사람들이 예배에 참석했다. 친구가 친구에게 알렸고, 수년간 교회에 발걸음을 끊었던 사람들이 용기를 내어 커피하우스 교회를 찾아왔다. 어떤 사람들은 성직자가 없을 뿐만 아니라 분위기도 색다르고 설교에 '반론을 제기할' 기회까지 주어지는 사실을 흥미로워했다. 그러나 이따금 전문가들이 자기 교회를 두고 우리와 함께했다. 어떤 사람은 이렇게 말했다. "설교자가 안전하지 않다는 점에서 이곳은 최고의 강단입니다."

커피하우스에서 시작된 새 교회는 많은 사람들에게 하나의 상징이 되었다. 교회에서 멀어진 사람들은 커피하우스 교회가 자신이 떠나온 교회와 다를 거라고 기대한다. 어떤 사람들은 커피하우스 예배와 같은 '출구'는 시도해 볼 만하다고 느낀다. 틀에 박히지 않은 예배 형식은 특히 십 대와 청년들에게 인기가 높다. 친구를 서슴없이 초대한다. 복잡한 교회 바깥 사람들에게 기존 교회의 예배보다는 커피하우스 예배를 이야기하기가 훨씬 수월하다. 우리는 의사를 초청해 의사의 이야기를 듣고, 예술가를 초청해 예술가의 이야기를 듣기도 한다. 초기 몇 주 동안은 입구에 예배 안내문조차 붙이지 않았다. 그 무렵, 워싱턴을 방문한 어느 부부가 아침 먹을 만한 곳을 찾다가 커피하우스에 들어왔다. 그런데 이들이 자리를 잡은 후 예배 안내문을 보고 "번지수가 틀렸구나!"라는 생각을 하기도 전에 예배가 시작되었다. 이들은 가게 교회라는 낯선 분위기에 이내 매료되었고, 몇 시간 후 감사를 표하고 얼떨떨한 모습으로 그곳을 떠났다. 우리는 우리 자신이 교회의 주님을 이 도시의 주인으로 선포하는 사명을 맡은 복된 사람이라고 느꼈다. 가게 교회에 앉아 있으면, 거리의 사람들은 쓸쓸해 보이고, 초대를 받고도 속아서 잔치에 참여하지 않는 사람들 같았다.

8주간 계속된 실험 교회가 끝나기 전, 이 사역을 지속하기 위해 새로운 선교 그룹이 생겨났다. 구성원들은 새 교회의 몇 가지 표지를 정했다.

1. 평신도 사역
2. 예배 중에 나누는 대화
3. 기독교 공동체의 경험
4. 예배를 통한 선교

커피하우스에서 우리는 비전을 갖게 되었다. 그것은 우리가 사는 도시의 레스토랑과 공장과 선술집이 오는 시대에 교회의 예배처가 되는 비전이었다.

옛것과 새것

커피하우스 예배는 어떤 사람들에게는 아주 강한 호소력을 지녔다. 그래서 어느 모임에서, 본부 채플까지 그렇게 바꿀 수 있을지 논의했다. 테이블을 들여놓고 전통적 형태로 배치된 의자를 재배치해 예배 공간을 커피하우스 형태로 바꾸자는 제안이 나왔다. 하지만, 이러한 변화의 가능성은 단순히 우리의 가슴속에서 타진되었다. 투표를 하지도 않았고, 의견을 기록으로 남기지도 않았다. 이런 위협이 사라지자, 사람들은 격한 감정을 드러내지 않았고, 사려 깊지는 않지만 즉각적인 생각을 자유롭게 표현했다.

이런 아이디어에 불꽃이 튀기는 했지만 어디서도 불길이 일어나지는 않았다. 커피하우스에서 가장 자주 예배를 드린 사람들까지도 마음이 동하면 돌아갈 전통 예배가 있어 기뻐했다. 커피하우스에서 예배를 드린 사람들 중에 더러는 찬송가와 친숙한 기도문이 빠진 것을 아쉬워하기도 했는데, 이들은 커피하우스 예배가 자신들에게 안 맞는다고 했다. 또한 커피하우스 예배에 열심인 사람들도 사방에서 '의미 있는' 대화를 나누고 지혜와 생각을 서로 나누기까지 여러 주가 걸렸다. 의미 있는 경청, 다시 말해 마음 깊은 곳에서 들리는 조용한 소리에 귀를 기울이는 시간, 오직 자신의 물음과 자신의 답변에 귀를 기울이는 시간이 필요했다.

우리는 슈퍼마켓에서, 극장에서, 커피하우스에서 예배하는 교회에 대한 비전을 가졌다. 이런 꿈이 있기에, 앞으로 이런 예배를 드릴 뿐만 아니라 어디서나 드릴 날을 상상할 수 있다. 대성당과 첨탑 교회는 책에서나 읽게 되고 박물관에서 모형으로나 보게 된다. 교회는 마천루에서, 옥상 정원에서, 공장에서 예배를 드린다. 이러한 상황에 등장한 '믿음의 기사', 즉 혁신자는 책상에 앉아 창밖의 빌딩과 비행기와 고가도로를 응시하는 회중에게 말한다. "오직 예배만을 드릴 수 있는 공간을 만들어 봅시다. 대화가 없는 순전히 새로운 예배를 드려 봅시다. 오직 찬양과 신앙 고백과 말씀 선포만 있는 예배 말입니다." 그는 흥분해서 외친다. "건물마저도 하나님을 향할 겁니다." 어떤 사람들은 반발할 것이다. 그러나 어떤 사람들은 그가 대성전을 짓도록 허락할 테고, 가서 그를 돕기도 할 것이다.

앞으로 20년이 지나면, 교회는 새 시대에 들어선다. 그때가 되면, 교회는 사람들이 살아갈 뿐 아니라 '고통받는' 곳에 자리할 것이다. 이러한 새로운 형태의 교회들이 생겨나게 도울 수 있다. 그와 동시에, 우리는 과연 이것들이 내적인 삶을 소중히 여기는 사람을 충분히 지탱해 줄 수 있는지 알고 싶다.

예수님은 이렇게 말씀하셨다. "천국의 제자된 서기관마다 마치 새

것과 옛것을 그 곳간에서 내오는 집주인과 같으니라"(마 13:52). 우리는 이렇게 하려면 어떤 훈련이 필요한지 물어야 한다. 그래야 방법을 찾을 수 있다. 어떻게 해야 과거를 향해 마음을 열 수 있는가? 설령 과거가 상처를 주었더라도 과거가 주는 보화를 받을 수 있는가? 하비 콕스(Harvey Cox)는 커피하우스에서 강연을 하면서 어린 시절에 불렀던 찬양들에 대해 말했다. "나이가 드는데도, 여전히 그 노래들을 즐겨 부른답니다!" 고든이 몇몇 목회자에게 기도와 성경에 대해 말하고 있을 때, 한 사람이 그에게 말했다. "목사님은 지금 우리의 뿌리를 말씀하고 계시네요. 우리가 잃어버린 유산 말입니다."

미래를 보자. 무엇이 우리 마음을 열어 사그라지는 활력에 겁먹기보다 가능성으로 꿈틀거리게 하겠는가? 우리는 미래마저도 과거를 회피하는 도피처로 삼는다. 다시 말해, 자기 삶의 역사를 살피려 들지 않고 미래로 피하려 든다. 우리는 미래를 바라볼 때뿐 아니라 과거를 되돌아볼 때도 위험을 감수한다. 교회에서 우리는 각자의 운명을 충실히 따르고 살아 내려면 위험을 감수해야 한다고 말한다. 가끔은 이러한 위험을 쉽게 감수할 수 있다는 듯이 말한다. 하지만 뼛속까지 안전하다고 느끼는 사람을 제외하고는 과연 누가 위험을 감수할 수 있을지 매우 의심스럽다. 공동체의 일원이라는 사실은 사랑으로 모험을 감행할 만큼 안전하다는 뜻이기도 하다. '하나님 나라를 위한 훈련'이란 사랑이 있다는 믿음을 회복하는 것이다. 실패와 시련, 상실을 비롯해 어떠한 삶의 역경 가운데서도 변함없이 열정적인 사랑이 고난을 당당히 견디게 해 주리라는 믿음을 회복하는 것이다.

이러한 사랑이 순전히 가슴에만 있을 뿐 각 사람에게서 체현되지 않는다면, 이 사랑을 믿기 어렵다. 이런 사랑 때문에, 우리는 친숙한 블루 채플 예배와 커피하우스 예배를 오갔는데, 커피하우스 예배는 크나큰 모험이었다. 옛것은 강력한 작전 기지 역할을 했을 뿐 아니라 새것을 축복하고 받아들였다. 다른 사람들을 자유롭게 할 만큼 자신은 안전하다고 느끼는 사람이 강단에 있기 때문이다. 그는 커피하우스 교회라는 아이디어에 황홀해했고, 커피하우스 예배에 참석하는 사람들이 늘어 가는 걸 보고 줄곧 기뻐했다. 그는 영향력이 아주 강했고 깊이 신뢰받는 사람이라 그가 한마디 하거나 안 좋은 표정만 지었어도 새 강단은 십중팔구 생겨나지 못했을 것이다. 그러니 그는 자신이 인도하는 예배를 두고 또 다른 예배를 시작한 우리에게 쉽게 죄책감을 느끼게 만들 수도 있었다. 하지만 그는 그러지 않고 대신에, 새 예배에 관해 설교하며 교인들을 비롯해 사람들에게도 새 예배에 참석하라고 독려했다. 무엇보다도, 그는 새 예배가 있다는 사실을 기뻐했다. 우리는 새로운 것에 겁을 먹을 법도 했으나 그의 리더십에 힘입어 실험에 돌입했다. 우리의 창의성은 우리를 외로운 자리로 내몰 수도 있었다. 그러나 그곳에 작지만 그래도 공동체가 있었고, 그 무엇도 우리를 그 공동체에서 끊을 수 없었다.

우리가 종종 새것을 못 받아들이는 까닭은 자신의 자리가 안전하지 못하다고 느끼기 때문이다. 우리는 새것이 여는 행사에 우리가 참여하지 못할까 봐, 사람들이 우리를 배척할까 봐, 진리로 인정된 지식이 우리의 존재 방식을 바꿔 버릴까 봐, 어떤 경험이 우리 삶의 문을 닫아 버릴 것이기에 시기심이 동하지 않도록 그 경험에 등을 돌려야 할까 봐 두려워하기 때문에 위협을 느낀다. 새것은 여러 면에서 위협적으로 다가온다. 우리가 가장 취약한 부분 중의 하나가 바로 직업과 관련된 부분이다. 이런 경향이 어찌나 심한지, 우리는 자기 직업과 관련해 도리어 안전을 느끼기도 한다. 이를테면, 내가 작가가 아니라면, 당신이 아무리 뛰어난 작가라도 나는 당신이 두렵지 않다. 내가 요리사가 아니라면, 당신이 아무리 빼어난 요리사라도 두렵지 않다. 내가 목회자가 아니라면, 평신도 사역이 두렵지 않다. 이것은 서로 경쟁하고 성취 지향적인 우리 사회의 일반적인 상황이다. 그렇더라도 우리 사회가 삶을 위축시키는 힘은 약화되지 않는다. 사회는 새로운 질서에서 우리 자리를 잃을 거라는 충격적인 거짓말을 하며 우리를 뒤흔들기 때문이다. 더 깊은 은사를 받으려면 언제나 먼저 놓아야 하는데도 우리는 좀처럼 옛것을 놓으려 하지 않는다.

그리스도께서 다스리는 공동체는 우리의 자리가 늘 있다는 말을 체현한다. 이런 공동체는 우리의 유한함을 드러낸다. 곧 우리에게 자리가 필요함을 알기에 "근심하지 말라…내가 너희를 위하여 거처를 예비하러 가노[라]"(요 14:1-2)고 말씀하신 하나님을 드러낸다. 이런 공동체는 그 말씀(Word)이 없는 자를 위해, 그 말씀이 그에게서 체현될 때까지 그 말씀을 붙잡다. 그것은 그가 내면에서부터 확신이 생긴다는 뜻이다.

우리가 느끼는 위협 자체는 제거해야 할 적이 아니다. 사실, 진짜 위험은 따로 있다. 내면에서 느끼는 위협은 하나님의 임재의 상징일 수도 있다. 다시 말해, 귀를 기울인다면, 우리가 물질과 장소와 사건과 관계에 자신의 안전을 의탁했음을 알려 주시려는 하나님의 임재의 상징일 수도 있다. 이럴 때, 위협이 못 들어오게 문을 걸어 잠그는 것이야말로 가장 위험하다. 위협이 아니라 위협에 대한 우리의 반응이 중요하다.

이 공동체에 그런대로 안전한 구석이 있다면, 주변에 온정주의가 있기 때문이 아니다. 이따금 우리의 느낌과 감각이 제대로 보호받지 못한 것처럼 보이고, 우리가 평탄한 초원을 거닐 수 있도록 길을 잘 닦아 줄 더 많은 사람이 필요한 것처럼 느낄 때가 있다. 안전은 '돌과 화살'로부터 지켜지는 게 아니다. 안전은 한 무리의 사람들 속에 있다. 다시 말해, 아무리 약하게 받아들이더라도, 그리스도 안에서 서로에 대한 무한한 책임을 자기 삶의 기초로 삼는 사람들 속에 있다.

전도서는 이렇게 말한다. "두 사람이 한 사람보다 나음은 그들이 수고함으로 좋은 상을 얻을 것임이라. 혹시 그들이 넘어지면 하나가 그 동무를 붙들어 일으키려니와 홀로 있어 넘어지고 붙들어 일으킬 자가 없는 자에게는 화가 있으리라. 또 두 사람이 함께 누우면 따뜻하거니와 한 사람이면 어찌 따뜻하랴? 한 사람이면 패하겠거니와 두 사람이면 맞설 수 있나니, 세 겹 줄은 쉽게 끊어지지 아니하느니라"(전 4:9-12).

우리는 본부 건물에 자리한 블루 채플의 의자 배치를 바꾸지 않았지만, 이에 관한 논의를 통해, 예배가 새로운 차원으로 들어갔다. 적절한 시간에, 예배는 다양한 선교 그룹들이 각자 현재 어디에 있고 어디를 향해 가려 하는지를 보고하는 시간이 되었다. 이따금 그룹의 한 사람이 성경을 봉독하고, 다른 사람이 설교를 했으며, 한두 사람이 선교의 다양한 부분에 관해 짧게 덧붙였다. 구성원들이 헌금 위원이나 안내 위원을 맡기도 했다. 어떤 면에서, 옛 간증 집회와 비슷한 구석도 있었다. 새롭게 덧붙여진 요소라면, 한 그룹이 사회에서 작은 공동체로서 자기 소명을 살아 내려 몸부림치며 경험한 하나님의 놀라운 역사를 증언하는 시간이었다. 흔히 실망과 좌절과 실패를 극복한 경험을 이야기했고, 이런 경험담은 비슷한 경험을 하면서 과연 자신이 이 길을 잘 헤쳐 나가 어딘가에 이를 수 있을지 고민하는 사람들에게 희망을 안겨 주었다. 이것은 한 사람이 넘어지면 다른 사람이 일으켜 준다는 성경의 가르침을 실천하는 것이었다. 우리가 예배에 참석하는 서로를 지켜보고 서로에게 귀 기울일 때, 개인의 다양성과 부요함이, 이들의 기적 같은 온 존재가 하나의 틀 안에서 어우러져 나왔다. 그림 하나를 천 번은 봐야 한다는 말이 있다. 우리 앞에 그런 그림이 있었다. 우리는 선교 그룹의 구성과 기독교 공동체의 성격에 관해 숱한 말을 들었다. 그러나 이러한 종류의 예배는 이것을 무대에서 상연하고 있었다. 그래서 우리는 처음과 끝을 볼 수 있었고, 하나하나가 어디에 들어맞는지 알았다. 예배의 드라마는 우리에게 잊힌 방식으로, 우리가 날마다 자신의 선교 현장에서 살아 내는 방식으로 완성되었다. 표현 방식은 그다지 세련되지 못했다. 사람들은 그저 그들이 해야 할 말을 할 뿐이었다. 돈 하데스터는 복구 지원팀이 예배를 인도하던 날에 설교를 했는데, 방문자들에게 먼저 이렇게 말했다. "저는 고든 코스비 목사가 아니며, 지적인 사람도 아니고, 신학자도 아닙니다. 저는 돈 하데스터입니다. 푸줏간 주인이죠."

주일 예배는 선교 그룹들이 각자의 자리에서 무엇을 하는지 보고할 수 있는 시간이었다. 그뿐 아니라 주일 예배는 자기 삶을 향한 소명을 느끼는 사람이 그 소명을 사람들 앞에 말함으로써 한 가지 선교 사역을 통해 그 소명에 동참할 사람들을 찾는 시간이기도 했다. 전체 교인들에게 제시하도록 권장하는 소명은 언제나 공동체의 여러 곳에서 시험을 거치고 확인된 것이었다. 이따금 소명을 느낀 사람이 그날 설교를 하면서 자신의 소명을 알리기도 했다. 하지만 소명을 느낀 사람이 설교 후에 자신의 소명을 짧게 알리는 경우가 더 많았다.

주일 예배 시간에 가장 먼저 이렇게 한 사람은 마사 헤어였다. 그녀는 자리에서 일어나 자신과 함께 선교 사역을 하자며 우리를 초대했다. 마사는 12년 전에 남편을 먼저 떠나보낸 후, 자신을 비롯해 연령대가 다양한 남편을 잃은 여성들의 처지를 다양한 시각에서 보았다고 했다. 그녀는 남편을 잃은 많은 여성들이 감수성이 풍부하고 다른 사람을 어떻게 도와야 하는지 안다고 느꼈다. 마사는 이렇게 말했다. "이 풍부한 감수성을 제대로 표출할 곳이 없어서 엉뚱한 곳에 표출되거나 일부분만 활용되기 십상이에요. 이제 막 혼자가 된 여성은 가만히, 필사적으로 주변을 돌아보며 삶의 의미를 찾고 있죠. 하지만 한 달이 지나고 두 달이 지나도 사라지지 않는 상실감과 외로움에 점점 더 부끄러움을 느끼지요." 마사는 이런 특별한 슬픔에 깊이 잠겨 살아가는 여성들에게 열려 있는 여러 가능성을 어떻게 정확히 알게 되었는지를 설명했다. "저는 이러한 경험을 통해 사람의 궁극적인 안전이 어디에 있는지 배우고, 자신과 자신의 진정한 은사를 발견하는 법을 배우며, 주린 세상을 섬기는 법을 배울 가능성이 있다고 믿어요." 마사는 남편을 잃은 여성들이 심리 상담과 영적 상담을 받을 뿐만 아니라 여러 자원을 활용할 집을 마련하기를 원했다. 그녀는 자신과 함께 이런 모험을 하고 싶다면 누구든지 함께해 달라고 부탁했다.

사람들은 이렇게 교인들 앞에서 자신의 소명을 공개했고 새로운 선교 그룹들이 생겨났다. 그런가 하면, 이 때문에 엄청난 위협을 느끼는 사람들도 있었다. 자신의 선교 그룹에 꼭 필요한 사람이 새로운 선교 그룹으로 옮겨 갈지 모르기 때문이었다. 그룹의 핵심 구성원들 외에, 아직 어느 소명에도 붙들리지 않고 선교 그룹의 틀 안에서 거리낌 없이 헌신할 자리를 찾는 사람들에게 이런 일은 쉽게 일어날 수 있었다.

새로운 선교 그룹들이 위협이 될 경우, 우리는 이 문제를 내부적으로 해결하든지 감내하며 살아야 했다. 선교 그룹들은 크리스천 리빙 스쿨처럼 준회원들이 자신의 내면 깊은 곳에서 반응할 자리를 찾도록 돕는 데 전념하기 때문이다. 준회원은 자신의 그룹 참여도를 정기적으로 점검해야 했다. 이러한 특별한 틀이 나를 성장시키는가? 나는 이 선교에 내 삶을 점점 더 헌신하는가? 나는 다른 곳으로 가라는 소명을 듣고 있는가? 내 속에서 소명이라 할 만한 깨우침이 있는가? 소명은 두 사람 간의 대화에서 비롯될 수도 있고, 교회에 모인 수백 명의 사람들 앞에서 나올 수도 있다. 하지만 진짜 소명이라면, 내면 깊은 곳에서 들려와야 한다. 다른 사람들이 반응할 때, 새로운 선교 사역이 생겨난다.

우리는 주일 예배 시간을 새로운 선교 그룹을 탄생시키는 무대로 활용했다. 그런가 하면, 예배 시간을 가끔은 수치스럽게 전투에서 패배한 선교 그룹들의 장례 시간으로 활용해야 한다는 것을 깨달았다. 실패는 우리의 선교 그룹들이 써 내려가는 이야기의 한 부분일 뿐만 아니라, 위험을 감수하는 모든 교회가 써 내려가는 이야기의 한 부분이다. 문제는 우리가 실패를 어떻게 다루는가 하는 점이다. 실패가 아니라고 우기면서 시체를 마냥 붙잡고 있으려 하는가? 우리는 이렇게 한 전력이 있다. 한 그룹이 어느 선교 사역에 심혈을 기울이지만 매주, 매년 똑같은 문제와 씨름한다. 때로는 내적인 문제다. 이런 경우, 상황은 악화된다. 우리는 모든 관계가 원만해야 한다고 생각하기 때문이다. "어쨌든, 우리는 그리스도인이니까요." 이것은 우리가 특정한 자리에 이르렀다고 생각한다는 뜻이다.

삶의 갱신을 위한 선교 그룹(Life Renewal Mission Group)은 정서적 도움이 필요한 사람들을 위해 요양 센터를 건립할 계획을 세웠으나 이상하게도 내부 갈등을 해결하지 못했다. 대조적인 두 그룹이 손잡고 계획을 세웠다. 하나는 중보 기도 그룹이었고, 하나는 목회 상담 그룹이었다. 중보 기도 그룹은 기도와 성경과 예배를 보다 분명하게 활용하는 데 중점을 두었다. 반면에, 상담 그룹은 심리 상담을 중심으로 치유 사역에 집중했으며, 신앙 자원을 비교적 느슨하게 사용했다. 각 그룹은 서로의 관점을 인정했으며, 계획을 실행하면서 정신의학과 종교를 결합하려 했다. 그러나 어쩐 일인지, 두 그룹의 간극은 전혀 메워지지 않았다. 그럼에도 불구하고 계획은 추진되었고, 두 그룹 모두 계획에 참여해 요양 센터로 사용할 집을 샀다. 자주 그렇듯이, 문제는 구체적인 상황에서 더 분명하게 드러났다. 두 그룹은 그 집을 운영하는 세세한 부분과 사역 철학에서 교착 상태에 빠지고 말았다. 서로 접근법이 달랐는데, 이들의 서로 다른 관점은 융화되지 못했다.

한 그룹의 아이가 죽으면, 그 그룹은 슬픔을 잘 다루어야 한다. 그러지 않으면, 다른 아이를 마음껏 양육하지 못한다. 이따금 누군가 죽었다는 사실을 상징화해야 한다. 나는 여러 해 동안 우리를 보살폈고 우리 교회 건물을 관리한 리지 시몬스의 장례식에 갔을 때 예식을 거행한 자리가 떠올랐다. 리지는 세 수도회 소속이었고, 그래서 각 수도회가 예배를 인도했다. 리지가 누워 있는 관의 머리 쪽에 책임자가 섰고, 수도회 수녀들이 그 주변을 둘러섰다. 리더는 엘리자베스 시몬스를 세 차례 소리 내어 불렀고, 그때마다 대답을 기다렸다. 그러더니 그녀는 수녀들을 향해 말했다. "저는 엘리자베스 시몬스를 세 차례 불렀으나, 세 차례 모두 대답이 없었습니다. 시몬스 수녀는 지상의 부름에 다시 대답하지 않을 게 분명합니다. 시몬스 수녀는 다른 부름에 답했고, 지금 천국의 음성을 듣고 있습니다." 나는 예배에서 이러한 의식이 "아니, 그럴 수 없어!"에서 "그래, 맞아!"로 전환하도록 돕는지 궁금했다. 죽어 버린 선교 그룹도 예배를 드리고 참석자들이 주님께 고백하고 용서받으며 교회의 선교에 새롭게 헌신하는 시간을 갖는 것이 적절하다.

삶의 갱신을 위한 선교 그룹의 구성원들은 이제 몇 가지 새로운 선교 활동에 적극적으로 참여하고 있다. 그래서 이들을 볼 때면, 우리의 죽은 꿈을 장사 지내길 잘했다는 생각이 든다. 우리를 찾아와 선교에 관해 대화를 나누는 사람들 중에는 실패해도 괜찮다는 확신을 얻으려는 사람들이 많다. 그래서 이들은 우리의 실패를 알고 싶어한다. 우리는 우리도 더러 실패한다고 말해 준다. 그러나 실패를 맛본 사람들은 대개 다른 일에 열심히 참여하고 있으며, 새로운 일에 매이다 보니 옛일을 생생하게 회상하기 어렵다. 하나의 선교 사역에 실패했다고 그 사역에 참여했던 사람들이 실패자로 낙인찍히지는 않는다. 사실, 우리는 성공했을 때보다 실패했을 때 더 많은 것을 배운다. 실패는 우리 자신에 관한 몇몇 환상에 대해, 우리 자신의 '헛된 분투'에 대해 죽으라고 가르쳤다. 물론, 한 가지 선교 사역에 목을 맨 나머지 그 사역의 실패를 자신의 실패로 여기거나 다른 사람을 탓한 사람들도 더러 있었다. 이들은 실패했을 뿐만 아니라, 용납하시는 하나님의 말씀을 전혀 듣지 못했다. 그 시간들은 말 그대로 실패한 셈이다!

어느 선교 그룹 중재자의 통렬한 선언이 생각난다. 그는 교회 운영위원회에 보고하면서 자신의 그룹이 낙후 지역 아이들을 위한 교육 프로그램을 어떻게 개선했는지 설명했으며, 아직 할 일이 많은데 그 그룹에 생명을 주셨던 성령께서 다른 곳으로 옮겨 가셨다며 말을 맺었다. 그는 이렇게 썼다. "성령께서 옮겨 가셨는데도 그 일을 계속한다면, 놀라웠던 첫 경험을 조롱하는 격이며 알맹이 없이 껍데기만 붙잡고 있는 꼴입니다. 이런 까닭에, 우리는 세이비어 교회에 요구합니다. 우리 선교 그룹을 해체해, 동일한 성령께서 세상을 향한 선교 그룹으로 우리를 묶으시는 새로운 곳을 다시 구하고 찾게 하십시오."

이와 더불어 너무 일찍 포기해서는 안 된다는 경고도 해야 한다. 우리 교회의 선교 그룹 가운데 어려운 시기를 겪지 않은 그룹은 하나도 없다. 어느 리더는 그룹의 활동을 보고하면서 이렇게 말했다. "우리가 이른바 '사교 단계'(social phase)라고 불렀던 기간, 친절하고 공손했던 기간이 6개월가량 지속되었습니다. 지금 우리는 모두가 이렇게 묻는 단계에 와 있습니다. '이 그룹이 뭐가 잘못됐지?' 저는 이것이 괜찮은 단계라고 생각합니다. 왜냐하면 사람들이 이런 질문을 던질 때가 바로 뭔가 막 일어날 참이기 때문입니다." 이런 경험은 자주 있다. 우리의 머리와 가슴이 온갖 질문에 난도질을 당할 때, 절망의 골짜기에서 겪는 일이다. 그러나 우리는 이러한 쓰라린 질문 속에서 방향을 찾았고, 산으로 들어가는 길을 찾았으며, 적어도 한동안 골짜기와 고원을 우리 발아래 두었다.

저녁 성찬

우리는 매주 두 차례, 저녁 6시 30분에 빵과 치즈에 과일과 커피를 곁들여 간단하게 저녁 식사를 한다. 예약은 받지 않는다. 이따금, 어떤 사람은 퇴근길에 마음먹고 들른다. 가끔씩 선교 그룹이 모이는 밤에 성찬 식사를 계획하기도 한다. 어떤 사람들은 한 달에 한 번 정도 참석하거나 전혀 참석하지 않기도 한다. 어떤 날 밤에는 스무 명이나 참석하지만, 어떤 날 밤에는 고작 여섯 명 정도 참석한다.

우리는 절대 구경꾼으로 저녁 식사에 참석하지는 않는다. 드라마를 함께 공연할 준비를 한 채 이를테면 주인으로 참여해야 한다. 우리는 '평화의 입맞춤'을 확대할 준비를 한다. 다른 말로 하자면, 서로에게 자신을 열고 낯선 사람들도 먼저 사랑으로 맞을 준비를 하고 참석해야 한다는 뜻이다. 초기 공동체에서, 평화의 입맞춤을 하지 못하는 사람은 공동체 예배에 참석할 수 없었다. 공동체로 살다 보면, 이렇게 해야 하는 이유가 분명해진다. 매주 교회 주보에 나오는 말씀을 입으로 말하면서도 정작 그 말씀을 자기 삶에 전혀 적용하지 못하기 십상이라는 것을 우리는 안다. 물론 거룩한 말씀이 교회에만 있는 것은 아니다. 도시를 바꿀 계획은 있으나 정작 자신을 바꿀 계획은 없는 사회 개혁가들과 공동체 지도자들은, 경건하다지만 세속에 물든 자들이다. 교회 안팎에서 참으로 진실한 사람은 외적인 자세에서 내면이 그대로 드러난다. 외면과 내면 사이에 간극이 없다. 예수님은 다음과 같이 말씀하실 때 바로 이러한 일치를 구하셨다. "그러므로 예물을 제단에 드리려다가 거기서 네 형제에게 원망 들을 만한 일이 있는 것이 생각나거든 예물을 제단 앞에 두고 먼저 가서 형제와 화목하고 그 후에 와서 예물을 드리라"(마 5:23-24). '평화의 입맞춤'을 확대할 준비를 하라. 이것은 예수님이 베푸시는 식탁에서 또다시 주신 가르침이었다.

둘째, 우리는 자신의 하루를 예물로 삼을 준비를 하고 성찬에 참여해야 한다. 예물은 자신의 일과 관련된 상징적인 물건일 수도 있었다. 이를테면, 지우개나 자도 괜찮았다. 자신의 삶에서 일어난 일이나 자신이 속한 선교 그룹에서 일어난 일과 관련된 보고도 괜찮았다. 그날의 한 사건과 관련된 하나님의 말씀도 괜찮았고, 우리의 공동체에게 우리 삶의 기본이 되는 언약을 상기하는 그 무엇도 괜찮았다. 세상 어딘가에서 일어나고 있는 일, 우리가 모인 이유가 되는 그 어떤 일도 괜찮았다. 성찬 식탁에 드려진 우리의 침묵이라도 괜찮았다. 이러한 준비를 한다는 말은 하루를 다른 방식으로 살아갈 가능성을 붙잡는다는 뜻이었다. 예물을 성찬 식탁에 드릴 수 있었다는 말은 성찬을 이해한다는 뜻이었다. 다시 말해, 성찬의 자리에 있고, 따라서 성찬에 참여하며, 세상과 성찬 식탁이, 세속과 거룩이 서로 관계가 있음을 이해한다는 뜻이었다.

 이것은 최후의 만찬과 똑같이 시작된다. 먼저 음식을 준비하고, 식탁에 차려 내며, 서로 대화를 나눈다. 그러고 나서, 성경 한 구절로 짧은 기도를 드린다. "오늘 우리는 각자의 일터에서 주님의 말씀을 순종하는 종으로 살았습니다. 이제 그분의 말씀을 듣겠습니다." 고백과 사죄의 기도가 끝나면, 예물을 드리는 시간이다. 다른 어느 물품보다 시계를 자주 드린다. 이를테면, 자신의 삶에서 무엇보다도 소중한 시간을 드린다는 표시다. 어느 목사는 자신이 경험한 해방을 감사하는 표시로 시계를 테이블에 올려놓고 이렇게 말했다. "하나님이 제게 무엇을 하라고 하시든 간에, 시간을 내겠습니다." 어린 소녀는 버스 승차권을 테이블에 올려놓으며 말했다. "오늘 아침에 기분이 울적했는데 버스 기사 아저씨가 제게 다정하게 인사를 건넸어요." 어느 방문객은 자신이 지위를 갈망하고 사람들의 인정을 받으려 한다는 표시인 넥타이핀을 드렸다. 어느 세일즈맨은 자신의 계획표를 테이블에 올려놓았고, 어떤 사람은 지갑을 올려놓았다. 우리는 직장 동료들과의 껄끄러운 관계나 내려야 하는 결정을 두고 자주 기도했다. 그리고 우리는 베트남 국민과 베트남 지도자들을 위해서 늘 기도한다.

그러고 나면, 성찬식 때 하는 말이 나온다. "받아 먹으라…이것은 너희를 위하는 내 몸이니 이것을 행하여 나를 기념하라." 각 테이블마다 한 사람이 공동 식사의 일부였던 빵을 들고 떼어 동료들에게 건넨다.

같은 방법으로, 잔을 들어 그리스도의 이름으로 오른편 사람에게 건네며 말한다. "그리스도께서 당신을 위해 흘리신 피입니다." 한 사람에게서 옆 사람에게로, 한 테이블에서 옆 테이블로 잔이 옮겨 간다. 우리에게 이렇게 하라고 가르치신 분, 임마누엘, 우리와 함께하시는 하나님이 우리 가운데 계신다.

수련회

1953년, 우리는 데이스프링에 175에이커(약 21만 평)의 숲을 구입했다. 메릴랜드 시골에 자리한 완만한 구릉지였다. 그로부터 몇 년 후, 고속도로가 뚫려 메릴랜드, 버지니아, 워싱턴 지역에 흩어져 사는 우리 식구들이 45분이면 그곳에 닿을 수 있게 되었다.

지체가 서로 연결되고 연합해 자기 역할을 하는(엡 4:16) 몸의 신비처럼, 우리의 선교 그룹은 이런저런 때에 서로 돕는다. 이런 도움은 대개 전혀 예상하지 못한 방식으로 오간다. 우리의 선교는 매우 다양하지만, 보통 연합을 통해 이뤄진다. 도심의 필요를 중심으로 우리의 삶이 형성되었을 때, 데이스프링 캠핑 구역은 도시 어린이들의 여름 놀이터가 되었다. 수양관은 모든 선교 그룹들에게 재충전하는 자리가 되었다.

구성원들이 이렇게 말하는 그룹은 질병의 징후를 보이는 셈이다. "이 작은 그룹은 멋져요. 이곳 사람들을 사랑해요. 이들도 저를 사랑하지요. 이곳이 우리 교회예요. 다른 사람들은 필요 없어요." 우리는 이것이 특정 부분의 우상화라는 걸 알게 되었다. 마치 눈이 손더러 "나는 네가 필요 없어!"라고 말하는 격이다. 가끔씩 이러한 종류의 우상화가 두려워, 교회는 구성원 전체를 선교 현장에 마음껏 내보내기는 고사하고 작은 팀조차 내보내길 꺼렸다. 특히 자신의 선교에서 힘을 느끼고 전진하는 그룹에 자만이 뿌리내리고 자라기 쉽다. 이런 그룹은 토대가 보다 약한 그룹들에게 도움이 될 법한 순간에 책임을 회피한다. 이런 그룹이 힘을 행사할 수는 있지만 이들이 행사하는 힘은 성령의 힘이 아니다. 성령은 소통하시는 영이다. 바울은 영들을 시험하라고 충고한다. 성령께서 임재하시는 그룹은 열려 있으며 서로 소통한다. 구성원들 서로에 대한 소속감뿐만 아니라 그리스도의 몸 전체에 대한 소속감도 자라며, 인류 전체에 대한 소속감도 자란다.

많은 그룹들이 비공식적으로 세이비어 교회와 연결되어 있다. 선교 그룹은 이러한 그룹들과 뚜렷이 구분된다. 선교 그룹의 구성원들은 교회 운영 위원회 아래 있으며, 세이비어 교회의 모든 선교 그룹과 기관에 대해 책임이 있다. 이들은 워싱턴 지역 교회들과 하나되고, 나라의 전 교회들과 하나되며, 세계 교회들과 하나되기 위해 함께 구체적으로 노력한다. 절대로 "나는 네가 필요 없어!"라고 말해서는 안 된다. 우리는 우리가 좋아하지 않는 모든 낯선 사람들, 우리가 이해하지 못하는 모든 사람들, 모든 인류가 다 필요하기 때문이다. 그러나 이러한 관심이 결코 구체적인 형태로 나타나지 않는다면, 또 다른 극단인 전체의 우상화로 치닫는 셈이다. 인류를 사랑하는 사람이라는 찬란한 광채를 누리지만 그 인류를 이루는 어느 특정 부분도 사랑하지 않는다.

교회는 작은 그룹들을 파송하는 위험을 감수해야 한다. 이것은 교회 생활의 역사적/제도적 측면에 관심을 덜 기울인다는 뜻이 아니다. 그룹들이 전체와 분리되어 특정 부분을 우상화하는 오류에 빠지지 않도록 도리어 그 부분에 관심을 더 기울인다는 뜻이다. 교회가 제도적 형태를 바꿀 필요가 있을지도 모른다. 그러나 선교를 위해, 전체와 부분 양쪽 모두에 대해 구성원들의 소속감을 키워 주기 위해, 교회는 제도적 형태가 늘 필요하다. 우리가 이러한 보살핌을 위해 준비한 주된 형태는 크리스천 리빙 스쿨, 예배, 수련회 프로그램이었다.

우리가 데이스프링에 직접 세운 첫 건물은 목수의 오두막(Lodge of the Carpenter)이었다. 이 건물을 우리 손으로 직접 지었다. 널찍한 거실에다 부엌과 식당이 있어 낮에 열여덟 명이 쉴 수 있었다. 선교 그룹들이 외적 여정에 참여할수록 내적 여정에도 똑같이 관심을 쏟아야 할 필요가 더 절실해졌다. 1961년, 우리 교회에 출석하는 건축가 클라우드 포드가 역시 열여덟 명의 숙박이 가능한 건물을 설계했다. 건물은 목수의 오두막 뒤편 숲 속에 단출하게 지었다. 방마다 싱글 침대 하나, 세면기 하나, 책상 하나, 의자 둘, 램프 둘을 두었다. 그리고 워크숍 선교 그룹에서 방마다 청동 문패를 만들어 달았다. 방에는 손으로 만든 물건을 한두 개 놓아두었다. 어느 방에서든 창문으로 숲이 내다보인다.

　수양관 선교 그룹의 목적은 교인들의 기도 생활에 힘을 불어 넣는 것이다. 매년, 이 선교 그룹은 다른 선교 그룹들과 손잡고 수련회(retreat)를 계획한다. 이 그룹은 아직 선교 그룹에 발을 들여놓지 않은 사람들을 위한 수련회도 계획한다. 주말의 절반은 워싱턴 지역의 다른 교회들이 이용한다.

　선교 그룹 수련회는 대부분 우리 교회 교인들이 인도하는데, 침묵을 강조하는 조금 고전적인 방식을 따른다. 열린 수련회는 대개 여러 교회에서 온 친구들이 인도하는데, 컨퍼런스에 중점을 둔다. 우리 교회 교인들은 물론이고 다른 교회 교인들 가운데도 침묵에 대해 잘 아는 사람이 드물다. 이런 종류의 수련회를 다른 사람들에게 소개할 만한 사람이 드물다는 뜻이다. 우리는 침묵을 조금씩 이해하면서, 강의를 줄이고 묵상을 늘리는 고전적인 수련회를 더 강조한다. 식사 시간에는 참가자 한 사람이 책을, 주로 신앙 고전을 낭독한다.

　한번은 우리 교회의 선교 사역을 둘러보며 그 사역이 각자에게 적합한지 시험해 보고 싶은 목회자들을 대상으로 이틀간 세미나를 열었다. 대화와 연이은 선교 사역 탐방으로 이틀 일정을 빼곡히 채웠다. 내적 여정을 주제로 많은 대화도 나누었다. 하지만 세미나가 활동과 대화에 치우친 나머지 이론에 머물고 말았다. 재미는 있었지만 실제와는 별 관련이 없었다. 우리의 선교 사역을 떠받치는 기도 생활을 강조하지 못했고, 따라서 우리의 참뜻을 제대로 전하지 못했다. 그래서 내면과 외면의 경험을 모두 포함하도록, 수련회를 겸한 세미나로 바꿨고 이틀 일정을 나흘로 늘렸다. 이제 참가자들은 오후 나절과 저녁에 선교 현장을 방문하고 선교 그룹 구성원들과 대화를 나누지만,

나머지 시간은 대부분 데이스프링에서 보낸다. 나머지 시간은 수련에 사용되는데, 침묵 시간이 많은 부분을 차지한다. 수련회가 가르침과 묵상으로 구성된다는 것을 첫날밤에 설명한다. 그러면 참가자들은 대부분 순순히 따른다. 그런데도 참가 신청자들이 많은 걸 보면, 그만큼 의미가 있는 것 같다.

여러 해를 교회 갱신에 앞장선 지도자들은, 교회 갱신은 상응하는 내적 운동이 없으면 일어나지 않는다는 사실을 이제 막 자각하기 시작했다. 커크리지 수양관(Kirkridge Retreat Center) 책임자 존 올리버 넬슨은 목회자들이 모인 어느 컨퍼런스에서 이 부분을 언급하며 이렇게 말했다. "우리는 피켓 드는 법은 알지만 기도하는 법은 모르는 세대입니다."

데이스프링 수련회를 통해, 목회자들은 교회 갱신의 문제가 자신의 내적 문제임을 깨닫기 시작한다. 지금껏 세미나는 반응을 보이지 않는 회중과, 실험을 거부하는 교단의 틀을 어떻게 할 것인가 하는 문제에 늘 집중했다. 이와는 반대로, 데이스프링 수련회에 참가하는 사람들은 대개 자신을 돌아보며, 자신 속에 교회 갱신을 가로막는 걸림돌이 있는지 살핀다.

우리의 선교 그룹들은 갱신이 한 번 일어나면 내내 지속되지는 않는다는 사실을 깨달았다. 교회의 커피하우스는 처음 몇 주 동안 갱신이 필요할 뿐만 아니라, 2년째도 틀림없이 갱신이 필요하다. 수련회 프로그램은 우리의 삶이 이렇듯 지속적으로 갱신되도록 돕는 데 주안점을 두었다. 개인의 삶이 새로워져야 조직도 새로워지기 때문이다.

수련회는 제각각 다르다. 이번 수련회에 참석했다고 다음 수련회가 이러저러하려니 지레짐작해서는 안 된다. 교회 운영 위원회는 교회 직원 셋과 선출된 평신도 여덟으로 구성되는데, 매년 한 차례 수련회를 연다. 첫해에는 수련회 전체를 중보 기도로 채웠다. 그러나 다들 중보 기도가 익숙지 않아 주말이 끝날 무렵에는 하나같이 기진맥진했다. 그 후, 우리는 수련회의 절반만 중보 기도에 할애하고 절반은 교회가 나아가야 할 그다음 단계를 숙고하는 묵상에 할애한다. 우리는 교회를 곰곰이 생각하면서, 상상의 폭을 넓혀야겠다는 도전을 받는다. 불가능한 일이 일어날 여지를 두자는 것이다. 나눔의 시간은 그간 꼭꼭 잠겨 있던 생각 창고를 활짝 여는 시간이다. 우리는 각자의 생각을 평가하거나 그것을 어떻게 실행에 옮길지 계획하려 들지 않는다. 아이디어 하나가 뿌리를 내리면, 교회 운영 위원회의 정기 월례회에 안건으로 올라간다.

모든 수련회가 회의적인 친구들이 말하는 신비적 요소를 내포하지는 않는다. 침묵 수련회의 반대편 끝에는 우리가 금연 수련회라고 이름 붙인 수련회가 있었다. 수련회의 순수성을 고집하는 사람이라면 여기에 '수련회'라는 꼬리표를 붙이지 않을 테지만 말이다. 이것은 담배를 끊겠다고 여러 달, 심지어 몇 년씩 사투를 벌였으나 실패한 사람들을 위한 수련회였다. 처음 수련회 일정에 따라 이틀을 보내면, 담배를 끊을 수도 있지 않을까 하는 희망을 우리는 품었다. 금연 수련회에 참석하려면 두 가지 조건을 갖춰야 했다. (1) 절대로 담배를 가져와서는 안 된다. (2) 진지한 각오로 참여해야 한다. 수련회는 주중에 열렸으므로 참가하려면 작심하고 휴가를 내야 하는데도 일곱 명이 참석했다.

우리는 수련회에 도움이 될 만한 정보를, 이를테면 물을 충분히 마셔라, 과일을 많이 먹어라, 오래 걸어라 같은 정보를 여기저기서 수

집했다. 전형적인 수련회와는 달리, 이 수련회에서는 짧은 시간이나마 자주 모여 예배를 드렸고, 그러고 나면 일종의 그룹 치료 시간을 가졌다. 우리는 담배라는 주제를 잠시도 멀리하지 않았다. 담배는 상존하는 관심사였기에, 가능한 모든 각도에서 담배 문제를 탐구했다. 수련회에 참석한 사람의 담배 소비액을 모두 합치면 연간 1,400달러에 이른다는 사실도 발견했다. 이렇게 20년간 담배를 피웠다면 엄청난 금액이다. 1,400달러는 우리의 몇몇 선교에 큰 도움이 되었을 금액이며, 개인 살림에 보탬이 되었을 만한 금액이라는 것은 말할 필요도 없었다. 그러나 분석해 보니, 이들이 수련회에 참여한 까닭은 돈 때문이 아니었다. 그렇다고 그 어떤 도덕적 이유 때문도 아니었다. 흡연과 질병의 관계를 입증하는 연구 결과들이 발표된 후에 전국적인 담배 소비량이 오히려 늘었다는 사실에서 보듯, 암과 더불어 찾아오는 죽음의 공포도 금연에 별다른 동기가 되지 못했다. 이들이 수련회에 참석한 까닭은 무엇보다 마른기침이나 흡연으로 인한 두통을 비롯해, 누구에게도 전혀 위협이 되지는 않지만 그저 조금 불편할 뿐인 미약한 증세 때문이었다.

우리는 이 수련회에 관해 몇 차례 신학적 논의를 했다. 무엇보다도, 니코틴 중독자들을 위해 수련회를 여는 것에 죄책감을 느끼는 사람들이 있어서였다. 우리가 베트남을 비롯한 다른 중대 사안에 견주어 가벼운 사안인 담배 문제를 제기했을 때, 몇몇은 우리가 엉뚱한 데 관심을 쏟는다고 보았다. 그래서 우리는 '중요하지 않은' 것의 자리에 관해 논의했고, 삶에서 큰 결정이 작은 결정에 좌우된다는 사실을 조금 더 잘 알게 되었다. 우리는 이들에게 고린도전서 10장 12-13절을 제시했다. "그런즉 선 줄로 생각하는 자는 넘어질까 조심하라. 사람이 감당할 시험밖에는 너희가 당한 것이 없나니, 오직 하나님은 미쁘사 너희가 감당하지 못할 시험 당함을 허락하지 아니하시고 시험 당할 즈음에 또한 피할 길을 내사 너희로 능히 감당하게 하시느니라."

또다시, 어떤 사람들은 이 성경구절이 큰 어려움이나 시련에 처했을 때나 적용되는 구절이라고 보았다. 그러나 우리는 작은 일에서 실천하지 않으면, 큰 어려움이나 시련에 처했을 때 이 말씀이 제 역할을 할 가능성이 없다고 힘주어 말했다. 우리가 위기에 처했을 때 어떻게 반응하느냐는 누군가 우리에게 훌륭하고 적절한 성경구절을 제시하느냐에 달려 있지 않다. 작은 경주를 달려 보아야만 큰 경주에서 우승할 가능성이 있다.

그 수련회에서 우리는 하나의 공동체가 되었고, 수련회가 끝난 후에도 전화로 서로 격려하고 격려받았다. 그러나 이 모든 도움에도 불구하고, 일곱 명 중에 두 명만 지독한 흡연 유혹을 물리쳤다. 우리는 성경구절을 제대로 이해하지 못했다. 성경구절을 아주 작은 문제에도 적용해야 한다는 확신이 없어서였다. 몇몇 사람이 장장 20년을 담배 판매대에 무릎을 꿇고, 제물을 바쳤으며, 연기에 절어 살았음을 우리는 깜빡 잊고 있었다. 담배 갑이 우리의 신(神)이었을 뿐 아니라, 우리가 아주 많이 의존하는 신이었다.

우리는 실패했지만 낙담하지는 않았다. 또 다른 금연 수련회를 열 준비도 되어 있다. 담배에 관한 대화에 크게 집중하지 않는 수련회가 될 것 같다. 우리가 한 실수 가운데 하나는, 말을 너무 많이 하고 하나님과 소통할 시간을 충분히 갖지 못한 것이라고 생각한다. 우리는 또 다른 금연 수련회를 시도할 준비가 되어 있을 뿐만 아니라, 체중 조절 수련회도 계획해 두었다. 경제 불안을 비롯한 여러 주제와 관련된 수련회도 계획 중이다. 돈만큼 감정을 불러일으키는 주제도 없다. 세상에 돈만큼 상징적인 상품도 없기 때문이며, 돈이야말로 우리가 누구며 무엇을 중요하게 여기는지 가장 극명하게 보여 주기 때문이다.

선교 그룹들이 서로 하나되게 하고 우리의 삶을 다른 교회 그룹들과 연결하려는 목적에서, 다양한 수련회를 열었다. 1963년 가을, 교회의 예배 생활에 깊은 관심을 두는 전례회의(Liturgical Conference)라는 가톨릭 협회가 미사 현대화를 위한 자료 초안을 작성하기 위해 데이스프링에 모였다. 이 단체는 사제 아홉과 평신도 여섯으로 구성되었다. 이들은 데이스프링의 평화로움과 아름다움을 예상하지 못했다. 데이스프링에 사는 캐럴라인 허버스와 톰 허버스 부부, 글로리아 매클라넨과 돈 매클라넨 부부가 회기 내내 이들의 통역을 맡았을 뿐 아니라 이들을 위한 접대와 요리까지 도맡았다. 응접실 한쪽 벽면을 모두 덮고 있는, 그리스도의 생애를 아홉 장면으로 나눠 그려 낸 케이 피츠포드의 돋을새김 작품 앞에서 미사를 드렸다. 회기가 끝나고 그다음 주에, 참석자 한 사람이 '데이스프링의 친구들'에게 편지를 보냈다. "그곳에서 연구하고 성체성사를 행하던 날들이 전례회의에 얼마나 큰 의미가 있었는지 말로 다 표현하지 못하겠습니다. 사실, 우리가 그곳에서 보냈던 시간이 우리의 동료 가톨릭 신자들에게, 기독교 세계 전체에게 얼마나 큰 의미가 있었는지는 시간만이 말해 줄 것입니다." 우리는 그날들을 되돌아보며 우리가 동일한 주님을 섬긴다는 사실을 이들을 통해 더 잘 알게 되었다는 것을 깨달았다. 그날들을 되돌아보노라면, 성령께서 이방인들에게까지 임하셨다는 데 놀랐던 옛 신자들이 떠올랐다(행 10:45).

수련회는 공동체 생활뿐 아니라 개개인의 생활에서도 중요한 부분이다. 수련회에서 우리는 자신과의 소통과 하나님과의 소통이 서로 연결된다는 것을 자주 분명하게 확인했다. 버드 윌킨슨의 이야기는 현대적 형태로 경험하지 않으면 믿기 어려운 사도행전의 이야기와 흡사했다. 버드가 신비로운 예술가의 모습으로 나타났다면, 나는 십중팔구 그의 이야기를 쓰지 않았을 것이다. 그랬다면 나의 한 부분이, 버드는 종교 체험에 적합한 기질을 가진 사람이라면서 그의 이야기에 담긴 메시지를 대수롭지 않게 여겼을 것이기 때문이다. 그런데 사실, 버드는 그런 유형의 사람이 아니다. 버드는 지저분하고 흙냄새 나는 사람이다. 1930년대, 미국의 대공황기에 버드는 화물 열차를 얻어 타고 떠돌아 다녔고 부랑자 숙소를 전전하다가 열일곱 살에 입대했다. 시카고 빈민가 출신 소년에게 군대는 그래도 인생에서 뭔가 이뤄볼 유일한 가능성을 가진 곳처럼 보였기 때문이다. 1953년, 버드는 육군 대위였고 퇴역까지 5년이 남아 있었다. 그러나 한 번도 떠나지 않았던 불안이 다시 몰려왔다. 버드는 은사니 하나님의 뜻이니 하는 단어에 익숙하지 않았다. 그러나 자신이 은사를 제대로 활용하지 못하고 있고 자신을 향한 하나님의 뜻을 따르지 않고 있다고 느꼈다. 어린 시절부터, 미술과 공예가 그에게 손짓했으나 그에게는 금기의 영역으로 남아 있었다. 그 부분이 다시 어렴풋이 떠올랐다. 하지만 그에게는 여전히 금기의 영역이었다. 버드는 자신이 불안한 까닭은 자기 삶에서 채워지지 않은 부분 때문이라고 추측했다. 그러나 내면의 압박이 너무 강해 그는 서둘러 군대를 나왔다. 그러고는 홍보 분야에 취업해, 글을 쓰고 포장 상품의 안전한 운송을 돕는 프로그램을 홍보하는 데 타고난 달란트를 활용했다. 그런데 이것은 여러 해 조용히 연기만 피우던 창의력에 불을 댕긴 꼴이었다. 이 무렵, 버드는 우리 교회에 등록했고 교회 생활에도 깊이 참여했다. 데이스프링은 결정을 앞둔 그에게 고민하고 씨름하는 곳이 되었다. 여기서 버드는 수련회 리더가 되라는 부르심을 들었고, 미술과 공예 분야를 진지하게 탐구하라는 부르심도 함께 들었다. 버드가 수련회 리더가 되고 미술을 자비량의 수단으로 삼는 게 가능할까? 그는 이 문제를 놓고 누구보다도 아내 아이네즈와 많은 대화를 나누었다.

  우리 채플에서 들은 시구가 떠오른다. "꿈은 무모하고, 꿈꾸는 자는 더 무모하다." 스물한 살에 꿈을 좇는 것과 1월 중순 마흔여섯 살에 꿈을 좇는 것은 다른 이야기다. 어느 날 아침, 버드는 포터스하우스 워크숍에 1년간 미술을 공부하겠다고 알려 왔다. 그때 버드는 마흔여섯 살이었고, 밖에는 눈이 소복이 쌓여 있었다. 버드와 아이네즈는 1년이라는 기간에 합의했다. 이들은 버드의 사업 기반이 흔들릴 위험을 감수했고, 1년 동안 내적 여정에 온 마음을 다하기로 다짐했다. 저축해 둔 돈이 없었기에 아이네즈가 일해 남편을 뒷바라지해야 했다. 이것은 이들이 감수한 가장 큰 위험이었다. 왜냐하면 두 사람에게 깊이 박힌 문화의 많은 부분을 거스르는 생활이었고, 이런 생활을 시험 없이 통과할 수는 없을 것이기 때문이다.

  워크숍에 알리고 두 주가 지난 후, 버드는 데이스프링에서 수련회를 인도했다. 금요일 밤 7시부터 주일 점심 식사 때까지 계속되는 일상적인 주말 수련회였다. 다시 눈이 내렸고 참가자들은 대부분 10시 30분이 지나서야 도착했다. 늦은 저녁 식사와 바깥에 내리는 눈은 참가자들에게 기대감과 모험심을 더할 뿐이었다. 그날 밤, 버드는 수련회의 성격과 침묵이 수련회에서 차지하는 자리를 설명했다. 그는 수련회가 "하나님을 위해 떼어 놓은" 시간이라고 주저 없이 믿었다. 그리고 침묵은 우리가 늘 소홀했던 은사라고 느꼈다. 그뿐 아니라, 하나님과 사람 간의 대화는 하나님께 아뢴 후에 그분의 응답을 조용히 기다리는 침묵에서 시작하는 게 가장 좋다고 믿었다.

여하튼, 믿기 어려운 그 무엇이 참석자들에게 전달되었다. 버드 자신의 기대감이었다. 타자이신 분과 소통할 가능성이었다.

이튿날, 버드는 깊은 확신으로 하루를 시작했다. 하나님이 마침내 "내가 너를 수련회 리더로 지명하노라"라고 말씀하신 것 같았다. 하루 종일, 경외의 분위기가 감돌았고, 깊은 침묵이 흘렀다. 침묵이 낯설고 말 없는 언어가 적대감을 전할 때 이따금 마주치는 저항도 없었다. 모두가 진정한 묵상을 경험하고 있다는 확신이 들었다. 이제 버드는 공동체가 자신을 수련회 리더로 인정한다는 것을 알았다.

그날 밤, 버드는 여전히 기대감을 안고 잠자리에 들었다. 자정이 30분쯤 지났을 무렵, 버드는 갑자기 또렷한 정신으로 잠에서 깼다. "마치 누군가 제 어깨를 붙잡고 흔드는 것 같았어요. 눈에 반사된 하얀 별빛이 제 방을 채웠고 목소리가 들렸어요. '너는 토기장이며, 언제나 토기장이일 것이다.'"

그다음 월요일, 버드는 워크숍에 있는 녹로를 난생처음으로 만져 보았다. 그때껏 단 한 번도 녹로를 만져 본 적이 없었다. 그 후 버드는 좀처럼 녹로 곁을 떠나지 않았다. 그해 내내, 버드는 매일 여러 시간 녹로에 붙어살았다. 도예에 관한 책이라면 가리지 않고 구해 읽었다. 버드는 포터스하우스 워크숍에서 공부한 후, 워싱턴에 자리한 코코란 미술학교(Cocoran School of Art) 도예 과정에 등록했다. 그가 세 학기를 마쳤을 때, 도예과 과장 리처드 라핀이 그에게 말했다. "버드, 이론 교육은 그 정도로 충분해요. 이제 버드가 할 일은 작업실에서 하루 열두 시간에서 열네 시간씩 직접 작품을 만들면서 훈련하는 일입니다."

데이스프링의 백년 묵은 헛간 지하실이 버드의 작업실이 되었다. 오래된 돌벽을 씻어 내고 천장 서까래에 덕지덕지 들러붙은 먼지를 긁어내는 데 꼬박 한 달이 걸렸다. 마침내 작업실이 완성되었다. 가마가 설치되었고, 버드는 데이스프링의 토기장이가 되었다. 작업실을 봉헌하는 날, 버드는 아내와 도로시 디트머를 비롯해 자신의 영적 여정에 중요한 역할을 한 사람들을 초대했다. 도로시는 "와서 보세요!"라며 버드 부부를 우리 교회로 인도한 장본인이었다. 버드는 참석한 사람들에게 감사를 표하고 이렇게 말했다. "저의 주업은 예수 그리스도는 주님이며 구주이심을 증언하는 것입니다. 사람들이 하나님과 더 깊은 관계를 갖도록 최선을 다해 하나님의 통로가 되는 거지요. 저의 부업은 토기장이입니다. 일하시는 하나님께 귀를 기울이고, 흙으로 유용하고 아름다운 그릇을 만드는 거지요. 제 자신이 최고 토기장이의 손에서 쓸모 있고 아름다운 그릇으로 빚어졌으면 좋겠습니다."

수련회에 참가하거나 데이스프링에 가노라면 토기장이의 집에 가만히 서서 토기장이가 일하는 모습을 보고 싶은 유혹을 자주 받는다. 그리고 이따금, 우리가 침묵 속에서 귀 기울이고 조용히 내려놓을 때, 우리 안에서 어떤 말씀이 빚어질지 궁금해진다.

8장 선교 준비

크리스천 리빙 스쿨은 우리 교회의 선교에 참여할 사람들을 훈련하는 곳이다. 선교 그룹들처럼, 수업은 필수적인 세 가지 소통, 즉 하나님과의 소통, 이웃과의 소통, 자신과의 소통을 가능하게 하는 형태로 짠다.

우리 교회의 삶을 조금이라도 일관되게 말하려면, 교육 프로그램에 적잖은 공간을 할애해야 한다. 교육은 현대 교회에서 아주 중요한 주제다. 하지만 교회 갱신을 위한 노력에서 가장 소홀히 취급되는 부분이기도 하다.

세이비어 교회의 구성원이 되려면 다섯 가지 과정을 이수해야 한다. 이 때문에 어떤 사람들은 우리 교회가 '엘리트를 위한' 교회라고 느끼며, 대놓고 그렇게 말하기도 한다. 그런가 하면, 어떤 사람들은 이러한 요구가 구성원의 진정성을 담보하는 방법이라고 느낀다. 하지만 교인들이 기꺼이 여러 해 동안 학교에 다니고 싶어 한다고는 상상도 못한다.

우리 학교를 소개하려니 이런 말이 떠오른다. 우리 학교는 이를테면 흥분이 전염되는 분위기다. 그런가 하면, 질서 잡힌 생활에 무질서도 공존한다. 한 해가 시작될 때, 학교는 더없이 무질서하다. 그러다가 시간이 흐르고 기독교 공동체의 특징이 여기저기서 나타나면서 무질서는 적잖은 차분함으로 바뀐다. 참석자 150명은 기질과 배경과 경험이 각기 다르며, 이런 까닭에 이따금 소용돌이 치는 듯한 분위기가 되기도 한다. 가끔, 다양성이 지나쳐 수업이 위험에 빠지는 것처럼 보이기도 한다. 선교 그룹들은 교회 밖 사람들을 시내 곳곳에서 학교로 끌어온다. 교회 안 사람들도 있다. 틸리히(Tillich)라는 이름에 몸서리를 치는 오순절 교인들이, 새로운 신학에서 영감과 자유를 찾지만 누군가 세련되지 못하게 "주님을 찬양합시다!"라고 말하더라도 심장이 격하게 뛰지는 않는 사람들과 나란히 앉는다.

지성적으로 접근하는 사람들은 대체로 감정적으로 기우는 사람들을 경멸한다. 선교에 열심이며 교회가 지역 사회에 적극 참여하는 모습에 이끌리는 사람들은 그 기초가 되는 경건 훈련을 경시한다. 그런가 하면, 기도와 예배 생활에서 성장하는 것에 이끌리는 사람들은 커피하우스와 자유의 행진을 의심 섞인 눈으로 본다. 이들이 같은 교실에 나란히 앉아 있으면 서로에게 귀를 기울이기가 쉽지 않다. 한결 공격적인 사람들은 자신이 정말로 필요하다고 느끼는 부분에 수업을 맞춰 달라고 요구할 것이다. 이들 중에는 엘리트도 더러 있을지 모르겠지만 이들이 하나님의 '엘리트'는 아니다. 이들이 기독교 공동체나 심지어 교회 통합(ecumenicity)을 조금이라도 이해한다면, 머리로 이해하는 것일 뿐 가슴으로 이해하는 것은 아니다. 전위적일 법한 사람이 어느 젊은이에게 어디서 일하느냐고 묻자, 그 젊은이는 「크리스채너티 투데이」(Christianity Today)라고 대답했다. 그에게 질문을 한 사람은 놀란 표정으로 "오, 그래요!"라고 답하며 다시 물었다. "거기서 뭘 하세요?" 그러자 젊은 편집자는 조용히 대답했다. "선생님, 중요한 건 제가 여기서 뭘 하느냐는 겁니다."

한 가지 분명한 사실은 세이비어 교회의 구성원이 되려고 이 학교에 등록하는 사람은 극소수에 지나지 않다는 것이다. 어떤 사람들은 볼티모어와 뉴욕에서 온다. 어떤 사람들은 시내 다른 교회들에서 온다. 어떤 사람들은 조직화되고 제도화된 기독교에 어떤 식으로든 영구적으로 엮이려는 생각이 눈곱만큼도 없다. 서로 낯설고 모래알 같은 이들의 공통점이라면, 막연하고 드러나지 않은 갈망이다. 이것을 기독교 용어로 표현한다면, 하나님에 대한 갈망, 의미를 찾으려는 갈망, 자신만의 특별한 삶을 선물로 받으려는 갈망이라고 말할 수 있다.

이러한 갈망이 어느 정도 충족된다는 사실 때문에, 학생들은 서로를 참아 내고 그 가운데서 경험하는 불만을 견뎌 낸다. 이들이 이러한 갈망의 이름을 부르고 서로에게서 이러한 갈망을 발견한다면, 그때에야, 오직 그때에야, 함께하는 순례자들, 곧 그리스도 안에 있는 하나의 공동체가 된다.

자신의 삶에 대해 안 후에 갖게 되는, 온전히 사람이 되려는 바로 이러한 갈망을 교회의 설교는 드러내야 하고, 교회의 새로운 학교들은 지속적인 핵심 과제로 여겨야 한다. 최근의 어느 글에 따르면, 이 나라의 주요 개신교 교단들은 거의 예외 없이 주일학교를 위한 새로운 프로그램 자료를 개발하는 데 수백만 달러를 쏟아붓는다. 하지만 누가 이 자료를 가르칠 것인가? 우리 아이들을 교육하려면, 먼저 어른들부터 교육해야 한다. 이것은 어느 대학에나 있는 종교 과정을 그대로 옮겨 놓는다고 되는 것이 아니다. 무엇이 어른들을 성장시킬지 우리의 가슴과 머리로 찾아내야 한다. 카를 융은 우리에게 사십 대를 위한 학교가 필요하다고 했다. 옳은 말이다. 그가 삼십 대와 팔십 대를 여기에 포함시켜 말했다면 말이다. 그는 시대에 뒤떨어지지 않는 주일학교를 만들려고 노력하는 교회에게 필요한 메시지를 전한다. 그는 이렇게 썼다. "지금은 개인이 어른들의 삶의 문제를 의식하지 못하며, 엎친 데 덮친 격으로, 어른들의 문제를 의식적으로 회피하는 시대다. 바로 이런 시대에, 사람들은 이런 이상(인성 교육)을 아이들에게 억지로 주입하려 한다. 어린이에 대한 교육적, 심리적 열심이 불손한 의도에서 비롯된 것이 아닌지 의심스럽다. 다시 말해, 우리는 아이를 말하지만, 어른 속에 있는 아이를 말해야 한다. 모든 어른 속에는 아이가 숨어 있기 때문이다. 늘 되어 가는 중이며, 결코 완성되지 않고, 끊임없이 보살핌과 관심과 교육을 요구하는 영원한 아이가 숨어 있기 때문이다."[22] 융은 환자들을 연구했고, 이를 통해 어린 시절의 중요성을 새삼 확인했을 뿐만 아니라 아이의 삶에서 어른들이 교과서보다 훨씬 더 중요하다는 것을 배웠다.

목자에게 '영원한 아이'를 보살피게 하는 공동체는 교회뿐이다. 바로 이런 까닭에, 인간성을 말살하는 구조임에도 불구하고 다른 기관들은 교회와는 다른 판단을 받는 것 같다. 목양은 분명 현대 교회에게 내려진 긴급 명령이다. 그러나 교회는 보살핌과 관심과 교육을 통해 그리스도인이란 이름을 가진 사람들이 되어 감의 여정(journey of becoming)을 스스로 시작하게 해 주어야 한다. 그러기 전에는 교회가 사람들을 목양하는 곳이 되지 못한다. 이러한 되어 감의 여정은, 교회에 속한다는 말이 세상 속에 있지만 세상에 속하지 않는 선택된 백성에 속한다는 뜻임을 자각하는 과정을 포함한다. 지금 우리는 세상과 '연결하고' 교회 밖 사람들의 심기를 건드리지 않으려 애쓰면서, 이러한 차이(세상 속에 산다는 것과 세상에 속한다는 것의 차이—옮긴이)를 흐린다. 초대교회의 카리스마적 능력은 자신을 특별한 메시지를 가진 자로 아는 경험에서 비롯되었다. 이러한 특별한 메시지는 지금도 "천국은 너희 안에 있다"는 것, 즉 "너희는 본래 의도된 그 사람이 될 수 있다"는 복된 소식이다.

공동체가 하나님께 아뢰고, 역사에서, 삶에서 일어나는 사건 하나하나에서, 대화와 꿈과 비전에서 하나님의 말씀을 추구할 수 있는 것은 자신이 하나님께 선택되었다는 의식 덕분이다. 종이신 주님(Servant

Lord)을 본받아 사는 공동체를 말하지 않고는 세상 속의 교회를 말할 수 없다. 교회는 세상 속에서 자신의 위치를 새롭게 해야 한다. 교회 갱신을 논하는 글이라면 어김없이 이것을 요구한다. 그러나 교회가 이렇게 한다고 해서, 새로운 창조가 수반되지는 않는다. 자신 속에 있는 분리의 담을 허무는 경험을 가능하게 하는 가시적 공동체만이 소외와 고립으로부터 우리를 이끌어 내시는 하나님을 증언한다.

    우리가 매년 크리스천 리빙 스쿨의 계획을 세울 때, 다음과 같은 솔깃한 의견을 제시하는 사람들이 있다. 학급을 편성하는 기존의 틀을 완전히 허물고, 일가친척이나 마음 맞는 사람끼리 반을 편성하자는 것이다. 이를테면, 지적인 사람들로 한 반을 편성하고, 신비주의적 성향을 지닌 사람들로 한 반을 편성하며, 그 외에도 여기에 해당하지 않는 사람들을 위해 다양한 반을 편성하자는 것이다. 그러나 이런 계획이 성공하려면, 교회가 이단적인 틀을 중심으로 돌아가야 한다는 것을 대부분의 사람들이 안다. 이렇게 하면, 모든 사람이 그리스도 안에서 지니고 있는 하나됨(unity)을 자기 삶에서 보여 주는 사람들 사이에서 하나의 연결점이 될 가능성이 사라진다. "한 사람이 그리스도 안에서 하나되면(united), 거기에 새로운 세상이 있다. 옛 질서는 지나갔고, 새로운 질서가 이미 시작되었다".

    우리가 이 학교의 커리큘럼에 기독교 공동체의 한 과목, 곧 천직(vocation)이라고 불리는 것에 관한 과정을 개설한 목적은 이러한 '새로운 질서'를 선포하는 데 도움이 되기 위해서였다. 고든 코스비가 처음 개설된 반을 맡았다. 수업 중에, 정육점 직원은 자신이 손님을 속이라는 압력을 매일 받고 있고, 그래야 자신의 일자리를 지키고 가족을 먹여 살리게 된다고 말했다. 그 수업에서 꼼꼼한 경제학 교수는, 이따금 손을 더럽힐 수밖에 없다는 어느 세일즈우먼의 말에 동의했다. 그 수업에서 배관공은 "당신 안에 예술가가 보여요"라는 말을 들었다. 그 수업에서, 똑똑한 신학생은 "다들 무슨 말을 하는지 도통 모르겠어요"라고 말했다.

수업은 기독교 공동체에 어떤 공식을 제시하려고 하지는 않았지만 어느 정도는 학생들이 이러한 공식을 경험하고, 낯선 방식으로 반응하게 해 주었다. 변화가 일어났다는, 즉 새로운 질서가 나타나기 시작했다는 뜻이다.

기독교 공동체에 관한 과정의 개요는 이 책의 부록으로 싣는 게 더 적절할지도 모른다. 하지만 개요를 여기에 소개하는 까닭은, 이것이 내가 말하려는 바를 분명하게 밝혀 주고, 학생들의 내적 여정을 돕는 자료를 제시하기 때문이다. 고든 코스비는 모든 것을 학생들이 다 하기 때문에 누가 가르쳐도 어렵지 않은 수업이라고 말한다. 어떤 면에서 그의 말이 옳다. 90분짜리 수업에서, 25-30분은 새로운 자료를 소개하고, 이 자료를 토대로 과제를 낸다. 나머지 시간에 학생들은 지난주에 자료를 공부하면서 찾아낸 점을 발표한다. 수업 내용을 간략하게 소개하기 전에 한 가지 강조해 두고 싶은 게 있다. 학생들은 수업을 기대하고 자신의 경험을 서슴없이 나누었다. 학생들이 이런 기대감과 자발성을 보인 까닭은 단지 고든 코스비의 가르침 때문이 아니라 그의 인품 때문이었다. 고든 코스비는 기대에 부풀었다. 그는 학생들이 과제를 해 오지 않거나 특별히 중요한 부분을 말하지 않을 거라고는 전혀 생각하지 않았다. 일어나는 일을 감사하고 즐기는 그의 태도는, 그가 보고 듣는 바를 우리 모두 감사하고 즐기거나, 최소한 호기심을 갖게 하는 데 도움이 되었다. 어떤 사람은 이렇게 말했다. "그분은 믿음의 사람이란 걸 알아요. 그분의 믿음에는 제가 믿음을 가질 수 있다는 믿음도 들어 있지요. 제 자신에 대해 기대를 갖게 되었어요. 제가 기대를 갖게 되자, 모든 게 제게 좋은 쪽으로 돌아가기 시작했어요." 또 어떤 사람은 이렇게 말했다. "어떤 사람에게는 배울 게 없다고 생각했어요. 그런데 이게 잘못된 판단이라는 걸 깨달았더니, 제 속에서 배움이 일어나기 시작했어요."

수업은 로마노 과르디니(Romano Guardini)의 『기도 훈련』(*Prayer in Practice*)[23]을 읽는 데서 시작했다. 로마노는 우리에게 생소한 저자지만, 25년간 독일 가톨릭교회에 영향을 끼친 인물이다. '차분함'(collectedness)을 다룬 장에서 한 부분을 발췌해 읽었다. 대부분의 현대인에게 생소하지만 우리 자신에 대하여, 이웃에 대하여, 하나님에 대하여 존재하게(present) 해 주는, 즉 "부르심이 올 때 모세처럼 '내가 여기 있나이다'라고 답할 수 있는 상태"에 이르게 해 주는(출 3:4) '함께 모이는' 일이 반드시 필요하다는 내용이었다. 어떻든 과르디니는 우리가 내면에 자신과 접촉할 '신비로운 자리'가 있음을 믿게 해 주는데, 그곳은 '자리'라기보다는 '능력의 중심'이다.

첫날 제시된 과제는 과르디니의 책을 계속 읽고, 매일 5분간 내면에 집중하는 연습을 하는 것이다. 학생들은 각자의 경험을 한 단락으로 짧게 기록해야 했다.

다음 수업 시간에, 학생들은 각자 작성한 글을 발표했다. 내 기억에, 자기 내면에서 조용한 자리를 찾았다고 말한 학생은 하나도 없었다. 대신에 학생들은 불안과 산만함을 말했고, 자신의 마음에서 어른대는 외부의 광경을 단 5분도 비울 수 없었다고 했다. 어느 여성은 이렇게 말했다. "제 자신에 집중하려 할 때마다, 제가 무엇을 원하고 어떻게 그것을 이룰까 하는 생각을 했습니다." 어떤 남자는 이렇게 말했다. "제가 직장에서 해야 하는 일을 줄곧 생각했습니다." 우리 대부분의 사람들은 자기 내면에서 고요함이 아니라 불안에 찌든 상태를 발견했다.

둘째 과제는 이 책의 1장을 읽고, 한 주 동안 자신이 인기 있는 길, 군중의 길에 있었다고 느꼈던 순간을 기록하는 것이다. 과제의 목적은 진정한 자아로부터 분리된다는 개념과 씨름할 기회를 주는 것이었다. 학생들은 자신에게, 하나님께, 이웃에게 존재한다고 알고 있는 순간, 곧 '좁은 길'을 걷고 있다고 생각되는 순간을 기록해야 했다.

이것도 어려운 과제였다. 많은 사람들에게 생소하지만, 수업은 내면의 안, 위, 바깥 세계를 아는 데 유익한 자료로 진행되기 때문이다. 글로리아 매클라넨도 자신이 해 온 과제물을 자원해서 나누었다. 그녀의 과제를 두고 토론했는데, 몇몇 학생에게는 이러한 '존재'함(being 'present')이 무슨 뜻인지 분명하게 이해하는 데 도움이 되었다. 글로리아 매클라넨과 돈 매클라넨 부부는 데이스프링 농장과 수양관 초입에 자리한 농가에 산다. 여기서 이들은 데이스프링을 중심으로 벌어지는 다양한 활동에 지침을 준다. 지금 이들은 한 교회의 실제적인 필요뿐만 아니라 비실제적인 필요에도 매인다. 이들은 데이스프링에 살기에, 다른 교회에서 찾아온 친구들의 다양한 요구도 듣는다.

글로리아는 수업 시간에 그저께 밤, 누군가 문을 두드렸다는 얘기를 했다. 문을 열고 나가 보니, 어떤 여성이 활달하고 기운 넘치는 모습으로 서 있었다. 시카고의 어느 교회에서 왔는데, 가족과 함께 온 종일 워싱턴을 둘러보느라고 농장에 이렇게 늦게야 도착했다는 것이다. 가족은 차에서 기다리고 있었다. 그녀는 다니는 교회의 목사님에게서 데이스프링에 가면 하룻밤 묵을 숙소가 있을 거라는 말을 듣고, 철석같이 믿고 왔다. 그녀는 글로리아에게 아침 일찍 떠날 테니 큰 폐가 되지 않을 거라고 장담했다. 글로리아는 수양관은 수련회를 위해서만 사용되고 지금 한 팀이 수련회를 갖고 있다고 설명했다. 그러나 그 여성은 글로리아의 설명을 알아듣지 못했고 계속 자신의 사정만 고집했을 뿐만 아니라 세이비어 교회에 관한 좋은 소문을 일사천리로 늘어놓았다. 글로리아는 이렇게 말했다. "제가 그때 어떤 기분인지 잘 알았습니다. 그 주에 제 가족만의 시간은 겨우 몇 시간뿐이었는데, 느닷없이 나타난 관광객이 그 시간마저 빼앗으려 들어 화가 났죠. 동시에, 저는 '착한 그리스도인'에 대한 그 여성의 이미지에 맞춰 살고 싶었어요. 그래서 어떻게 그들을 우리 집에 재워 줄지 머리를 굴리기 시작했어요. 제 마음이 그쪽으로 기울기 시작했을 때, 옆방에서 우리 대화를 듣고 계시던 어머니가 제게 메시지를 보내시는 게 느껴졌습니다. '애야, 언제나 너는 너를 이용하려 드는 낯선 사람들을 위해 스스로를 혹사시키는구나!'"

글로리아의 이야기는 '넓은 길'에서 드물지 않게 일어나는 갈등을 설명해 주는 듯 보였다. 우리는 자신의 삶에서 힘 있는 사람을 기쁘게 하고 싶어 한다. 세상이 생각하는 '우아하고' '예의 바르며' '그리스도인다운' 이미지에 순응하고 싶어 한다. 그러면서도 자신의 감정에 충실하고 싶어 한다. 하지만 특히 화가 났을 때, 어떻게 자신의 감정을 신뢰할 수 있겠는가? 이리저리 휘둘리면서 문제가 또렷하게 보이는 차분한 상태에 이를 수 있는가? 다시 말해, 외부의 압력을 받지 않으면서 어느 길이 내가 가야 할 길인지 알 수 있는 지점에 이를 수 있는가? 바꾸어 말하면, 글로리아는 자신에게 존재하고, 자신을 이용하려는 세력을 감지하며 그 세력을 '신비로운 자리'로 밀어붙여 '권위 있게 말하는 자로서' 나그네에게 대응할 수 있었는가? 그날 밤, 글로리아는 수업에서 말했다. 밤에 불쑥 찾아온 여성은 자신이 이렇게 해 주길 바랐고, 어머니는 자신이 저렇게 해 주길 바랐으며, 그녀의 생각에 교회는 자신이 그렇게 해 주길 바랐는데, 글로리아는 이를테면, 이 셋 사이에 끼였다. 그리고 서로 충돌하는 이러한 목소리 틈에서, 글로리아는 자신이 복종해야 하는 내면의 소리를 찾아냈다. 글로리아는 그것이 하나님의 음성인지 확신하지 못했고, 자신이 그 여성에게 존재한 적이 있는지도 확신하지 못했다.

이 과제는 되풀이되었고, 다른 사람들이 자신이 작성한 과제를 나눌 때 한 가지가 점점 더 분명해졌다. 우리가 고요한 중심에 이르는 훈련을 더 열심히 하지 않는다면, 우리 중에 어느 누구도 그 어느 고요한 중심에서부터 일하지는 못하리라는 것이다. 아침에 방문이 닫혀 있을 때 단 5분도 우리 마음을 고요하게 가라앉히지 못한다면, 시끄럽고 분주한 한낮에 그렇게 할 수는 없을 것이다.

수업에 주어진 넷째 과제는 각자 자신이 성장하는 데, 곧 '존재하는' 사람이 되는 데 도움이 된다고 느끼는 훈련, 수업이 계속되는 몇 주 동안 삶에 적용해 보고 싶은 훈련을 몇 가지 적어 보는 것이었다. 5분간 회상 훈련을 해 보라는 제안이 있었다. 훈련을 열거하는 과제도 다른 여느 과제처럼 수업 시간에 서로 나누었고, 학생들은 자신의 생각을 자유롭게 표현했다. 학생들은 지나치게 무거운 짐을 자신에게 지우지 말라는 주의를 받았으나 대부분은 이런 주의를 무시했다. 그룹 모임이 학생들의 훈련에서 가장 많이 수정한 것은 바로 이런 부분이었다. 우리는 다른 학생들이 스스로에게 부가한 불가능한 목표를 볼 수 있었고, 우리 자신의 목표도 똑같이 비현실적임을 깨달았다. 빈민가에서 일하는 젊고 매우 양심적인 사역자는 훈련의 일환으로 최소한 하루 저녁이나 가능하다면 하루 낮을 재충전 시간으로 떼어 놓으라는 지시를 받았다. 그러나 몇몇 사람들은 자신에게 너무 관대해서, 그리스도인의 삶에 좀처럼 진지할 수 없었다고 느꼈다. 수업 시간에, 학생들은 각자 자신의 훈련을 말없이 깊이 생각해 보았으며, 토론을 통해 수정하라는 권고를 받았다.

다섯째 과제는 공동체의 삶에서 중요한 또 다른 부분인 은사 활용과 관련이 있었다. 고든은 우리가 인류를 사랑할 뿐만 아니라 한 사람 한 사람을 사랑하려면, 자신의 은사, 즉 자신의 카리스마를 활용해야 한다고 설명했다. 그는 이것이 우리가 정말로 하고 싶은 일을 찾아내어 그 일을 하는 것이라고 했는데, 의무나 우리를 향한 기대에 따라 일을 하는 것과는 사뭇 다르다. 이것은 '의무감'으로 산다는 뜻이 아니다. 고든은 이렇게 말했다. "이것은 하나님이 우리들 각자를 불러 그분의 우주적 드라마에서 역할을 맡기셨다는 믿음이며, 그 역할이 무엇이냐에 대한 암시가 우리의 가장 깊은 갈망과 열망을 통해 우리에게 온다는 믿음입니다. 많은 경우, 우리가 정말로 하고 싶은 일이 우리가 해야 할 일입니다. 우리가 자신이 해야 한다고 생각하고 꼭 해야만 한다고 느끼는 일이 전혀 하나님이 의도하신 일이 아닐 수도 있습니다."

과제는 "나의 은사는 무엇인가?"라는 질문에 답하는 것이었다. 자신의 은사를 콕 집어 내기 어렵거나 은사가 너무 많아 취미처럼 되어 버린 사람들, 곧 하나를 콕 집어 내지 못해 어느 하나도 제대로 계발하지 못한 사람들이라면, 질문을 이렇게 수정하면 도움이 될 것이다.

"당신이 원하는 무엇이든 할 수 있다면, 무엇을 하겠는가?"

다른 곳에서 언급했듯이, 이 과제는 죄책감을 불러일으킬 위험이 늘 뒤따른다. 또한 우리가 자신의 은사를 찾아내려 하지 않는 부분적인 이유를 드러내 준다. 이 정도로 자신에게 초점을 맞추는 게 이기적으로 보일 수 있다는 것이다. 자신의 잠재력을 실현하는 데도 죄책감이 따르는 듯싶다. 소명에 응답하는 사람은 군중에서 선발되는 셈이다. 그는 기존 질서를 뒤엎는 셈이다. 대부분의 학생들이 작성한 과제에는 이런 생각이 깔려 있었다.

타인을 사랑하는 첫걸음 중 하나는 하나님이 우리의 특별한 카리스마를 불러내시게 하는 것이라고 고든은 다시 강조했다. 그는 사랑이란 자신을 타인에게 주는 사건이며, 우리의 본질이 실현되지 않으면, 즉 우리가 본래 의도되었던 존재가 되지 못하면, 자신을 타인에게 주지 못한다고 말했다. 그는 이렇게 말했다. "우리의 잠재력이 막혀 흘러갈 창조적 통로를 찾지 못하면, 우리는 타인에 대해 시기심을 느끼게 됩니다. 그게 시기심인지 모를 테지요. 그저 당혹스런 아픔이나 무기력이라 생각하겠지요. 이렇게 되면, 우리는 타인을 칭찬하지 않습니다. 타인을 기뻐하지도 않습니다. 대신에 상대방에게 등을 돌리고, 상대방을 교묘하게 무너뜨릴 궁리를 합니다. 이런 까닭에, 자신의 은사를 발견하지 않고는 타인을 사랑하지 못합니다."

여섯째 과제는 함께 수업을 듣는 동료들의 은사라고 생각되는 부분을 적어 보는 것이다. 일곱째 과제는 각자의 삶에서 자신의 은사가 활용되지 못하게 막는 것이 무엇이며, 은사가 활용되도록 돕는 것은 무엇인지 적어 보는 것이었다. 두 과제의 목적은 모두 각자의 은사를 찾아내게 도울 뿐만 아니라 무엇이 그 은사를 길러 주는지 알아내도록 돕는 것이었다. 그래야 어느 날, 자신의 은사를 활용할 뿐만 아니라 타인의 은사도 끌어내는 공동체의 일원이 될 것이기 때문이다.

여덟째 과제는 각자의 은사를 활용하려면 어떤 위험을 감수해야 하는지 생각해 보는 것이다. 이 과제는 학생들에게 위험을 감수하지 않고서는 자신만의 카리스마를 실현하지 못한다는 사실을 이해시키는 것이 목적이었다. 지속적으로 위험을 감내하지 않고서는 자신이 누구인지 절대로 발견하지 못한다. 외로움과 노출과 숱한 시행착오와 안전을 잃을 위험을 감수해야 하며, 친구들의 인정을 포기해야 하는 위험도 감수해야 한다는 뜻이다. 위험이 내내 따라다닐 것이다. 한 가지 위험을 감수한다고 다른 위험에서 해방되는 것이 아니다. 자신의 잠재력을 십분 발휘하려는 사람, 장성한 분량에까지 성장하려는 사람은 늘 위험을 감수해야 한다. 불안을 알지 못한 채 자신만의 개성을 십분 발휘할 수 있는지도 매우 불확실하다. 이 과정에서 자신이 알지 못했던 부분을 알게 되기 때문인데, 이것은 금단의 열매를 먹는다는 뜻이다. 고든은 이렇게 말했다. "이러한 모험으로 우리를 부르신 그분께 존재하는 법을 배우지 않는다면, 이런 발걸음을 내딛지 않을 때가 많을 것입니다. 그러니 절대적으로 완전히 자유로운 분의 본보기를 그분에게서 찾아봅시다."

그다음 학기에는 우리가 성장하는 사람이 되는 데 필요한 세 가지 유형의 관계를 짧게 다루었다. 첫째, 우리에게는 우리보다 앞서가는 사람들이 필요하다. 다시 말해, 우리가 어디에 있는지 넌지시 알려 주고, 우리가 어디로 가고 있는지, 우리의 다음 발걸음이 어디로 향하는지 묻는 사람들이 필요하다. 이들은 교사나 상담자일 수도 있다. 우리에게 교사나 상담자가 없으면, 책이 그 역할을 대신할 수도 있다.

둘째, 우리에게는 동료가 필요하다. 다시 말해, 자신이 그리스도 안에서 살면서 겪는 일을 매일 나누고, 자신이 발견한 것을 나누며, 자신이 도전에 직면한 부분을 나누고, 자신의 절망과 희망을 나눌 동료 순례자가 필요하다. 우리가 책임감을 잃지 않게 붙잡아 주고, 우리의 언약 관계를 되새겨 주는 형제들이 필요하다. 또한 우리가 용서받을 수 있도록 중보해 주는 형제들이 필요하다. 셋째, 우리에게는 우리보다 조금 뒤에서 오는 사람들이 필요하다. 다시 말해, 우리가 돌보고 기를 작은 양 떼가 필요하다. 고든은 이렇게 말했다. "이 모든 관계는 우리의 영적 발전에 꼭 필요합니다. 하지만 오늘 수업에서는 목자가 된다는 게 무슨 뜻인지 살펴보겠습니다. 왜냐하면 이 부분에서, 우리는 대부분 주저하고 겁을 먹기 때문입니다. 그래 놓고 그리스도 안에서 살아가는 사람들의 안내자 노릇을 한다면 그야말로 허세를 부리는 꼴이라고 생각합니다."

고든은 우리가 움츠려드는 세 가지 이유를 제시하고 각각을 짧게 설명했다.

1. **자신은 자격이 없다고 생각하기 때문이다.** "제가 누구라고 감히 그 일을 하겠습니까?" 우리는 목자 역할은 거룩한 사람들에게나 어울리기 때문에 이 일과 관련이 있는 특별한 계층의 전문가들에게 맡겨야 한다고 생각한다. 그러나 나머지 모든 영역에서는 자신의 지식이 하잘것없더라도 아는 바를 서슴없이 나누려 한다. 잔디는 어떻게 가꿔야 보기가 좋다거나 자동차는 어떤 종류로 사야 한다거나 하면서 친구에게 거리낌 없이 조언하려 든다. 그뿐만이 아니다. 브리지(bridge, 카드놀이의 일종)나 골프를 별로 알지도 못하면서 친구에게 가르치려 든다. 그러나 주제가 영적인 부분으로 옮겨 가면, 움츠리며 꽁무

니를 뺀다. "저는 기도에 대해서는 아는 게 별로 없어요. 그래서 쥐꼬리만 한 지식이라도 나누고 싶지 않아요."

2. 다른 사람들과 엮이길 두려워하기 때문이다. 여기저기서 조금씩 도와주고 죽음이나 질병의 의미에 관해 가볍게 대화를 나누는 것과 의식적으로 영적 인도자 역할을 맡는 것은 전혀 다른 일이다. 영적 인도자의 역할을 맡으면, 다른 사람에게 한 달, 1년, 혹은 2년을 매이기 때문이다. 폰 휘겔은 숱한 사람들에게 평생의 영적 인도자가 아니었는가?

3. 불가능하다고 생각하기 때문이다. 사람은 제각각 굉장히 다르다. 다른 사람에게 무엇이 옳은지 우리가 어떻게 알겠는가? 우리 자녀들에게 무엇이 옳은지조차 모른다. 자신에 대해서는 말할 필요도 없다.

고든은 이렇게 말했다. "영적 인도자가 되라고요?! 우리는 이런 말에 움찔하며 이렇게 소리치지요. '제가 누구라고 그런 일을 하겠어요?' 공식 기관의 보살핌을 받지 못하는 사람들이 수없이 많습니다. 그런데 어떻게 외롭고 배고픈 사람들에게 도움의 손길을 내밀지 않을 수 있겠습니까? 전문가들에게 도움을 받지 못하는 사람들이 수없이 많습니다. 우리가 그들을 도와주어야 합니다."

과제는 더글러스 스티어(Douglas Steer)가 『프리드리히 폰 휘겔 남작의 영적 상담과 편지』(*Spiritual Counsel and Letters of Baron Friedrich von Hügel*)[24] 서문에서 소개한, 폰 휘겔이 말하는 영적 인도자의 네 가지 조건을 읽고 다음 몇 가지를 생각해 보는 것이다.

1. 영적 인도자가 되라는 소명에 관해 들었을 때 어떤 느낌이 들었는가?

"내 양을 먹이라"고 하신 그리스도의 말씀은 무슨 뜻인가? 그분의 말씀은 누가 이 일을 하라는 뜻인가? 언제 이 일을 하라는 뜻인가?
2. 폰 휘겔이 제시한 영적 인도자의 네 가지 조건과 연결해 자신의 삶을 살펴보라.
3. 당신의 양 떼가 누구일지 보여 주는 암시가 있는가?

이 과제가 불러일으킨 모든 느낌을 다 살펴보는 데 꼬박 두 학기가 걸렸다. 영적 인도자(spiritual director)란 용어를 사용해서는 안 된다고 상당히 강하게 반발하는 사람들도 있었다. 하지만 아무도 더 만족스런 용어를 찾아내지는 못했다. 자신은 꽤 능력이 있다고 느끼면서 누구든지 자기 구역에 들어오면 덥석 떠안고 보는 일벌레들의 문제도 제기되었다. 어떤 사람은 이렇게 말했다. "저는 상담가가 되겠다는 사람에게 붙잡혔는데, 벗어나는 데 아주 애를 먹었어요." 우리는 대부분 이런 유형의 사람들을 알고 있었고, 고든은 양 떼를 우리에 넣을 때 신중해야 한다고 답했다. "지금 세상은 얼마나 궁핍한지 모릅니다. 그러니 자기 양 떼를 모을 걱정은 하지 않으셔도 됩니다. 여러분이 마음을 열고 즐겁게 준비하면, 배고파 우는 하나님의 어린 양들이 목자를 알아보고 몰려올 테니까요. 그러면 여러분은 그리스께서 무슨 뜻으로 '밭을 보라. 희어져 추수하게 되었도다'라고 하셨는지 알게 될 것입니다." 그런 후에, 고든은 이렇게 덧붙였다. "온전한 갱신 운동이 일어나지 않는 까닭은 목자가 부족하기 때문이라고 확신합니다."

고든이 말한 갈망을 몇몇 학생이 증언했는데, 그들 대부분은 이렇게 말했다. "저는 영적 인도자가 될 수 없어요. 저는 영적 인도자가 필요한 사람이에요." 고든은 하나님의 임재를 조금이라도 또렷이 알려면 서로에 대해 이러한 책임을 꼭 져야 한다고 다시금 강조했다. 그는 이렇게 말했다. "이건 아주 기본입니다. 그래서 각자의 삶에서 이 소명을 실천하지 않으면, 더는 나아가지 못하고 한계에 부딪히고 맙니다. 이웃을 먹이고 보살피는 일은 그리스도인의 삶에서 가장 중요합니다."

아홉째 과제를 해 내기 위해, 더글러스 스티어가 쓴 『프리드리히 폰 휘겔 남작의 영적 상담과 편지』의 서문으로 다시 돌아갔다. 서문에서, 더글러스는 폰 휘겔의 『종교의 신비적 요소』(Mystical Element of Religion) 가운데 80페이지의 핵심을 이렇게 제시했다. "여기서 말하는 충만하고 결실이 풍성한 종교란 신비적이거나 정서적인 요소, 역사적이거나 제도적인 요소, 지적이거나 과학적인 요소 사이의 창조적 긴장을 포함하는 종교를 말한다."[25] 더글러스 스티어, 폰 휘겔과 마찬가지로, 우리는 "한 영혼의 진정한 필요를 말하려는 영적 안내자는 그 영혼에게 온전한 종교적 식사나 음식에서 이러한 요소 하나하나가 차지하는 자리를 반드시 가르쳐야 한다"는 것을 알았다. 또한 각자의 삶이 세 요소 가운데 하나로 기운다는 것도 알았다. 세 요소가 어떤 식으로든 긴장을 이루며 돌아가는 사람을 찾아보기란 쉽지 않았다. 약한 부분을 발전시켜야 한다는 인식도 거의 없었다. 신학자들을 강사로 초청하면, 지적인 사람들이 자리를 채웠다. 반대로 누군가 신비한 것을 말하면, 이 부분에서 고도로 발달한 사람들이 자리를 채웠다. 우리는 자신의 한 면을 계발하면서 나머지 면을 희생한다. 그뿐만 아니라 자신의 길이 우월하다고 고집하면서 다른 길을 견지하는 사람들을 무시한다. 교리적 차이만큼이나 성격이나 기질의 차이도 기독교 공동체에서 분열을 초래한다.

고든은 학생들에게 이렇게 말했다. "세 차원 모두에서, 우리는 그리스도의 장성한 분량에까지 자라도록 서로 도와야 합니다. 어떤 사람이 신비적/정서적 부분에서 좀더 발달했다면, 그 사람이 지적인/과학적인 부분에서도 발전하도록 도와야 합니다. 그 사람이 역사적인/제도적인 부분에서 약하다면, 그가 역사 속의 그리스도와 대면하고 교회와도 대면하게 해 주어야 합니다."

과제는 세 요소 중에 어느 요소가 각자의 삶에서 가장 발전했고, 어느 요소가 가장 소홀히 취급되었는지 결정하는 것이었다. 다음 주 수업도 생생한 나눔의 시간이 있었다. 나머지 학기의 모든 수업에서 그러했듯이, 우리는 자신의 삶을 살폈고, 좀처럼 지루할 틈이 없었다.

마지막 과제는 학기 초기 몇 주에 받았던 훈련을 재점검하고 그 훈련을 통해 깨달았거나 느낀 점을 나누는 것이었다.

수업 시간에 모든 선교 준비에 기본이 되는 다섯 가지 주제를 다루었다.

1. 존재하는 사람이 되려면 내적인 삶을 발전시켜야 한다.
2. 삶을 향해 열려 있는 복된 사람이 되려면, 자신의 은사를 찾아내고 활용해야 한다.
3. 잠재력을 실현하려면 훈련해야 한다.
4. 성장하는 사람이 되려면 자신을 알아야 한다.
5. 받기보다 주면서 사는 데 강조점을 두는 삶으로 보이지 않는 선을 넘으려면 목자가 되어야 한다.

제각각 강조점이 다른 나머지 수업도 같은 문제를, 전혀 다른 상황에서 다룬다. 모든 수업은 일상의 날재료에서 구체적이고 기본적인 것을 그대로 활용하지만, 땅의 것들이 아니라 하늘의 것들을 다룬다. 사랑을 다루고, 자유하다는 것이 무슨 뜻인지를 다룬다. 모든 수업의 중심은 예수 그리스도다. 그분이 없으면, 그 누구도 온전히 자유롭지 못하기 때문이다. "아들이 너희를 자유롭게 하면 너희가 참으로 자유로우리라"(요 8:36).

9장 언약 공동체

짐 알루츠는 포터스하우스 선교 그룹의 일원으로, 그가 공동체 생활의 진정한 의미를 깊이 생각하기 시작할 무렵에는 국제 관계를 주제로 박사 과정을 밟고 있었다. 그는 크로스로드 아프리카(Crossroads Africa) 프로그램의 일환으로 난민 학생들이 스스로 학교를 짓도록 도왔다. 그뿐 아니라, 가나와 멕시코에서 비슷한 노동 공동체의 리더 역할도 했었다. 그는 인종과 국적이 다양한 사람들로 구성된 공동체를 위해 평생을 바칠 각오가 되어 있었다. 그러나 이러한 공동체를 먼저 자신의 삶에서 더 깊이 경험해 보고 싶었다. 그는 친구들과 대화를 나누다가 마음이 맞는 사람들을 만났고, 이들과 함께 국제적인 공동체의 삶이 가능한지 생각하기 시작했다. 그때가 1964년 봄이었다.

그해 여름 내내, 젊은 남녀 열두 명이 모여 예배하고, 공동체의 모습과 공동체의 틀과 훈련을 머릿속에 그렸다. 처음에 이들은 각자가 품은 희망을 나누었고, 각자가 느끼는 두려움을 나누었다. 선교 단체에 대한 이야기를 나누었을 때, 계획한 바를 이루려면 기존의 생활은 물론이고 직장마저 포기해야 한다는 사실이 분명해졌다. 어떤 이들은 학생이었기에, 학업을 중단해야 할 터였다. 어떤 이들은 가족이 어떻게 생각할지 걱정이었다. 상황이 불확실하고 의문투성이였지만, 그 여름에 이들은 어떻든 해답을 찾아갔다. 그해 여름 어느 저녁, 이들은 교회 지하실에 모였다. 의심에 싸여 있었으나 뭔가 신성한 것을 느꼈다. 한 사람은 이렇게 말했다. "마치 우리와 우리의 중심 사이에 뭔가 있어 서로의 관계에 영향을 미치는 것 같았습니다. 모두가 그것을 느꼈지요. 그것이 우리의 자기중심적 성향을 바꿔 놓거나 우리가 하려는 일에 대한 불안을 씻어 낸 것은 아니지만, 우리를 긍정해 주었어요. 그 후, 기도는 그저 행위라기보다 자세와 태도가 되었습니다."

그해 여름 여러 주 동안, 훈련은 주로 구성원을 위한 매일 기도와 앞으로 만들어 갈 공동체를 위한 기도에 집중되었다. 7월 말이 되었다. 이들은 한 달 더 연구해 보고 앞으로 삶을 함께할지 아니면 뿔뿔이 흩어질지 9월 1일에 결정하기로 했다.

초기 모임에서, 이들은 한적하고 외떨어진 곳에 수도원을 닮은 공동체를 세울 생각을 했다. 그러나 각자 자신의 삶이 어떻게 성장하길 원하는지 터놓고 얘기하다 보니, 이들에게 '기독교 공동체'로 산다는 말은 선교한다는 뜻으로 보였고, 교회로서 선교한다는 말은 공동체로 산다는 뜻으로 보였다. 실제적인 문제는 선교와 공동체 중에서 어느 쪽에 먼저 집중하느냐는 것이었다.

자연스런 반응으로 이들은 자신들이 무엇을 하려는지를 생각해 보았다. 다시 말해, 자신들이 어떤 사회적 변화나 경제적 변화나 정치적 변화를 일으키려 하는지 생각해 보았다. "우리가 어떤 큰일을 이룰 수 있을까?" 이들은 이 물음을 먼저 다루려는 자신들의 성향을 따라야 하는가? 아니면 더 많은 시간을 들여 서로 함께하는 삶을 논의하고 서로에게 속한다는 게, 즉 무엇인가를 함께 할(do together) 뿐 아니라 함께 있다(be together)는 게 무슨 뜻이며, 무슨 뜻일 수 있는지 알고자 노력해야 하는가? 짐 알루츠는 그때를 돌아보며 이렇게 말했다. "우리가 초기에 공동체와 공동체가 되어 가는 데 집중하겠다고 결정한 게 얼마나 감사한지 모릅니다. 이제 자신 있게 말할 수 있습니다. 우리가 먼저 구성원들에 대한 책임을 진지하게 받아들이지 않았다면, 우리에게 마침내 선교의 문이 열렸더라도 선교를 책임감 있게 감당하지 못했을 겁니다. 우리는 먼저 서로에게 자신을 열어 보이는 위험을 감수해야 했습니다. 그런 후에야, 우리가 알지 못하는 사람들,

우리가 선교하며 만날 사람들에게 자신을 열어 보이는 위험을 감수할 준비가 된 거지요."

이들은 대화를 나누다가 자신들이 도심의 가난한 사람들과 함께하길 원한다는 것을 깨달았다. 이들은 가장 본질적인 일은 듣고, 배우며, 자신을 내어 주는 것이라고, 이웃 동네의 사치를 누릴 여유가 없는 사람들에게 이웃이 되어 주는 것이라고 느꼈다. 희망적이게도, 이들이 이웃이 되어 주려 노력했더니 "다른 사람들이 무엇인가가 되고 무엇인가를 하도록 용납하는" 분위기가 형성되었다.

어디에 자리 잡을지 고민하기 시작했을 때, 이들은 워싱턴 북서부 지역의 애덤스 모건(Adams Morgan)이란 동네에 끌렸다. 포터스하우스와 워크숍은 워싱턴의 주요 도로에 자리했다. 하지만 몇몇 뒷골목에는 워싱턴에서 가장 가난한 구역이 있었다. 포터스하우스는 그동안 동네 사람들이 만나는 장소로 이용되었고, 그래서 몇몇 주민과 자연스럽게 접촉할 수 있었다. 이런 방법으로, 이들은 마리 리드 주교(Bishop Marie Reed)를 알게 되었는데, 리드 주교는 이들의 친구이자 상담자가 되었다. 리드 주교의 교회는 시튼 플레이스(Seaton Place)에 자리한 자신의 집이었다. 리드의 양 떼는 동네 주민이었고, 그녀는 이들을 위해 이 도시의 정치 체제를 조목조목 익혔다. 리드는 집주인과의 마찰은 어떻게 해결해야 하고 쓰레기는 어떻게 치워야 하는지 알았다. 그녀는 적절한 주거 환경과 음식과 교육은 아이들의 기본 권리라고 주장했으며, 가난한 사람들과 부자들을 만나면서 이런 메시지를 전했다. 리드는 공동체 구성원들에게 자기 구역의 아이들이 읽고 쓰는 법을 배웠으면 좋겠다고 말했다. 공립학교들은 상처 입은 흑인 빈민가 아이들의 필요를 거의 알지 못했고, 이들에게 중산층의 어휘와

커피하우스 교회는 주일 아침 10시 30분에 문을 열고 11시에 예배를 시작한다. 70명밖에 앉을 수 없어 매주 많은 사람들이 돌아가야 한다. 이 사진은 10시 15분에 찍은 것이다.

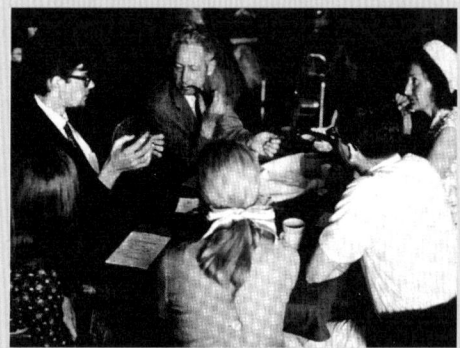

설교가 끝난 후, 예배자들은 대화에 적극 참여한다. 이들은 설교에 관해 자유롭게 평하거나 설교에 반론을 제기한다. 대화는 예배가 끝난 후에도 오랫동안 계속된다.

고든 코스비(담임 목사)가 포터스하우스에서 설거지를 하고 있다. 매일 저녁 200명이 넘는 손님이 찾아오기 때문에, 설거지가 매우 중요하다. 설거지거리가 쌓이면, 자원봉사자가 나서서 설거지를 한다.

언약 공동체의 데이비드 본스가 시튼 플레이스에 자리한 어느 집 계단에 앉아 세 친구들과 대화하고 있다.

리드 주교가 언약 공동체의 짐 알루츠와 인사를 나누고 있다.

언약 공동체의 구성원인 린 트라웃과 마지 거니가 유치원 아이들을 가르치고 있다.

윌킨슨은 데이스프링의 100년 된 헛간에 작업실을 차렸다.

데이스프링에서 명상에 잠긴 고든 코스비. 이곳에는 묵상과 재충전을 위한 세이비어 교회의 수양관이 있다.

선물의 집은 세이비어 교회의 또 다른 선교 사업으로, 수제품을 판매한다.

경험을 기대했다. 그러나 이들은 학교에서 '평균'에도 미치지 못했기 때문에 더 큰 상처를 받았다. 그룹 구성원들이 아이들을 가르쳐 보겠다고 하자, 리드는 어머니들과 그룹의 리더인 데이비드 본스(David Bourns)를 만나 대화를 나누도록 해 보겠다고 약속했다.

첫 만남에 어머니 열여덟 명이 나왔다. 대부분 모르는 사이였고, 리드 감독의 설득력이 없었다면 그 자리에 나오지도 않았을 사람들이었다. 거리의 필요를 논의하면서, 이들은 데이비드가 원한다고 생각되는 대답을 하려고 애쓰는 것 같았다. 질문하는 백인들이 익숙한데다, 그들이 솔직한 답변을 기대하지 않는다고 꽤나 확신했다. 데이비드는 자신이 긍정문으로 물으면 모두 "예"라고 답하는 것을 보고 이것을 알아챘다. 데이비드가 가능성 있는 프로그램을 제시하거나 부정문으로 물으면, 모두 "아니오"라고 대답했다. 데이비드의 제안이 중립적이면, 방 안에 침묵이 흘렀다.

그해 여름 여러 주 동안, 그룹은 리드 감독은 물론이고 애덤스 모건 지역의 어머니들과 지속적으로 대화를 나누었다. 이들이 대화를 나눌수록, 아이들에게 배움의 기회를 주는 것이 중요한 관심사라는 것이 더욱 분명해졌다. 데이비드는 이렇게 말했다. "어떤 의미에서, 그분들이 우리의 은사를 끌어낸 거예요. 마지는 이미 교사였고, 나머지도 교육을 받는 중이었고 언젠가는 그들도 교사가 될 예정이었어요."

3-4세 아이들을 위한 학교를 여는 일이 가능해 보이기 시작했다. 그러나 혜택을 받지 못하는 아이들을 위해 개발되는 숱한 실험적 프로그램에 관해 읽었을 때, 이들의 확신은 흔들렸다. 이들은 세밀한 보조 교재에 대한 지식이 없었고, 연구 프로그램들을 활용하자면 시간이 얼마나 걸릴지도 알지 못했다. 그래서 이들은 리드 주교를 찾아갔

다. 리드 주교는, 이들이 스스로 부족하다고 느낄 때마다 이렇게 대답했다. "여러분이 제대로 하는지, 아닌지에 대해서는 잊어버리세요. 우리는 멋진 자료가 필요한 게 아닙니다. 여기서 우리와 함께하고 우리와 함께 일할 사람들이 필요할 뿐입니다."

그해 여름이 끝날 무렵, 공동체의 목적은 이렇게 정리되었다.

이 공동체는 그리스도 안에서 성장하고 함께 하나님을 섬기는 일에 자신을 드린다는 것이 무슨 뜻인지 구성원들에게 가르치는 일을 토대로 삼아 자신을 그리스도 안에 세우기 위해 존재한다. 이를 위한 기본은 공동체 생활을 하고 공동체의 규범과 목적에 헌신하는 것이다. 『떼제 규범』(The Rule of Taize)으로 말하자면, "공동체와 공동체 구성원들을 더 쓸모 있게 하는 것"이다.

이들은 이 실험에 '언약 공동체'(The Covenant Community)라는 이름을 붙였다. 9월이 되자, 여름 내내 이 공동체를 준비했던 열두 사람 가운데 네 사람이 1년간 헌신하기로 했다. 짐 알루츠, 데이비드 본스, 마지 거니, 린 트라웃 이렇게 넷이었다. 데이비드는 정부 기관에 근무했고, 뉴욕에 있는 유니온 신학교(Union Theological Seminary)를 통한 인턴 프로그램으로 세이비어 교회에 참여하고 있었다. 마지는 메릴랜드 중학교 교사였고, 린은 FBI에서 일하면서 대학을 마치기 위한 학비를 벌고 있었다. 모두 스물다섯 살이 안 되었고, 모두 무모하지만 전염성 강한 믿음을 가졌기에 직장을 포기했다.

이들이 가장 먼저 한 일은 애덤스 모건 지역에 집을 한 채 물색하는 것이었다. 데이비드는 시튼 플레이스에서 집을 한 채 찾았는데, 시튼 플레이스는 이들이 밥 먹듯이 들락거리는 거리였다. 비어 있는 그 집은 그야말로 폐가나 마찬가지였다. 유리창은 성한 게 없었고, 문들은 어디로 사라지고 없었으며, 지하실엔 물이 가득했고 지붕에는 쥐들이 출몰했다. 데이비드는 이 집을 "나름 개성 있다"고 표현했다. 집주인은 월세 90달러에 빌려 주겠다고 동의했고, 집을 사람이 살 만하게 만들어 놓으면 처음 두 달은 세를 받지 않겠다고 했다. 이들은 계약서에 서명하고 작업에 돌입했다.

세이비어 교회 운영 위원회에 나와 시튼 플레이스의 상황을 설명한 이 네 명의 실업자들의 보고에 따르면, 시튼 플레이스는 집이 55채였고, 거주 가구는 76세대였다. 당시 시튼 플레이스에 사는 아이들은 모두 246명이었다. 이들은 이렇게 보고했다. "밤 10시까지, 거리는 마치 운동장 같습니다."

이들은 시튼 플레이스에서 함께 아침을 먹으며 하루를 시작하고, 사무실을 아침 7시 40분에 열고 밤 11시에 기도로 닫기로 했다. 이들이 아직도 다듬고 있는 규범에는 모두 합쳐 하루에 세 시간 기도하고, 예배하며, 공부하는 시간이 포함되었다. 처음에는 그 지역의 3-4세 아이들을 위한 유치원과 모든 연령의 학생들을 위한 개인 지도를 프로그램에 포함시킬 계획이었다.

이들은 전체 예산 12,000달러 가운데 많은 액수를 유치원 프로그램에 배정했다. 공동체로서, 이들은 최대한 검소하게 살기로 계획했다. 이들이 식비로 책정한 금액은 하루에 4달러 12센트, 한 명당 1달러 3센트였다. 그런데도 이들은 이 금액으로 살 수 있었을 뿐만 아니라 몰려드는 저녁 손님들의 식탁도 차려 냈다.

한결 조심스런 교인 하나가 이들에게 어떻게 충분한 자금이 마련되기도 전에 용감하게 직장을 포기했느냐고 물었다. 그러자 이들은 필요하다면 다른 직장을 구할 작정이지만, 그러면 아이들에게 쏟는 시간이 큰 제한을 받고 유치원을 매일 운영하지도 못할 거라고 대답했다. 우리 교회처럼, 그 지역에서 아주 가까운 마거릿 성공회 교회(St. Margaret's Episcopal Church)도 이미 3,000달러를 후원하겠다고 약속했다. 돈이 더 필요했지만 이들은 돈이 마련되리라고 믿고 일을 추진했다. 이들은 무엇보다도 먼저 더 큰 기독교 공동체의 격려와 지원과 참여를 요구했다.

교회 운영 위원회가 이 열정적인 그룹이 제출한 선교 계획을 논의할 때, 아무도 이 프로젝트가 성공할지 실패할지 묻지 않았다. 우리는 불안할 만큼 이들의 장점뿐 아니라 약점을 잘 알고 있었다. 그러나 문제는 성공이냐 실패냐가 아니었다. 문제는 이러한 틀에서 네 젊은이가 성장하고 헌신할 수 있느냐, 공동체의 사람이 될 수 있느냐였다. 우리는 신중하고도 조용하게 "예"라고 답했다. 교회 운영 위원 모두 공동체라는 귀한 선물은 값비싸다는 것을 알 만큼 경험이 풍부했기 때문이다. 메리 코스비와 고든 코스비 부부가 한 달에 한 번씩 이들과 함께 식사하고, 이들이 영적 인도자를 선택하도록 돕기로 결정했다. 선교 목사인 빌 쉬플릿이 연락 업무를 맡았다. 세이비어 교회 계좌에 남아 있는 1,500달러가 몽땅 새로운 공동체로 넘어갔다. 이렇게 해서 교회는 다시 빈털터리가 되었다. 어떤 사람들에게는 그런 상황이 여전히 더 불안해 보였지만, 어떤 사람들에게는 너무나 익숙한 일이라 더 편안해 보였다.

언약 공동체는 임차한 집을 수리하고 페인트도 칠했다. 첫 손님은 눈망울이 또랑또랑한 네 살배기 실베스터였는데, 이후 실베스터는 한 시도 이들 곁을 떠나지 않았다. 이들이 지하실 바닥에 앉아 첫 식사를 하고 있을 때, 실베스터도 곁에 앉아 거들었다. 문 두드리는 소리가 날 때마다, 나가 보면 대개 실베스터였다. 실베스터는 이렇듯 끈덕졌고, 곧 이들의 집에서 특별한 자리를 차지하게 되었다. 이들에게 수용이 필요할 때면, 실베스터가 고개를 끄덕여 주었다. 그리고 실베스터가 콩나물시루 같은 집에서 나와 잠시 피할 곳이 필요하면, 이들은 그에게 피난처가 되어 주었다.

실베스터의 뒤를 이어 곧바로 땅꼬마, 뚱보, 냄새, 덜렁이를 비롯해 한 무리의 아이들이 찾아왔다. 이들은 낯선 사람들이 자신들의 동네에 들어온 것을 크고 대단한 일로 여기며 반겼다. 아이들은 모든 것을 재미있어 했다. 수도 없이 심부름을 하며 뛰어다녔고, 조그마한 손으로 나름 열심히 도왔다. 아이들은 전혀 차별하지 않고 받아들였기 때문에 불안해하는 네 사람과 이들을 그리 탐탁찮게 여기는 동네 어른들 간에 중재자 노릇을 했다. 처음에 언약 공동체는 아이들이 자신들을 너무나 따뜻하게 대해 주고 반응도 곧잘 보여서 놀랐다. 그러나 이들은 그 이유를 깨닫기 시작했다. 아이들은 자신의 존재를 인정받고 싶은 마음이 간절했기 때문이다. 그들이 아이들의 이름을 불러 줄 멋진 사람일 거라는 아이들의 희망 때문이었다.

아이들 외에, 늘 거리를 서성대는 몇몇 남자들이 있었다. 처음 며칠간 대표로 찾아온 사람은 DB였다. 말을 잘하고 늘 떠들썩한 그는 문 앞에 서서 파우스트부터 도리언 그레이(Dorian Gray, 오스카 와일드의 소설에 나오는 인물—옮긴이)와 일본 사진과 주택 도색에 이르기까지 온갖 주제에 대해 늘어놓았다. 마지는 페인트칠을 하다가 고개를 들고 "좀 도와주지 그래요?"라고 말했다. 그러자 DB는 생각에 잠긴 듯 방을 둘러보더니 도리질을 하며 말했다. "너무 밝아요. 난 렘브란트 스타일이거든요."

루디라는 친구도 있었다. 루디는 색소폰 연주자였는데, 입술이 아프기 시작했을 때 이웃의 집세를 내주려고 색소폰을 전당포에 맡겼다. 루디는 거리의 현자(賢者)였다. 이를테면, 마을의 철학자와 맞수였다. 그의 지식 창고는 사람들을 끊임없이 놀라게 했다. 아이들은 그를 루돌프 아저씨로 알았고 그의 말에 귀를 기울였다. 그 말은 그가 아이들에게 용기를 주는 말을 했다는 뜻이다. "보티나, 나는 예쁜 소녀를 좋아하는데, 넌 참 예쁜 소녀구나! 하지만 네가 세수를 안 하면, 너를 좋아하지 않을 거야."

실베스터, DB, 루디는 초기에 각자 자기 방식대로 이들을 반겼다. 그러나 경찰은 이들을 반기지 않았다. 경찰은 이들을 찾아와 떠나라고 엄중히 충고했다. "여긴 우범지대야. 자네들은 문젯거릴 만드는 거라고!" 겨우 열아홉 살인 린이 경찰의 충고를 가장 심각하게 받아들였다. 오랫동안, 린은 경찰의 충고에 불안을 느꼈다. 린과 마지는 매사추세츠 애버뉴에 자리한 우리 교회 본부 건물을 숙소로 사용했지만 이른 아침부터 밤늦게까지 시튼 플레이스에서 지냈다. 그러나 여러 주가 흐르자 그 거리에 대한 린의 두려움은 사라졌다. 그녀는 워싱턴의 어느 지역보다 그곳이 안전하다고 느끼기 시작했다. 당시 시튼 플레이스는 아주 위험한 곳이었는데도, 린이 그렇게 느낀 것은 이상했다. 그곳에 폭력이 없지는 않았다. 그러나 린은 폭력이 자신들에게는 미치지 않으리라고 믿기 시작했다. 더 나아가, 린은 이웃을 더 신뢰해야 할 사람은 자신만이 아니라는 것을 알았다. 린의 이웃도 그녀를 더 신뢰해야 했다. 전에는 다른 사람들이 자신을 무서워할지도 모른다는 생각을 전혀 하지 않았다.

집수리가 끝나자, 짐과 데이비드가 입주했고, 가운데 지지대가 없는 침대를 비롯해 주워 모은 낡아빠지고 서로 어울리지도 않은 가구를 들여놓았다. 침대는 짐이 차지했는데, 데이비드는 수리를 약속했으나 그럴 겨를이 없었다. 결국 가운데가 푹 꺼진 침대에는 '둥지'라는 이름이 붙었다.

새 집에 자리 잡은 짐과 데이비드는 유치원에 전념할 수 있었다. 교실을 찾아, 동네 모든 교회를 찾아다녔고 빈 건물을 모조리 탐색했으나 관청의 요구에 맞는 곳을 찾지 못했다. 이미 금쪽같은 여덟 주가 흘렀고, 이들은 집에서 '불법 유치원'을 시작하기로 결정했다. 아이 열 명을 두 반으로 나눠 유치원 수업을 시작했다. 한 반은 오전에 모였고, 한 반은 오후에 모였다. 마지는 교사가 되었고 린이 그녀를 보조했다. 이들은 유치원 프로젝트를 네 달이나 연구한 터였다. 그런데도 불구하고, 린은 이렇게 말했다. "첫날, 우리는 서로 멀뚱멀뚱 쳐다보았어요. 모두의 얼굴에 '뭘 해야 하지?'라고 쓰여 있었다니까요. 우리는 그저 들은풍월대로 하는 것 외에 도리가 없었답니다."

잘사는 동네 아이들이 쓰는 그림-낱말 카드는 이곳 아이들에게 효과가 없었다. 그래서 잡지 그림을 활용해 아이들에게 익숙한 그림-낱말 카드를 직접 만들었다. 이들은 아이들에게 연극을 시키는 법도 배웠다. 초기에 아이들은 맨송맨송하고 말이 없었다. 그러나 몇 주 후, 마지와 린의 눈에 아이들이 서로 조금씩 대화를 주고받는 모습이 보이기 시작했다. 린은 이렇게 말했다. "아이들을 지켜보는 게 너무너무 즐거웠어요. 갑자기 아이들이 소그룹으로 모여 대화를 나누는 어른들 같아 보였어요." 늘 자신의 꿈을 말하고 싶어 하는 작은 사내아이가 있었다. "어젯밤에 꿈을 꿨는데요…." 그 아이가 말하기가 무섭게 다른 아이들도 자기 꿈을 말하겠다며 아우성을 쳤다. 아이들은 꿈을 이야기하면서 조금도 지루해하지 않았다. 아이들은 흔히 꿈에 괴물을 봤다거나 "쥐가 나를 먹어 치웠어요"라고 했다.

쥐는 시튼 플레이스 사람들의 생활에서 빼놓을 수 없는 존재라는 것이 점점 분명해졌다. 어느 날 오후, 마지는 앉아서 리키와 아이네즈에게 『휘파람을 불어요』(Whistle for Willie)[26]를 읽어 주고 있었다. 도시 아이가 어느 겨울날에 작은 눈뭉치를 만들었다는 이야기다. 아이는 눈뭉치를 주머니에 넣은 채 집에 들어갔다. 마지는 이렇게 말했다. "그날 밤, 아이는 눈뭉치를 찾으려고 주머니를 뒤졌어요. 눈뭉치가 어떻게 되었을까요?" 아이들은 조금도 머뭇거리지 않고 한목소리로 대답했다. "쥐가 먹어 치웠어요."

아이들과 관련된 책을 찾는 일도 어려운 축에 속했다. 가난한 사람들에 관한 책은 매주 수십 권씩 쏟아져 나오지만 정작 가난한 아이들을 위한 책은 없다. 그런데 자원봉사자로 아이들을 돌보는 어느 어머니가 『사자와 생쥐』(The Lion and the Rat)[27]라는 그림 동화책에서 가난한 아이들에게 맞는 이야기를 찾아냈다. 한 아이가 동화책 표지를 가리키며 말했다. "저 생쥐 알아요. 우리 집에 살아요." 십 대들은 막대기와 벽돌을 들고 쥐를 추적하며 놀았다. 더러 나이 많은 아이들이 이런 짓을 계속했다. 아이들은 동네에서 가장 빠른 쥐에게 날쌘돌이 곤잘레스라는 이름까지 붙여 주었다.

어느 날 밤이었다. 데이비드는 엘보스와 함께 계단에 앉아 있었다. 엘보스는 부츠에 감춰 둔 칼을 만지작거리며 친구를 찌른 놈에게 복수하겠다고 했다. 그는 이렇게 말했다. "오늘 밤에 그놈을 해치울 거예요." 두 사람은 그렇게 한 시간 남짓 대화를 나누었다. 그런 후, 엘보스는 데이비드를 어느 집으로 데리고 들어갔다. 두 사람은 지하실로 내려갔다. 빛이라고는 텔레비전 불빛뿐이었다. 두 사람은 옛날 영화를 보는 아이들 틈에 끼었다. 그러나 엘보스는 가만히 있지 못하고 부엌으로 향했다. 그는 칼을 하나 더 들고 오더니 이렇게 말했다. "날쌘돌이 곤잘레스라고 들어보셨나요? 오늘밤에 보게 될 거예요. 나타날 시간이 됐는데…."

텔레비전만 혼자 떠들 뿐, 5분가량 침묵이 흘렀다. 그때 벽을 긁는 소리가 들렸다. "쉬, 날쌘돌이예요." 엘보스가 말했다.

데이비드의 귀에는 사실 쥐가 벽을 긁으며 오가는 것처럼 들렸다. 엘보스는 칼 손잡이 부분으로 벽을 툭툭 쳤다. 벽 안에서 종종걸음 치는 소리가 들렸고, 엘보스는 그 소리를 추적했다. 마침내 아무 소리도 들리지 않게 되었고, 텔레비전 대신에 방에서 펼쳐지는 드라마로 향했던 아이들의 눈은 다시 텔레비전 속 이야기로 돌아갔다.

엘보스가 말했다. "아주 날랜 놈이에요. 날쌘돌이 곤잘레스는 오늘밤에 다시 안 나타날 거예요. 이놈은 시튼 플레이스에서 가장 빠른 쥐예요. 하지만 가장 똑똑한 놈이기도 하지요. 그래서 내가 오늘밤 자기를 잡으려 한다는 걸 알아요."

몇 달 후, 언약 공동체에 새로운 구성원이 들어왔다. 월터 하데스티는 이들의 모습에 감동해 전에는 전혀 생각해 보지도 않았던 훈련을 받으며 살겠다고 약속했다. 그는 7월에 공동체 구성원들에게 간단하게 말했었지만, 곧 존슨을 지지하는 청년 모임(Young Citizens for Johnson)의 조직책으로 플로리다의 선거판으로 떠났다. 그는 선거에 온 정열을 쏟았으나 선거가 끝난 후 큰 절망에 빠졌다. "제가 전에 알던 그 어떤 절망과도 달랐어요." 차를 몰고 플로리다에서 워싱턴으로 돌아오는 길이 부담스러운 듯했지만 특별히 목적지가 있어 달린다는 느낌은 들지 않았다. 세이비어 교회를 방문하기 전까지 월터는 워싱턴이야말로 자신이 있어야 할 곳이라고 느꼈다. 월터는 그리스도인이 아니었으나 특별한 의미에서 교회 공동체는 그의 공동체였다.

월터는 교육 현장에서 일한 경험이 전혀 없었으나 오랫동안 교육에 관심이 있었다. 그는 어린아이들에게 다가가는 것이 중요하다고 느꼈다. 그래서 언약 공동체가 유치원을 시작한다는 소식을 듣고, 시튼 플레이스로 달려와 상황을 눈으로 확인했다. 첫날, 그는 거리에서 몇몇 아이를 만나 보았을 뿐이었다. 아이들은 여느 때처럼 낯선 사람을 따뜻이 맞아 주었다. 나중에 월터가 짐 알루츠에게 말하자, 짐은 그를 초대해 집에서 진행되는 수업을 직접 보여 주었다. 마거릿 교회와 세이비어 교회의 자원봉사자 열다섯 사람이 유치원 일을 도왔고, 유치원 아이들은 어느새 40명으로 늘어났다. 이제 린과 마지는 각각 반을 따로 맡았다. 아이들 20명은 월요일, 수요일, 금요일에 왔고, 나머지 20명은 화요일, 목요일, 토요일에 왔다. 여러 주에 걸쳐 공동체를 방문한 월터의 마음이 차츰 넓게 열렸다. 성경이 그에게 생생하게 살아났고, 월터는 요한복음에 관한 자신만의 해설을 쓰기 시작했다. 월터는 그 기간을 "여러분이 그렇게 부르고 싶다면, 성령님께 수동적이지만 반응하는 기간"이었다고 말했다. 그는 네 사람과 함께 공동체에 들어갈지 신중하게 고민하기 시작했다. 그러나 막상 결정을 내렸을 때, 자신이 실제로 그 속에 있다는 사실에 깜짝 놀랐다. "제 자신을 그리스도인들 가운데 있으며 시튼 플레이스에 헌신한 그리스도인이라고 불렀어요. 마치, 꿈을 꾸다가 깬 것 같았어요. 밖에서 보면 어떻게 보일지 알지 못했어요. 하지만 안에서 보니, 마치 기적처럼 대단해 보였어요. 나중에, 윌리엄 제임스의 글을 읽었더니 제가 했던 경험을 묘사하면서 거기에 이름을 붙였더라고요. 그래서 제가 어떻게 회심하게 되었는지 알게 되었지요."

유치원이 집에서 열리는 동안, 짐과 데이비드는 적절한 장소를 계속 물색했다. 인근 지역에 후보지를 샅샅이 둘러본 후, 필그림스 장로교회(Presbyterian Church of the Pilgrims) 랜디 테일러 목사에게 사정을 얘기했다. 랜디 목사는 이들을 예배에 초청했고, 이들은 예배 시간에 자신들의 이야기를 들려주었다. 랜디 목사는 주일학교 교실을 주중에 유치원 교실로 내주면 어떻겠냐고 제안했고, 교회는 그 제안에 동의했다. 지역 관리들의 승인을 거쳐, 유치원은 번쩍거리는 새 건물로 이사해 공식적으로 개원했다. 아이들이 걸어서 오기에는 너무 멀었지만 이 프로젝트를 전해들은 어느 성공회 교구에서 1948년식 버스를 기증했다. 짐이 버스 기사가 되었고, 월터는 신출내기 교사가 되었다. 지역 재단을 비롯해 여러 곳에서 들어온 기부금으로, 작은 공동체를 꾸려 나갈 예산이 확보되었을 뿐만 아니라 유치원 전문 교사 아이린 데틀러도 채용할 수 있었다.

어머니들은 모임을 만들기로 동의했고, 곧바로 셜리 윌리엄스를 회장으로 선출했다. 모임이 있을 때면, 언약 공동체 팀원들이 집집마다 다니며 "서두르세요! 모임이 있어요!"라고 알려야 했다. 그러지 않으면, 출석률이 형편없었다. 일단 모임이 진행되면, 어머니들은 자기 아이들에 관한 얘기와 유치원에서 일어나는 일을 듣는 걸 전혀 지루해하지 않았다. 이들은 아이들을 위해 시간을 내어 앞치마도 만들었고, 성탄절에는 주니어 빌리지의 아이들에게 기부금도 보냈다. 시튼 플레이스의 어머니들 중에 정부로부터 생활비를 보조 받는 사람들이 적지 않았기 때문에, 사회복지과 조사관들로서는 이들의 기부금을 이해하기 어려웠고, 납세자들의 이익을 보호해야 하는 처지였던 터라 꽤나 당혹스러워했다. 그러나 에리히 프롬(Erich Fromm)은 이 부분을 이해했던 것 같다. 그는 가난한 사람들의 진짜 박탈감은 이들이 다른 이들에게 베풀지 못한다는 것이라고 말했다. 예수님 또한 이 부분을 이해하셨다. 주는 것은 삶 자체의 문제라고 하셨으니 말이다.

언약 공동체는 거리에서 성탄절을 축하했다. 아이들의 도움으로, 주변 공터에서 유리 조각과 쓰레기와 깡통을 말끔히 치우고, 그 중앙에 큼지막하고 맵시 나는 성탄절 트리를 세웠다. 시튼 플레이스에 성탄절 트리가 세워지기는 처음이었다. 이들은 반짝이와 전구, 아이들이 유치원에서 만든 종이 장식으로 트리를 꾸몄다. 모두들 트리가 아침이면 오간 데 없을 거라고 생각했다. 그러나 트리는 꼬박 닷새 동안 멋진 자태를 뽐내며 그 자리를 지켰다.

매일, 거리는 용기를 발산했다. 거리 사람들이 이따금 턱도 없는 일에 부딪혀도 따뜻함과 온정을 보여 주었다. 필요는 끊이지 않았다. 필요를 어떻게 해결해야 할지 늘 고민이었고 몸은 지치기 일쑤였다. 하지만 작은 공동체는 자신이 말씀의 '행위자'(doers)일 뿐 아니라 말씀의 '존재자'(be'ers)로서 거리에서 살아간다는 목적을 잘 붙들었다. 이를 위해, 이들은 여러 규율을 마련했다. 하나의 '생활방식'을 구현하기 위해서였다.

떼제 공동체의 규범(Taize Rule)을 따라, 이들은 데이비드를 원장(Prior)으로 선출해, 그에게 결정권을 부여했고, 그의 결정을 따라야 한다는 것을 규율로 정했다. 공동체 밖에서 보내는 시간이나 공동체 프로그램 변경이나 가사 일정 같은 문제와 관련된 사안들이었다. 공동체는 많은 결정을 함께 내렸으나 서로 의견이 분분하거나 전체 공동체 앞에 내놓을 만큼 문제가 크지 않은 경우, 데이비드에게 결정을 맡겼다.

돈 문제와 관련해, 이들은 지출을 꼭 필요한 부분에만 한정하기로 동의했다. 짐이 회계를 맡았고, 재정에 관해서 구성원들은 짐에게 일임했다.

1년 내내, 이들은 침묵하며 아침 식사를 하고 30분간 아침 예배를 드렸는데, 예배는 돌아가면서 일주일씩 맡아서 인도했다. 매주 두 시간씩, 그룹 성경 공부를 했다. 매일 한 시간 반씩 개인 묵상도 했다. 이것은 단체 훈련보다 더 어려웠다. 그들은 피곤을 느끼고 깜빡 잠들기 일쑤였다.

가장 중요한 훈련은 자신의 마음과 자원과 시간을 서로에게 주고, 공동의 노력에 집중하는 일이었다. 서로가 없으면 도저히 해내지 못하겠다고 느낄 때는 이런 훈련이 전혀 문제되지 않았다. 그러나 형제들을 보지 않으면 삶이 더 수월하겠다는 생각이 드는 날도 있었다. 자신들도 거리의 사람들과 똑같이 서로 충돌하고 소원해진다는 것을 알았다. 집을 유지하는 방법이 이들 사이에 불화를 낳았다. 이들은 기록되지 않은 작은 지출을 놓고 서로 얼굴을 붉히기도 했다. 서로 더 잘해 보자고 다짐도 했으나 말뿐일 때도 있었다. 음식을 이렇게 저렇게 요리하라는 말에 잔뜩 짜증을 내기도 했다. 어떤 사람에 대해서는 집을 깨끗하게 하는 데 지나치게 목을 맨다며 투덜거리는가 하면, 어떤 사람에 대해서는 집안일을 대충대충 한다며 투덜거렸다. 그러나 아마도 더 큰 문제는 더 깊은 수준의 대인 관계일 것이다. 이들은 분노와 상처와 사랑과 미움을 해결하기도 하고 못하기도 했다.

여러 달 동안, 하루에 열네 시간에서 열일곱 시간을 함께 보내고 나니, 코딱지만 한 집에서 서너 세대가 끼여 사는 것이, 마치 올가미에 걸린 듯한 느낌일 것임을 더 쉽게 이해할 수 있었다. 사람들은 실제로 그렇게 살았다. 버니는 "제 몫의 행복이 필요해요"라고 말했다.

이들은 자신들이 점점 더 안전에 신경을 쓰는 것도 느꼈다. 이를테면, 사람들의 눈과 여론을 의식했다. 처음에, 이들은 실패를 두려워하지 않는 대담함을 보였다. 그러나 신문에 자신들의 기사가 나고 기부금이 들어오고 손에 돈이 생기자, 이런 대담함을 잃기 시작했다. 조금이라도 위험해 보이면, 혹시라도 잘못될까 봐 모험을 하려 들지 않았고, 설령 위험을 감수하더라도 일이 잘못되면 어쩔 줄 몰라 했다.

또 하나 힘들었던 부분은 시간을 지키는 훈련이었다. 이들의 삶은 예상치 못한 상황으로 넘쳤고, 그래서 계획된 일정을 지키지 못하는 게 어쩌면 당연해 보였다. 또 하나 복잡한 문제는 차량 운행이었는데, 이 부분은 시간이 지날수록 점점 힘들어졌다. 언젠가 데이비드는 이 문제를 이렇게 말했다. "우리 자동차 가운데 한 대는 진즉에 폐차장에 갔어야 했습니다. 또 한 대도 마찬가지라는 생각이 이따금 드는데, 지난 세 주 동안 오른쪽 뒤 범퍼 없이 굴러 다녔지요. 또 한 대는 소음기가 없어 목장에서나 굴려야 할 판이고, 푸른색 버스는 제2차 세계대전 초기의 버스만큼이나 불안하기 짝이 없어요."

공동체 생활은 이들이 상상했던 것과 달랐다. 그러나 이들은 각자가 가졌던 공동체의 이미지를 좀처럼 버리려 하지 않았다. 이들은 본회퍼가 경고했던 실수를 범했다. 자신의 인간적인 바람과 꿈을 공동체에 주입했고, 그래서 서로를 비난했다.

이들은 공동 규범(common Rule)을 따라 살려고 노력했으나 실패를 거듭했다. 문자적으로는 성공했을 때에도, 영적으로는 그러지 못했다. 이들은 다른 사람의 실패에 율법주의적 태도를 취했으며, 규범이란 그 자체로는 가치가 없고 구성원들이 서로를 위하는 데 도움이 되어야 한다는 기본적인 사실을 잊었다.

법은 바울이 말한 그대로 작동했다. 법은 이들에게 죄가 무엇인지 가르쳐 주었고, 은혜와 긍휼이 필요하다는 사실도 가르쳐 주었다. 이들은 규범을 조금 바꾸었으나 내용은 그대로 두었다. 규범을 뜯어고치고 싶은 유혹을 물리쳤고, 자신들이 훈련 및 책임과 벌이는 싸움은 온전함과 자유를 위한 싸움의 일부라는 것을 서로에게 일깨웠다.

이들은 자신들의 환상이 구성원들 간의 관계뿐 아니라 이웃과의 관계에서도 무너지는 것을 보았다. 자신들이 타인을 받아들일 줄 아는 도량 넓은 젊은 자유주의자라고 생각했던 이들은 눈앞에 펼쳐지는 광경에 자주 충격을 받았다. 가장 충격적인 장면은 아이들이 많은 어느 집이었다. 아이들뿐만 아니라 이따금 어머니까지, 뒷마당이나 쓰레기가 너부러져 있고 아이들이 뛰노는 지저분한 골목에 소변을 보았다. 린은 이렇게 말했다. "파리 떼가 윙윙거리고, 악취가 코를 찌르며, 쓰레기가 너부러져 있고, 쥐들이 우글거리는 등 그야말로 뭐라고 설명을 할 수 없을 만큼 환경이 열악했어요." 이런 골목에서 뛰노는 아이들도 설명할 수 없기는 매한가지였다. 언약 공동체는 이런 아이들의 활기찬 모습을 보면서 다시 힘을 얻을 때가 많았다.

나이 든 아이들은 이따금 어린아이들에게 싸움을 가르쳤다. 다섯 살배기 둘을 골라 싸움을 붙이는 일이 드물지 않았다. 싸움은 투계(鬪鷄)와 흡사했다. 이따금 이런 싸움을 목격하는 린과 마지는 한 아이가 쓰러져야만 싸움이 끝난다는 것을 알고 등골이 오싹해졌다.

어떤 놀이는 이 지역의 아이들에게서나 볼 수 있었다. 그런가 하면, 어떤 놀이는 여느 지역 아이들의 놀이와 다르지 않았다. 마지는 이렇게 말했다. "로제나와 보니타와 또 한 아이가 찢어진 우산을 쓰고 걸어가는 모습이 기억나요. 재미있어 보였어요. 그 애들도 그렇게 찢어진 우산 같았지만 그래도 너무너무 재미있게 놀았거든요."

그리고 계단에서 종이 상자로 미끄럼을 타는 꼬맹이 존이 있었다. 또 팻은 납작해진 맥주 깡통으로 신발을 만들어 신고는 마치 엄마의 하이힐을 신고 걷는 어린 소녀처럼 타각타각 소리를 내며 돌아다녔다.

이들은 집 안에 있어도 밖에서 아이 우는 소리만 들려도 누군지 단박에 알 정도로 거리의 아이들과 아주 가까워졌다. 린은 이렇게 말했다. "발걸음 소리만 듣고 누군지 맞히는 것처럼 아주 신나는 일이었어요."

이들은 직접 그 동네에서 살면서 그 환경 가운데 아이들을 알아간 것이 중요했다는 사실을 깨달았다. 그래서 아이들이 수업 시간에 왜 이런저런 행동을 하는지도 알았다. 이들은 결과와 자신들의 온갖 노력이 어떻게 될지에 점점 덜 안달하게 되었다. 처음에는 가난한 사람들을 돕겠다고 나선 중산층 같았다. 이를테면, 현실 지향적이고 당장의 필요가 너무 절실해 훗날의 결실을 생각할 겨를이 없는 가난한 사람들의 미래를 개선하려는 프로그램을 짰다. 마지와 린이 가난한 이들의 삶에 더 깊이 들어가게 되면서, 그들 또한 현재를 중심으로 생각하기 시작했다.

유치원에서 나이가 많은 아이들을 위한 운동 프로그램과 활동이 추가되었다. 어느 날 오후, 아이들이 언약 공동체 지하실에서 춤을 추고 있을 때, 갑자기 구급차 사이렌이 요란하게 울렸다. 아이들은 번개같이 뛰어나가 구급차를 쫓아갔다. 구급차는 칼부림이 벌어진 동네 끝에 멈췄다. 부상자는 구급차에 실려 갔고, 아이들은 돌아왔다. 돌아온 아이들은 춤을 계속 추는 게 아니라 마지와 린 앞에서 칼부림을 흉내 내며 재미있어 했다. 마지와 린은 본능적으로 이들의 웃음에 등을 돌렸다. 그러면서 아이들이 이런 방식으로 삶과 거리를 두는 것은 아닌가 하고 생각했다. 이런 사건들이 바로 이들의 어린 시절의 장면으로 남을 테니 말이다.

공동체가 시튼 플레이스에 자리를 잡은 그 해, 두 경찰관이 순찰 중에 포터스하우스 선물 가게에 들러 메리 히치콕과 컬럼비아 특별구의 치솟는 범죄율에 대해 대화를 나누었다. 이들은 그 가게가 언약 공동체와 관계가 있다는 걸 까맣게 몰랐고, 그래서 메리에게 시튼 플레이스에 제 발로 찾아든 '미친 젊은이들' 이야기를 했다. 한 경찰관이 말했다. "그 친구들한테 나가라고 했는데도, 아직도 안 나가고 있네요. 그런데 이 구역이 달라졌어요. 전에는 하룻밤에도 신고가 여러 건 들어왔는데, 이제는 한 달에 고작 두 건 정도로 줄었다니까요."

이 사실은 월터가 아이들을 데리고 지역 파출소에 갔을 때도 확인되었다. 한 경찰관이 지도에서 이들의 거리를 가리키며 말했다. "시튼 플레이스 말인데요, 전에는 끔찍했는데 점점 좋아지고 있어요."

언약 공동체는 이 모든 일에서 자신들의 역할은 미미했다는 걸 알았다. 그 동네에는 변화의 요인이 많았다. 언약 공동체가 자신들 외에도 많은 사람들이 일한다는 사실, 또는 공로가 다른 사람에게나 돌아가야 한다는 사실을 깊이 깨달은 순간도 있었다. 이들은 그 어느 때보다 아이들과 함께 있을 때, 대개 그 자체로 극적이지 않은 사건에서 '다른 뭔가'를 자주 느꼈다. 월터와 어린 캐롤 리 크루즈가 나란히 앉아 한 시간 동안 두런두런 얘기를 주고받은 적이 있었다. 월터는 이렇게 말했다. "그저 함께 있고 얘기를 주고받는 게 좋았어요. 거리에서 아이들은 아주 쉽게 산만해져요. 그러나 그 대화 후, 캐롤은 저를 기다리곤 했어요. 우리는 뭔가를 나누었지요. 그런 나눔은 우리 사이에 다시 일어나지 않았지만, 서로의 기억 속에 남았지요. 우리 둘만의 관계를 이루는 한 부분으로 말이에요."

월터에게 사뭇 비슷한 순간이 또 있었다. 월터는 교회에서 그리스도인의 성장에 관한 수업을 듣고 있었는데, 그 주의 과제는 좋아하는 사람, 기의 모르는 사람, 싫어하는 사람, 이렇게 세 사람을 더 잘 알아오는 것이었다.

월터는 좋아하지 않은 사람으로 에디를 선택했다. 에디는 다섯 살배기 코흘리개로 목소리는 날카로웠으며 손가락은 늘 끈적였다. 에디는 교실에서도 문제아였다. 잠시도 한곳에 집중하지 못했고, 돌아다니는 사람이 있으면 이유 없이 꽁무니를 쫓아다녔다. 월터는 이렇게 말했다. "우리는 산책을 나갔답니다. 함께 걷고 있는데, 둘 다 조용해졌어요. 에디는 조용한 아이가 아니었는데 에디의 생활에 작은 여유가 생긴 거예요. 우리는 공원에서 공놀이를 하고 나서 느릿느릿 교실로 돌아왔지요. 저는 바닥에 떨어진 휴지를 줍기 시작했고요. 그런데 에디가 뭔가를 하기 시작했어요. 상당한 집중력을 보이며 무려 한 시간 동안 뭔가에 골몰했어요. 잠시도 가만히 못 있던 아이였으니, 저는 그저 신기해서 지켜만 보았지요. 에디는 뭔가를 만드는 걸 즐거워했고 저는 그런 에디를 지켜보는 게 마냥 즐거웠어요."

이런 것들은 절정의 경험이었다. 살면서 자주 이런 경험을 하지는 못한다. 각각 위기의 순간을 살고 있는 사람도 많다. 어느 스페인 사람은 미국인을 빗대어, 직선으로 산다고 기록했다. 골짜기와 봉우리를 오가며 높이와 깊이를 아는 게 아니라 평원을 선택한다고 했다. 하지만 가난한 사람들에게는 해당되지 않는 말이다. 가난한 사람들은 몸으로 숱하게 부딪히며, 내일을 위한 계획 같은 것은 세우지 않는다.

어느 날 밤, 누군가 다급하게 문을 두드렸다. 데이비드가 문을 열고 나가 보니 어떤 여자가 창백한 표정으로 서서 길 건너편에 사는 친구가 산통이 시작되었다고 말했다. 데이비드는 자동차와 바꾼 트럭으로 향했다. 그러나 거리로 나온 산모는 좌석 높이를 보더니 도저히 못 올라가겠다고 했다. 바로 그때, 월터가 자동차를 몰고 나타났다. 훨씬 다행스럽게도, 누군가 부른 순찰차도 도착했다. 이들은 경찰에게, 월터의 자동차는 변속기가 고장이 나서 불안하다고 설명했다. 경찰은 응급 상황이 아니니 구급차를 부르라고 했다. 데이비드는 산모가 구급차를 부를 돈이 없다고 설명했다. 그런데도 순찰차는 떠나 버렸다. 어쩔 수 없이 산모와 어머니는 월터의 차를 타고 병원으로 향했다. 데이비드가 운전을 했고, 월터는 뒤에서 "기어 변속할 때 조심해야 돼!"라고 소리쳤다. 데이비드는 월터의 경고를 염두에 두었지만 교차로에서 기어를 변속하다가 차가 멈춰 서고 말았다. 이제 차에서 내려 지나가는 차를 세우는 수밖에 없었다. 마침내 자동차 한 대가 섰고, 임산부와 어머니와 데이비드와 이 사태를 목격한 경찰관 하나가 그 차에 올랐다. 경찰관은 응급 상황을 직감하고, 자동차가 각 교차로를 안전하게 지난 후에는 창밖으로 고개를 내밀고 호루라기를 힘껏 불어 댔다. 이들이 병원에 도착한 지 5분 후, 아기가 태어났다.

월터는 이렇게 말했다. "폴 굿맨(Paul Goodman)이 가난한 사람들에게서 칭송한 부분이 이해되기 시작했어요. 가난한 사람들은 남들이 자신들을 속이도록 두지 않아요. 이들은 현실에 더 밀착해서 살아가지요. 죽음과 삶과 절망과 희망에 더 밀착해서 살아가지요. 가난한 사람들은 감추고 말고 할 게 없어요. 돈을 비롯해 그 무엇도 가난한 사람들이 자신과 타인에게 본래 자기 모습과 다르게 보이게 하지는 못하지요. 그리고 가난한 사람들에게는 용납될 만한 행동 패턴을 따르게 해 줄 사람이 없어요."

이들은 가난한 사람들과 더불어 살면서 기본적인 것에 더 민감해졌다. 그렇다고 중산층의 생활방식에 대한 이해가 약해진 것은 아니었다. 중산층의 삶에는 뒤틀린 부분도 있으나 시튼 플레이스의 친구들에게 보여 주고 싶은 단순한 즐거움도 있다. 언젠가 이들은 교외에 사는 친구를 찾아갔다. 잔디밭에 누워 별을 보기만 해도 황홀했다. 이들은 아마 섬유로 짠 냅킨이 놓인 식탁과 다림질된 시트가 깔린 딱딱한 침대처럼 아주 평범한 것에서 즐거움을 느꼈다.

시튼 플레이스로 처음 이주했을 때, 이들은 동네 이쪽 끝과 저쪽 끝이 다르다는 사실을 몰랐다. 몇 개월을 지낸 후에야, 자신들이 동네의 '가난한 절반' 지역에 있다는 것을 알았다. 동네에서 아이들이 우글거리는 절반 지역이기도 했다. 이들은 무엇보다도 지역 주민들을 가장 잘 알게 되었다. 나머지 절반 지역의 주민들 중에는 든든한 직장도 있고 자기 집을 잃지 않으려 노력하는 사람들도 적지 않았다. 심지어 좀더 가난한 이웃들과 거리를 두는 사람들마저 있었다.

그러나 이들은 동네 양쪽의 차이뿐 아니라 가정 간의 차이도 알게 되었다. 똑같은 가정은 하나도 없었다. 이들은 이런 사실에 이론적으로는 늘 동의했었다. 그러나 시튼 플레이스 사람들을 얘기할 때면, 이따금 이들을 싸잡아 '그들'이라거나 '가난한 사람들'이라고 했을 뿐, 이런 단어 뒤에 숨겨진 엄청난 삶의 차이는 제대로 보지 않았다. 이들은 더는 이럴 수 없었고, 각자 자기 개성에 따라 서로 다른 가정에 끌렸다. 데이비드는 킹스턴 씨 가정에 끌렸는데, 문제가 많은 가정이었다. 데이비드는 먼저 앤드류를 통해 킹스턴 가정을 알게 되었는데, 앤드류는 늘 희희낙락했으나 정신이 멀쩡할 때가 드물었다. 앤드류는 거리에서 데이비드를 만나면 "제 사무실로 들어오시죠!"라고 말했다. 그러고는 뒤로 다섯 걸음 물러나 데이비드를 안으로 맞아들이는 시늉을 했다. 그러면서 앤드류는 데이비드에게 술을 사 달라고 했다. 데이비드는 앤드류에게 일자리를 얻어 줄 수 있으리라는 생각은 전혀 하지 않았으나 앤드류의 누이 엠마를 위해서는 일자리를 계속 알아보았다. 어느 날, 데이비드는 기분 좋게 앤드류의 집에 들어갔다. 엠마의 일자리를 구했다고 알려 주기 위해서였다. 데이비드는 문을 열어 준 남자에게 그 소식을 전했다. 그러나 데이비드는 그의 대답에 깜짝 놀랐다. "엠마는 일자리가 필요 없어요. 앤드류가 죽었어요."

그 집 식구 중에 앤드류가 왜 죽었는지 아는 사람이 아무도 없었다. 어떤 사람은 앤드류가 메기를 먹었기 때문이라고 했고, 한 아이는 물고기가 헤엄치는 통을 신나게 가리켰다. 엠마는 데이비드에게 장례식에서 고인을 위해 조사(弔詞)를 읽어 줄 수 있겠느냐고 물었다. 앤드류가 천국으로 행진한다는 내용이었다. 장례식 두 시간 전, 엠마는 장례식 설교를 약속했던 사람이 뉴욕에서 오지 못한다는 전갈을 받았고, 그래서 데이비드에게 설교마저 부탁했다.

데이비드는 첫 장례식 예배를 인도하면서 무슨 말을 할지 곰곰이 생각하다 고민에 빠졌다. 앤드류는 한 번도 제대로 직장 생활을 해 본 적이 없었다. 군대에서도 불명예제대했다. 짧지 않은 기간을 감옥에서 보냈다. 늘 술에 취해 있었고, 겨우 서른네 살에 죽었으나 사인(死因)도 몰랐다. 이것이 공식 기록이었다. 그러나 거리에서 앤드류의 삶은 중요했고, 사람들은 그를 그리워했다. 집에서, 앤드류는 아침에 추우면 먼저 일어나 아이들을 위해 난롯불을 피웠다. 데이비드에게, 마사와 니키의 학교 숙제를 도와주었다고 했다. 그런가 하면 데이비드에게 발육이 느려 말을 잘 못하는 페니를 도와달라고 부탁했다. 앤드류는 자신의 미래가 달라지리라고 믿지 않았지만, 아이들의 미래는 달라질 거라고 믿었다.

초기에, 이들의 집에 페인트를 칠하는 작업이 제대로 진행되지 않았을 때, 이들을 도와 페인트를 칠한 사람도 앤드류였다. 이들이 아직도 동네 사람들에게 낯설고, 과연 동네 사람들이 자신들을 받아 줄지 확신하지 못했을 때, 이들을 친구들에게 소개시켜 준 사람도 앤드류였다. 그러나 무엇보다도, 앤드류의 삶을 통해, 데이비드는 자신의 정체성을 조금 더 발견하고, 내면에서 서로 충돌하는 세력 간의 화해, 자신과 타인 간의 화해, 자신과 앤드류 간의 화해가 있음을 좀 더 깊이 깨달았다. 그는 가난한 사람들을 위한 싸움은 주택 문제와 일자리 문제에서, 그것도 정치 전면에서 전개되어야 한다는 것을 강하게 주장했다. 그러나 더 깊은 문제는 인종이 다른 두 개인 간의 화해, 부자와 가난한 자 간의 화해에 있음을 깨달았다. 이 부분에서 백인과 흑인, 부자와 가난한 자가 큰 싸움을 하려 든다. 그는 이러한 화해가 자신의 삶에서 일어나려면, 자신이 부자에, 백인에, 위쪽에, 좋은 일을 하는 쪽에 속한다는 생각을 버려야 한다는 것을 알았다.

그는 이것을 머리로는 이해했으나 마음 깊은 곳에서는 받아들이지 못했다. 그래서 '도와주는 멋진 녀석'이라는 자신의 이미지와 싸우고 있었다. 그는 이런 이미지를 벗어 버리지 못했다. 그래서 이런 이미지 때문에 뜻하지 않은 순간에 깜짝 깜짝 놀라곤 했다. 그러던 어느 날, 그는 이것을 훨씬 더 분명하게 보기 시작했는데, 이러한 변화의 동인(動因)이 바로 앤드류였다. 데이비드는 앤드류와 함께 거리를 걷고 있었다. 앤드류는 방금 싸움을 하다가 흠씬 두들겨 맞은 데다 잔뜩 취해 있었다. 그는 앤드류 옆에서 걷다가 자신들의 화해는 자신과 자신의 동료들이 앤드류에게 보인 모습과 그에게 한 일을 받아들이는 것을 포함한다는 사실을 문득 깨달았다. 그의 마음 깊은 곳에서, 자신과 앤드류 둘 다 용서가 필요한 사람이라는 생각이 퍼뜩 들었다.

이것을 기억하기에, 데이비드는 장례식이 단지 앤드류의 삶을 미화하는 시간이 아님을 알았다. 그가 하려는 모든 말 중에, 가장 중요한 말은 이게 아닐까 싶었다. "우리가 여기 모인 까닭은 우리 모두 이런저런 면에서 앤드류가 주고 간 선물을 함께 누리고 있음에 하나님께 감사하기 위해서입니다."

봄이 왔다. 도리스 칙스와 레이 칙스 부부에게 일곱 째 아이가 태어났다. 아기에겐 아직 이름이 없었다. 마지는 "새디어스 제프리라고 하세요"라고 말했다. 그래서 새디어스 제프리가 아기 이름이 되었다.

그해 봄, 이들은 루디의 색소폰을 전당포에서 되찾아 왔다.

그해 봄, 오퍼레이션 헤드스타트(Operation Headstart) 워싱턴 사무소에서 연락이 왔다. 이들이 헤드스타트 센터를 열겠다면 신청한 5,850달러를 지원하겠다는 내용이었다. 유치원이 교사와 교실을 추가로 확보해 여름에도 계속 문을 열 수 있게 되었다는 뜻이다.

또한 그해 봄, UPO(United Planning Organization, 주로 청소년, 노인, 저소득층을 돕는 단체—옮긴이)는 6-12세 아동을 위한 SNAP(Summer Neighborhood Activities Program)에 6,000달러를 지원하겠다고 약속했다. 이 단체의 몇몇 고문은 행사가 버지니아의 포토맥 스쿨에서 열리길 바랐다. 그곳이라면, 아이들이 뛰놀 숲이 있기 때문이었다. 반면 어떤 사람들은 행사를 동네에서 열면 좋겠다고 제안했다. 그래야 아이들이 자신들의 거리에서 창조적으로 사는 법을 배울 수 있기 때문이었다. 언약 공동체는 행사를 거리에서 열기로 결정하고, 차고를 빌려 목공 작업장을 꾸몄고, 지하실에 재봉 센터를 열었다. 나중에는 어느 빈 집 지하에 음악/드라마 센터를 열었고, 동네에 자리한 어느 교회 큰 방에서는 미술 프로그램을 실시했다. 일주일에 하루, 아이들은 포토맥 스쿨로 가서 숲 속을 뛰어다녔다. 일주일에 또 하루, 버지니아에 사는 워싱턴 출신의 상인이 아이들에게 자신의 수영장을 내어 주었다.

백 명의 아이들이 프로그램에 등록했다. 스태프들은 모두 서른 명이었는데, 그 동네의 십 대 열다섯 명은 '보수가 후했고' 교외에 사는 십 대 열다섯 명은 '보수가 박했다.' 이들은 배경이 서로 달랐음에도 자신을 넘어서는 일에 헌신한 그룹이나 보여 주는 놀라운 능력을 드러내며 한 팀으로 행동했다. 구제 기금에 기대어 일하는 무수한 작은 그룹들처럼, 이들에게도 돈이 문제였다. 6월에 약속한 돈이 15개월이 지나서야 지급되었고, 그것도 애당초 약속한 금액보다 2,000달러나 적었다.

여름 내내, 언약 공동체는 유치원이 열릴 때보다 훨씬 많은 아이들로 북적였다. 아이들은 늘 문 앞에서 들여보내 달라고 했고, 대화를 나누거나 그저 들어와 보기만이라도 하고 싶어 했다. 스태프들은 한

무리의 아이들이 들어와 있다가 돌아가고 나면, 혹시라도 빠진 아이가 없는지 집 안을 뒤져야 했다. 그러다가 한 시간쯤 후, 어디선가 킥킥대는 소리가 들리거나 소파나 의자 주변에서 작은 얼굴을 빼꼼 내미는 아이가 눈에 띄곤 했다.

무엇보다도, 아이들은 마지와 린이 요리하는 모습을 지켜보길 좋아했다. 아이들은 간단한 몇 가지 음식에도 환호했다. "그거 요리할 거예요? 뭘 넣을 건데요? 조금만 먹어 봐도 돼요?" 매일 밤 식탁이 차려지고 키 큰 친구들이 그 식탁에 앉는다. 이것만으로도 이들에게는 낯선 의식이었고 마르지 않는 매력의 샘이었다. 많은 아이들이 집에서는 음식을 받아 서서 먹거나 문간에 쪼그리고 앉아 먹었기 때문이다.

시튼 플레이스에서 서로의 삶은 언제나 밀접하게 연결되어 있었다. 사람들은 절대로 서로 소원하지 않았다. 거리에서 생활하는 일이 많은 여름철은 특히 더 그렇게 느꼈다. 주민들은 인도에서 카드놀이를 하거나, 거리에서 춤을 추거나, 이웃집 계단에 쪼그리고 앉아 두런두런 얘기를 나누었다. 사람들은 밤낮 거리를 채우고 엄청난 소음을 쏟아 내곤 했다. 언젠가 학교에서 이런 일이 있었다. 데이비드가 어린 리키에게 다가갔는데 리키는 그리스도께서 숲길을 걸으시는 그림을 골똘히 쳐다보고 있었다. 데이비드는 소년에게 무슨 생각을 하느냐고 물었다. 그러자 리키는 이렇게 대답했다. "나도 조용한 데서 저렇게 걸어보고 싶어요."

여름 몇 달 동안, 사람들은 자주 지쳤고, 복잡한 거리의 생활과 집안의 생활에 짓눌리곤 했다. 어느 날 공동체의 집에 들른 고든은 공동체 식구들의 고충을 한참 듣더니 할 수 있다면 다른 곳을 선택하겠느냐고 물었다. 그러자 하나같이 강한 어조로 "아뇨!"라고 답했다. 그러나 마지는 이렇게 덧붙였다. "우리가 어떻게 될지 우리도 도통 모르겠어요." 고든은 그 말에 웃으며 이렇게 말했다. "너무 순진해 자신이 어떻게 될지도 모르는 사람들의 실험이야말로 가장 큰 도움이 된다던데요. 똑똑하고 경험 많은 사람들은 아는 게 너무 많아 불가능한 일을 못해요."

다른 방문객이 이들에게 다른 종류의 질문을 했다. "여러분이 거리에 주는 게 많은가요, 아니면 거리에서 얻는 게 많은가요?" 데이비드의 대답이 모두를 대표하는 것이다. "우리가 줄 수 있는 것을 줄 뿐이에요. 행여 받을 게 있다면 받고 싶지요. 우리는 젊음이 있고 가르칠 수 있지요. 저들에게는 나이와 경험이 있고요. 하지만 우리가 주는 때라고는 불확신과 불안을 함께 나눌 때, 기꺼이 삶을 함께 탐구하려 할 때뿐일 거예요. 문제는 누가 줄 게 더 많으냐가 아니라고 생각해요. 문제는 우리에게 일어난 일 때문에 우리가 더 자유로워져서 더 온전히 삶에 참여하고, 더 자유로워져서 정직하며, 자신이 품은 환상을 포기하느냐는 거예요. 아마 그럴 거라고 생각해요."

그해 여름의 SNAP 프로그램은 거리 축제로 막을 내렸다. 물론, 퍼레이드도 펼쳐졌다. 루디는 퍼레이드의 선두에서 색소폰을 불었다.

리드 주교의 교회를 포함해 이제 네 개의 교회들은 유치원 프로그램을 관리하고 프로그램을 해마다 지속하기 위해 부모들과 함께 공식적인 이사회를 만들었다. 언약 공동체 구성원들은 시튼 플레이스에 한 해 더 머물지를 두고 고심했다. 짐은 결혼할 계획이었으나 지역 평의회 의장으로 거리 사역을 계속하기로 했다. 린은 유치원에서 가르치기로 결정했으나 공동체 생활은 그만하기로 했다. 마지는

ALC(Advanced Linguistic Center)에 취업했고, 시튼 플레이스에서 불우 아동들의 언어 문제와 패턴을 연구하는 일을 맡았다. 데이비드는 유니온 신학교로 돌아가 학부 과정을 마치기로 결정했다. 월터만이 언약의 집에 남기로 선택했다. 이들은 각자 결정을 내리면서 슬프기도 하고 죄책감이 들기도 했다. 자신들은 선택의 자유가 있는데도 선택의 자유가 없는 친구들을 남겨두고 떠난다는 생각 때문이었다. 이들은 가난하다는 말은 선택권이 적다는 뜻이라는 것을 배웠다.

데이비드는 결정을 내린 후, 동네에서 가장 나이가 많으며 앤드류의 할머니이기도 한 할머니 킹스턴에게 알렸다. 할머니는 그의 이름을 불러 주는 참 소중한 사람이었다. 할머니는 이렇게 말했다. "데이비드, 자네가 떠나지 않았으면 좋겠지만, 자네는 공부를 마치고 목사님이 되어야 하네. 앤드류 장례식에서 설교를 참 잘했으니 말일세."

이렇게 언약 공동체의 첫해가 저물었다. 구성원들은 애초에 '자신을 그리스도 안에 세우는' 공동체를 계획할 때 꾸었던 꿈을 이루지 못했다는 것을 모두 알고 있었다. 그러나 꿈은 이들이 상상했던 방식과는 다르게 이루어졌다. 서로 친밀한 관계를 쌓아 가는 중에 자신의 부족한 부분을 발견했고 그때껏 풀리지 않는 문제를 알게 되었다. 여러 날 함께하면서, 자신 속에 죄가 도사리고 있으며 모든 사람이 너나없이 그렇다는 것을 알게 되었다. 이들이 거리에서 보았던 어둠은 자신 속에서 발견한 어둠과 다르지 않았다. 이것은 이들에게 일어난 가장 중요한 일 같았다. 어쩌면, 이들 사이의 사랑만큼 중요한 것으로 치유하시는 그리스도의 임재를 증명했다.

그해 말에 누군가 이들에게 언약 공동체를 정의해 보라고 했다면, 세밀한 정의를 제쳐 두고 간단하게 몇몇 사람들이 자신이 누구며 무엇인지 알려고 몸부림쳤던 씨름이었다고 대답했을 것이다. 이들이 보기에, 시튼 플레이스 주민들도 같은 씨름에 동참했다.

10장 아이 사랑 선교회

하나님은 역사의 주인이다. 그분은 사건을 통해 말씀하신다. 그분은 강한 자를 선택하지 않고 약한 자를 선택하신다. 하나님은 로마를 선택하지 않고 베들레헴을 선택하신다. 보좌를 선택하지 않고 요람을 선택하신다. 왕관을 선택하지 않고 십자가를 선택하신다. 1965년 3월에도, 하나님은 다르지 않으셨다. 이번에도 하나님은 낮은 자를 주목하셨다. 그분은 어울릴 법하지 않은 마을과 어울릴 법하지 않은 사람들을 통해 미국 교회에 말씀하셨다. 하나님은 워싱턴 D.C.를 선택하지 않고, 앨라배마의 셀마를 선택하셨다. 그곳의 컨트리클럽을 선택하지 않고, 시내에서 외떨어진 어느 흑인 교회를 선택하셨다. 지구를 도는 우주인을 선택하지 않고, 셀마와 몽고메리 사이의 80번 도로를 따라 90킬로미터를 행진하는 작은 무리를 선택하셨다. 자신들이 가진 상징에서 생명을 찾지 못했던 전국의 교회들이 이렇게 행진하는 사람들에게서 새롭고 살아 있는 생명을 발견했다. 그 생명은 다른 상징처럼 죽을지도 모르지만, 한동안은 계속될 터였다. 그 생명은 모든 살아 있는 상징의 능력, 곧 변화와 치유의 능력이 있었다.

이 행진의 뿌리가 된 사건들은 백여 년 전으로 거슬러 올라간다. 그러나 그 사건들이 우리 공동체에 밀물처럼 밀려온 것은 3월 6일 밤 텔레비전을 통해서였다. 셀마에서는 사람들이 몽고메리를 향해 행진하기 시작했다. 그러나 이들은 곧바로 무자비하게 저지당하고 곤봉에 얻어맞았다. 워싱턴 D.C.에서, 우리는 투표권이 없었다. 자치법이 없었기 때문이다. 이 때문에 워싱턴 주민은 상당한 고통을 겪었으나, 어느 누구도 투표권을 쟁취하려고 행진해야겠다는 생각을 하지 못했다. 셀마 사건 이후, 우리는 다른 일과 더불어 이러한 행진도 필요하다고 느꼈다. 그러나 그것은 나중 일이었다.

우리의 이웃들은 앨라배마에서 발에 차이고 곤봉에 얻어맞고 있었다. 그러나 우리는 너무나 오랫동안 아무것도 하지 않았기 때문에 행동을 취하려 해도 막상 무엇을 어떻게 해야 할지 전혀 알지 못했다. 이튿날 아침, 우리는 그저 여느 때처럼 일터로 나갔다. 대부분은 마틴 루터 킹(Martin Luther King) 목사가 미국 성직자들을 향해 셀마에서 자신과 함께 두 번째 행진을 하자던 호소마저 흘려들었다. 좀더 기민한 사람들은 그의 호소에 귀를 기울였고, 그 호소를 지역에 전달하려는 행동을 취했다. 오후 3시 30분, 마침내 폴 카가 고든을 찾아와 소식을 전했다. 그레이터 워싱턴 교회 협의회(Council of Church of Greater Washington)는 성직자들을 위해 국립 공항에 비행기를 준비해 두었는데 오후 4시 30분에 출발할 거라고 했다. 고든은 목회자 마흔 명과 함께 셀마로 떠났다. 고든이 셀마로 떠났다는 사실을 아는 사람들은 교인들에게 연락해 기도를 부탁했다. 그때 우리는 행진하는 사람들을 위해 기도하는 일과 자기 지도자가 그 행진에 참여했을 때 행진하는 사람들을 위해 기도하는 일은 사뭇 다르다는 것을 깨달았다. 이튿날 우리는 라디오를 켜 놓고 일했고, 밤에 집에 돌아와 텔레비전으로 셀마의 상황을 지켜보았다.

셀마에서 돌아온 고든은 주일 설교에서 자신을 비롯해 수백 명이 결코 잊지 못할 장면을 회중에게 들려주었다. 그날 밤, 워싱턴을 떠난 목회자들은 셀마에 도착해 브라운즈 채플(Brown's Chapel)로 향했는데, 그곳에서는 새로운 행진을 위한 대중 집회가 열렸다. 이들은 백인 목회자로서는 첫 대표단이었고, 뒤이어 전국에서 달려온 백인 성직자들의 물결이 끊이지 않았다. 복도와 발코니까지 발 디딜 틈이 없었고, 수백 명은 바깥에 서 있어야 했다. 그때 나이 든 여성이 노래를 선창

하자 모두 함께 불렀다.

> 내 눈 보았네
> 임하시는 주님의 영광을.
> 주님 밟으시네
> 분노의 포도주 틀을.

고든은 이렇게 말했다. "제 평생 이 노래가 그렇게 감동적이었던 적이 없었습니다. 그 순간, 우리가 그곳에 간 게 옳았음을 알았습니다. 고통으로 주름진 얼굴에서 희망을 보았고, '내일 우리는 홀로 걷지 않으리'라는 메시지를 읽었습니다." 그날 밤 늦게, 고든이 머물렀던 집의 남자 주인은 이렇게 말했다. "여러분이 들어오는 모습을 보았습니다. 제 평생 그토록 아름다운 광경을 본 적이 없습니다. 그 광경을 보고 얼마나 기뻤는지 거의 제정신이 아니었습니다."

고든을 재워 준 흑인의 집은 붐볐고, 일어나는 시간은 아침 5시였다. 고든은 이렇게 말했다. "5시부터 6시 30분까지 그 짧은 시간에, 제 평생 가장 아름다운 가정을 보았습니다. 부부가 서로 존중하고 또 자녀들을 존중하며, 자녀들이 부모를 존중하고, 서로 팀워크를 이루는 모습이었죠. 열한 살 소년이 다섯 형제와 엄마를 위해 도시락을 준비했고, 모두를 위해 아침 식사로 스크램블 에그와 곱게 간 옥수수를 준비했습니다. 그동안 어머니는 어린 딸들의 머리를 빗기고 손질해 주었죠. 모두 세 명의 딸이 있었는데, 한 아이의 머리를 손질하는 데 15분이 걸렸습니다. 그 가정에 위기라고는 하나뿐이었죠. 가녀린 다리의 다섯 살배기 루이스가 한사코 행진에 참가하고 싶어 한 거예요. 하지만 식구들은 허락하지 않았어요." 고든은 이렇게 말했다. "물론, 이런 운동에 아이들을 앞세운다고 부모를 나무랄 수도 있겠지요. 그러나 문제는 도저히 아이들을 말릴 수 없다는 거예요."

어제 그 교회에서 오전 집회가 있었다. 그곳에서 사람들은 비폭력적으로 자신을 보호하는 법을 배웠다. 어느 성직자가 물었다. "저들이 우리를 때리면, 진압봉을 움켜잡아야 하나요?" 주교들을 비롯해 성직자들에게 간단하게 설명하던 열여섯 살 소년이 대답했다. "절대로 그러면 안 됩니다. 그건 바로 저들이 기다리던 바예요. 진압봉을 움켜잡을 작정이라면, 아예 행진에 나서지 마십시오."

방금 말한 십 대 베테랑이 어른들에게 당부했다. "모두가 아는 것처럼, 이 운동의 뼈대는 학생들입니다. 그러나 뼈대도 살이 없으면 아무것도 아닙니다. 여러분 어른들이 살입니다. 오늘 우리가 행진할 때, 여러분 어른들이 어른답게 행동해 주십시오. 아이들과 십 대들은 먼저 허둥댈 것입니다. 그러나 여러분은 우리보다 오래 사셨고, 따라서 신중하게 행동하는 법을 아실 것입니다. 여러분, 오늘 오후에 어른답게 행동해 주십시오. 우리에게는 여러분이 필요하기 때문입니다."

그리고 마틴 루터 킹 목사가 나타났다. 그는 이를테면 자기 백성을 이끌 준비를 마친 젊은 모세였다. 그에게 파라오는 "안 돼!"라고 했고 하나님은 "된다!"고 하셨다.

행진이 시작되었다. 전날 행진했던 바로 그 길이었다. 최루탄이 터졌다. 사람들은 허둥댔고, 기마경찰들이 힘없는 시위대를 짓밟았으며, 군인들과 민병대가 남자들은 물론이고 여자들과 아이들까지 구타했다. 고든은 이렇게 말했다. "출구는 닫혔고 빠져나갈 길이 없음을 알면서도 일부러 덫에 빠지는 느낌이었습니다. 동서남북 어디에도 빠져

나갈 구멍이 없었습니다. 저들은 모든 출구를 봉쇄해 놓고 우리를 한 곳으로 몰아넣었습니다. 전에는 알지 못했던 느낌이었습니다. 덫에 탁 걸렸지만 아무것도 할 수 없었습니다. 우리는 증인이 될 뿐 아무것도 하지 않기로 작정했습니다."

고든은 그 주 일요일 아침에, 셀마에서 한 정신을 접하고 변화되어 돌아왔다고 말했다. 그는 이렇게 덧붙였다. "그곳에서 우리의 허물 때문에 상처 입은 사람들을, 우리의 죄악 때문에 매 맞는 사람들을 보았습니다.[28] 도움이 필요하다면, 우리는 싸움터로 가야 합니다. 그러나 우리들 대부분에게 진짜 싸움터는 워싱턴이고, 정말 도움이 필요한 곳은 바로 이곳 워싱턴입니다."

당시 행진이 끝난 후, 뉴스 진행자들과 기자들은 셀마 흑인들의 삶이 어떻게 될지 궁금해 했다. 이제 주교들과 수녀들, 수염을 기르고 머리가 짧으며 하운드투스(hound's-tooth, 흔히 흑백이 쌍을 이루는 새발격자 무늬) 재킷을 입은 젊은이들, 이보다 더 지저분한 복장을 한 자유의 투사들이 다 돌아가고 없었다. 물론, 기자들과 텔레비전 카메라는 말할 것도 없었다. 아이 사랑 선교회(For Love of Children, FLOC) 군대가 성장하고 정복하며 행진하고 노래할 때, 우리는 자주 셀마를 생각하고 궁금해 했다. FLOC가 한창일 때, 우리는 생각했다. "그들의 이야기를 산에서 외쳐라." 그리고 1965년의 봄을 기억하며 이렇게 생각했다. "아니, 그들의 이야기를 셀마의 실번 거리에서 외쳐라."

그곳에 있었던 사람들에게, 셀마는 이 나라 모든 공동체에게 상징이 되었다. 셀마에 저택과 판잣집이, 즉 가난과 풍요가 나란히 있었다면, 뉴욕, 클리블랜드, 시카고, 로스앤젤레스, 워싱턴도 매한가지였다. 워싱턴의 경우, 많은 도시와는 달리 우리는 가난을 감추려 하지도 않는다. 포터스하우스 앞문을 열면 대단하지는 않더라도 그런대로 번화한 거리가 펼쳐진다. 뒷문을 열면, 워싱턴의 빈민가 하나가 펼쳐진다. 빈민가는 지금껏 오랫동안 이곳에 있었다. 우리에게 그곳을 보았느냐고 묻는다면, 우리는 이렇게 답할 것이다. "네, 지금도 보고 있지요. 언약 공동체를 비롯해 여러 가지를 말씀드리지 않았던가요?" 이 밖에도 얘기할 게 많다. 그러나 셀마 사건 이후, 이곳은 달라졌다. 이곳은 이를테면 이렇게 말해도 좋을 기적이었다. "우리가 전에는 맹인이었으나 이제는 봅니다."

다른 그룹들이 자치법, 공동 주택, 교육에 집중할 때, 우리는 주니어 빌리지에 눈을 돌렸다. 주니어 빌리지는 지역 당국이 집 없는 아이들을 위해 운영하는 암울한 기관이었다. 수년 동안, 신문들은 주니어 빌리지에 관한 사설과 특집 기사를 쏟아 냈다. 적정 인원을 훨씬 초과해 수용된 데다가 직원 수도 턱없이 부족해 아이들이 고통을 겪는다는 내용이었다. 어느 기자는 이렇게 보도했다. "뼈에서 우두둑 소리가 들릴 만큼 아이들이 심하게 절고 있다." 우리들 가운데 몇몇은 거기서 12개월을 자원봉사자로 일했던 터라 이런 사실을 직접 알고 있었다. 우리는 처음에 네 살배기들이 있는 집에서 시작했는데, 아이들이 잠자리에 드는 시간에 곁에 있어 주었다. 이 시간에 아이들에게 이야기를 들려주고, 입도 맞춰 주며, 베개도 챙겨 줘야 하기 때문이었다. 이를테면, 하루를 마무리하는 시간에 아이들에게 자잘한 관심을 기울이는 건 너무나 자연스럽다.

우리는 아이들이 잠자리에 드는 마법 같은 시간에 목가적 풍경을 머릿속에 그렸었다. 그러나 그 풍경은 첫날 저녁 목욕통 앞에서 산산조각 났다. 한 아이를 씻기는 데 필요 이상으로 시간을 써 버리면 나머지 아이들은 그만큼 더 기다려야 했다. 그러면서도 우리는 목욕통에 들어가 있는 그 짧은 시간이 아이에게는 하루 중에 어른의 관심을 독차지하고 사람의 손길을 느끼는 유일한 순간이라는 것을 알았다. 이따금 어떤 아이는 다 씻었는데도 슬그머니 다시 줄을 서곤 했다. 우리는 한 시간에 마흔 명을 씻겨야 한다는 사실을 잊으려 애썼고, 모든 아이에게 눈을 맞추려 노력했지만 "아이들이 하루 종일 무관심 속에 살아가는데, 이게 무슨 도움이 되겠어?"라는 생각이 들어 자주 절망했다.

마지막으로, 아이들 마흔 명이 모두 잠옷을 입고 죽 늘어선 좁은 2층 침대에 누웠다. 처음에는 순진하게도, 이따금 무릎을 꿇고 아이를 안아 주었다. 그러자 정에 주린 아이들이 하나같이 일어나 안아 달라고 떼를 썼다. 소리가 커지자, 직원은 어느 아이에게도 특별한 관심을 보이지 말아 달라고 부탁했다. 그러지 않으면, 어느 아이도 편안히 잠들지 못한다는 것이다. 지시에 따라, 아이들은 조용히 자기 침대로 찾아 들어갔다. 더러는 한 침대에 두 아이가 누워야 했다. 방을 나오는데, 아이들이 가녀린 팔을 뻗으며 조그마한 목소리로 "엄마, 엄마, 엄마"라고 했다. 불을 끄자, 네 살배기 마흔 명이 곧바로 조용해졌다. 네 살배기 하나를 키우는 엄마라도 이상하게 여길 일이었다. 우리는 맥없이 복도를 따라 나왔다. 하지만 아이들의 잠자리를 한 주 더 봐 주게 되어 기뻤다.

네 살배기 아이들을 이렇게 몇 달 돌봐 주었다. 그 후, 우리는 아기들 숙소로 옮겨 달라고 부탁했다. 아기들을 위해서라면 더 많은 일을 할 수 있겠다는 생각이 들었다. 이번에도 기대는 산산조각 났다. 향긋한 냄새에 안아 주고 싶은 아기들과 한 시간 정도 놀아 주면 되겠

거니 했다. 예상은 완전히 빗나갔다. 아기들은 축축하고 냄새가 고약한 데다 눈이 퀭했다. 아기들이 방에 가득 있는데도, 울음소리가 거의 들리지 않았다. 조금 더 자란 아이들과는 달리, 말이나 접촉에도 반응하지 않았다. 그저 아기 침대에 힘없이 누워 있었다. 아무리 생각해도, 아기가 안겨 보지도 못한다는 게 상상이 가지 않았다. 그러나 방에는 아기 침대가 이 끔찍한 사실을 말없이 증언하며 줄줄이 놓여 있었다.

1965년 3월, 주니어 빌리지의 수용 인원은 최고조에 달해 910명 선을 맴돌았다. 어릴수록 이러한 시설 생활에서 받는 폐해가 크다. 주니어 빌리지의 아이들은 대부분 여섯 살 미만이었다. 걸음마를 배우는 아이들을 위한 숙소는 한 방에 여덟 명이 들어가야 했으나 열두 명에서 열세 명, 때로는 열여섯 명까지 들어갔다. 여덟 명을 돌봐야 할 보모는 추가로 들어오는 아이들을 무조건 다 돌봐야 했다.

주니어 빌리지는 워싱턴 복지 정책의 실패작이라고 말하기 쉬울 것이다. 그러나 우리가 무죄임을 주장할 수 없음을 깨닫기 시작했다. 워싱턴은 행동을 하려면 목숨을 걸어야 하는 나치 독일 사회가 아니었다. 그 불행한 땅의 사람들이 그렇게 숱한 죽음을 보면서도 어떻게 침묵할 수 있었는지 의아해하지 않아도 된다. 지난 10년 동안, 우리는 항의하지 못했고, 그저 이 나라의 수도가 힘없는 아이들을 낡은 건물 일곱 채에 쓰레기처럼 내다 버리도록 용인했다. 그 건물이라 봐야 50년 전 흑인 아이들을 가두는 교도소로 세워진 건물이었다. 불이라도 나면 빠져나갈 구멍도 없는, 허물어야 마땅한 건물이었다. 1965년 봄이 되기 오래전, 직원 1인당 아동수가 가히 범죄 수준에 이르렀다. 그러나 주니어 빌리지 아이들에게는 더 많은 직원과 더 크고 더 좋은 건물이 필요한 것이 아니었다. 이들에게는 시설이 아니라 가정이 필요했다. 현대식 건물 몇 채를 지을 돈이라면, 아동 정신 치료 센터가 없는 도시에 이런 센터를 세울 수 있다.

1년 내에 주니어 빌리지의 모든 아이들에게 가정을 찾아 주자는 한 가지 사명이 머리와 가슴에 자리 잡기 시작했다. 셀마 행진에서 돌아와 두 번째 설교를 하면서, 고든은 전 교인에게 주니어 빌리지 아이들에게 자유를 찾아 주는 선교에 동참하자고 호소했다. 참여 조건은 다른 선교들의 경우보다 훨씬 엄중하고 신중하게 규정되었다. 실제적이고 논리적인 사람들을 향해서는, 잠깐 하다가 말아도 되는 그런 선교가 아니라고 경고했다. 위원회를 만들어 이것이 과연 가능한지 끝없이 따지고 논쟁하며 여기저기서 조심스럽게 실험하는 일도 없을 터였다. 불가능하다는 전문가들의 의견은 이미 받아 놓았다. 그것은 불가능을 뛰어넘으려는 선교였다. 그뿐 아니라, 이 선교에 동참하려면 불가능한 일을 좋은 소식으로 알고 행하라는 부르심에 응답해야 했다. 억지로 참여해서는 안 되었다. 자유를 위한 싸움의 멋지고 당당한 정신이 이 선교의 특징이어야 했다.

"제가 행진 대열에 보이지 않거든 묘지에서 찾으세요. 거기가 제 자리일 테니까요." 이 선교에 참여하려면 이러한 정신과 평생의 헌신이 필요했다. 고든은 이렇게 말했다. "우리의 건강과 능력의 한계를 주의 깊게 지켜보고 있습니다. 우리 가운데 몇몇은 매우 지쳤거든요. 우리가 사람들에게 주는 사랑은 마치 똑똑 떨어지는 주사액처럼 한계가 있습니다. 하지만 성령 세례를 받으면, 한계가 사라집니다. 걷지 못하는 사람들이 걷게 됩니다. 아주 늙은 사람들, 아주 어린 사람들, 책임이 막중한 사람들이 모두 더없이 홀가분하고 활기차게 참여합니다.

저는 이러한 한계를 깊이 공감합니다. 이러한 한계를 이해합니다. 그러나 성령의 능력이 임하고 한계가 사라지는 모습을 보면 흥분됩니다."

고든은 우리가 앞서 받은 대부분의 소명이 여전히 유효하며, 모두가 이 특별한 필요에 참여하라는 부르심을 받지는 않았다고 조심스럽게 설명했다. 그는 이렇게 말했다. "이따금 우리는 자신이 성장하는 교회의 선두에 서서 교회가 지금 에너지와 관심을 쏟는 일에 참여하지 않는다면, 교회 생활의 중심에서 벗어나 있는 거라는 생각을 하기도 합니다." 그는 이런 생각은 옳지 않으며, 앞서 받은 소명들은 새로운 소명을 진지하게 고려하는 넓고 다양한 기초임을 강조했다. 그는 수양관 선교를 예로 들었다. "수양관 선교가 하나님의 생명에 우리가 깊이 뿌리내리도록 돕지 못한다면, 이를 비롯해 어느 선교를 위한 샘도 솟아나지 않을 겁니다."

이 부르심에 서른 명이 응답했다. 그때까지 어느 선교에도 이토록 많은 사람들이 응답한 적은 없었다. 이들이 정한 전략은 워싱턴 지역의 1,500개의 교회와 접촉해 고든이 우리에게 전한 소명을 그들에게도 전하는 것이었다. 그중에 100개의 교회가 각각 선교 그룹을 하나씩 만들고 각 그룹이 열 명의 아이들에게 가정을 찾아 준다면, 1년이면 우리의 사명이 완수될 거라고 생각했다.

이 선교를 아이 사랑 선교회(FLOC, For Love of Children)라 명명했다. 처음 몇 차례 모임에서, 전략을 세우고 과제를 할당했다. 주요 과제는 관련 분야를 모두 규합해 상황 보고서를 만들고, 둘씩 팀으로 파견해 워싱턴 지역 목회자들을 만나게 하는 것이었다. 팀에게는 이 선교와 관련된 사실을 간략히 주지시켰으나 '선포'란 하나님이 우리 가운데서 하시는 일을 나누는 것이라는 점도 상기시켰다. 절대로 애걸하는 것이 아니었다. 관심을 보이는 목회자를 점심 식사에 초대해 새로 작성한 상황 보고서를 나눠 주고, 이 일에 동참해 각각 자기 교회에서 선교 그룹을 시작해 보라고 요청했다.

첫 번째 상황 보고서에는 주니어 빌리지의 간략한 역사가 실렸다.

1948년—개관, 아동 수 90명
1949년—아동 수 150명
1958년—아동 수 303명
1964년—아동 수 850명
1965년—아동 수 902명

최근에 주니어 빌리지에 들어온 아동 340명의 기록을 보면, 79명의 아이들은 아버지가 직장을 잃고 가정이 극한 빈곤에 빠져 이곳에 왔다. 74명은 가족이 집세를 못 내 이곳에 왔다. 가장 흔한 경우는 강제 퇴거였다. 강제 퇴거 때문에 주니어 빌리지에 온 아동 가운데 3분의 1은 주택 및 건강에 관한 시행령의 피해자였다. 이 아이들 대부분은 형편없는 거처에서 친척과 함께 살았다. 주택과 공무원들이 이들에게 퇴거 명령을 내리자, 아이들이 갈 곳은 주니어 빌리지밖에 없었다. 어떤 아이들은 안전에 심각한 문제가 있는 건물에서 가족들과 살았는데, 워싱턴 당국이 흑인 가정에 공급하는 주택이 턱없이 부족해 달리 갈 데가 없었다. 그런가 하면, 지역 당국의 요구에 따라 집을 보수하려는 주인에게 쫓겨나는 경우도 허다했다. 그러나 집을 수리해 봐야 집세만 올라갈 뿐이었다. 주니어 빌리지는 주택 문제, 고용 문제, 인종차별, 참정권 박탈, 복지 입법과 관련된 워싱턴의 치부를 고스란히 드러내는 축소판이었다. 이러한 긴급한 문제들이 주니어 빌리지의 아동 증가와 분명 관련이 있었다. 새로운 선교가 어디에 초점을 맞추고 행동해야 하는지는 분명했다.

접촉한 1,500 교회에서, 약 100명의 목회자가 설명회에 직접 참여하거나 관심 있는 평신도를 보냈다. 이들 가운데, 선교에 어떤 형태로든 확실하게 참여한 사람은 몇몇에 지나지 않았다. 언뜻 보면, 우리의 노력은 실패한 것처럼 보였다. 그러나 우리는 일이라는 게 늘 우리 생각대로 되지는 않는다는 점을 깨달았다. 우리는 가말리엘처럼, 어떤 일이 순전히 우리의 인간적 의지에서 비롯되었다면 마땅히 실패할 테지만 하나님에게서 비롯되었다면 그 무엇도 막지 못한다고 믿었다(행 5:38-39). 하나님은 우리에게 사역자를 많이 보내지는 않으셨으나 그때그때 필요한 만큼 보내셨다. 서명하고 정회원이 된 사람들 중에서 연합 실행 위원을 선출했다. 페어팩스 침례교회의 잭 맨리, 필그림스 장로교회의 랜디 테일러, 시온 산 감리교회의 에드워드 맥고완, 그리고 우리 교회의 고든 코스비가 실행위원으로 선출되었다. 나중에 내셔널 어드벤트 크리스천 교회의 프레더릭 로렌스도 추가로 실행 위원에 선출되었다. 주님께서는 전혀 우리를 통하지 않고 프레드에게 직접 말씀하셨다. FLOC 초기에, 프레드는 세이비어 교회를 찾아와 필요하다면 어디서든 기꺼이 돕겠다고 제안했다. 우리는 여기서 그런 말은 위험하다고 했지만 그는 개의치 않는다고 했다. 그는 앞뒤를 재지 않았고, 하나님이 택하시는 곳이라면 어디서든 이 도시를 위한 사역에 참여하고 싶다고 말했다. 그래서 우리는 FLOC에 관해 말했고, 그는 우리를 위해 첫 프로그램을 만들었는데, FLOC의 존재를 워싱턴에 알리는 프로그램이었다. 그것은 바로 전시회였다.

우리는 주니어 빌리지의 처지를 워싱턴의 마음과 양심에 알릴 방법을 궁리했다. 그리고 궁리 끝에, 아이들이 그림을 그려 직접 알리게 하기로 했다. 전에도 숱하게 그러했듯이, 새로운 선교 그룹이 출범하려면 교회의 나머지 선교 그룹들의 도움이 필요했다. 우리는 미술 분야에 소명을 받은 포터스하우스 워크숍에 아이들이 그림으로 자신을 표현하도록 도와달라고 부탁했다. 워크숍은 적극적으로 반응했다. 그뿐 아니라, 워크숍 리더이자 하워드 대학 미대 교수인 케이 피치포드 (Kay Pitchford)는 아이들을 지도하도록 학생들에게 부탁하겠다고 제안했다. 포터스하우스 새내기 어린 화가들의 작품은 6주 동안 워크숍 벽에 전시하기로 했다. 그곳은 유망한 화가들의 작품을 전시하는 공간이었다.

주니어 빌리지 직원들이 선택한 어느 토요일에 포터스하우스 워크숍 회원 스무 명과 하워드 대학 학생들이 유화 물감과 크레용과 종이를 잔뜩 싣고 주니어 빌리지에 나타났다. 이들은 하나같이 은사를 끌어내는 데 필요한 자질을 갖추었다. 이들이 아이들에게 그림으로 좋은 경험을 선사하리라는 기대도 있었다. 이들은 오전 오후 두 시간씩 아이들과 함께하면서 4-6세 어린이 220명을 만났다.

욜란데 포드는 FLOC의 회원이자 포터스하우스 워크숍 회원이기도 했는데, 몇몇 학생들과 함께 재료실에 배치되어 필요한 재료를 공급했다. 아이들은 넷으로 나뉘 각각 다른 교실에 배정되었다. 강사는 재료가 떨어지면 아이를 재료실에 보냈다. 욜란데는 재료실이 이를테면 심장부라는 것을 곧 알았다. 그녀는 재료실을 들고나는 아이들과 대화하면서 각 교실에서 벌어지는 일뿐 아니라 주니어 빌리지에서 벌어지는 일도 알게 되었다. 재료실을 뻔질나게 드나드는 한 여자아이는 세면장으로 가는 길에 재료실에 들러 뭐라고 하고는 이내 사라졌다. 처음에 아이의 손은 온통 노랬다. 그래서 재료실 사람들은 아이의 손을 보며 웃고 농담도 건넸다. 그러고 나면 아이는 손을 씻으러 갔다. 두 번째 아이가 재료실에 왔을 때, 아이의 손이 온통 까맸다. 재료실 사람들은 웃으며 아이를 안아 주었다. 그다음에는 아이의 손이 온통 녹색이었고, 그다음에는 온통 갈색이었다. 마침내 재료실 사람들은 아이가 손에 물감을 칠한 것은 포옹과 웃음을 끌어내기 위한 잔꾀라는 것을 알았다. 이들이 거기 있는 동안, 아이는 계속 다른 색 물감을 묻힌 채 나타났다.

다른 아이들이 재료실에 나타났다. 그중에 어린 여자아이는 하워드 대학 학생 하나가 자신과 이름이 같다는 걸 알았다. 옆에 선 아이들이 자연히 그 아이에게 물었다.

"네 엄마니?"

"아니."

"왜 네 엄마가 아닌데?"

"네 엄마일지도 모르잖아."

"네 엄마가 아니란 걸 어떻게 알아?"

"네 언니는 어디 있어? 가서 언니 데려와. 언니한테 가서, 엄마일지도 모르는 사람이 있으니 와 보라고 해."

어린아이들은 욜란데를 비롯해 학생들과 한참 재료실에 있었다. 그들은 많은 대화를 나누었다. 개중에는 이런 대화도 있었다.

"내가 어렸을 때, 나를 아셨나요?"

"아니, 네가 어렸을 때는 너를 알지 못했단다. 하지만 예전부터 여기 왔으니 너를 봤을지도 모르겠구나."

"궁금해요. 가끔 내가 어릴 때 어떤 아이였는지 궁금해요. 그래서 늘 묻는 거예요. 그런데 아무도 말해 주지 않았어요. 하지만 어리다는 게 어떤 건지 늘 궁금해요."

교실에서도, 교사들은 주니어 빌리지 생활을 이것저것 알게 되었다. 아이들의 그림은 지역을 막론하고 하나같이 아이다운 구석이 있다. 행복한 가정의 아이가 그린 그림이든 불행한 가정의 아이가 그린 그림이든 상관없이 말이다. 그러나 주니어 빌리지 아이들의 그림에는 어두운 구석도 있었다. 어두운 구석은 가장 어린 아이들의 그림에서 특히 뚜렷이 나타났다. 이들은 벽을 치고 그 뒤에 숨을 만큼 나이가 많지 않았다. 이들의 자화상에도 이들의 메시지가 담겨 있었다. 어린 여자아이는 얼마나 속이 상했는지 자신의 얼굴을 그려 놓고 거기에 수백 개의 줄을 그었다. 이를테면, 일그러진 자화상이었다.

어느 아이는 교사에게 대뜸 "선생님 미워. 전부 다 미워. 엄마 아빠만 좋아!"라고 소리쳤다. 아이들은 대부분 교사를 시끌벅적하게 맞았다. 그런데 어린 사내아이 하나는 자기 자리로 가더니 신을 벗고 양말까지 벗었다. 케이는 이렇게 말했다. "누구나 이런 짓을 한 적이 있을 거예요. 하지만 그 아이의 행동은 뭔가 다른 구석이 있어요. 우리는 그 아이가 무슨 말을 하고 싶어 하는지 금세 알아차렸어요. '난 반 아이들 중에 하나예요. 여러 아이들 중에 하나고요. 하지만 나를 있는 그대로 알아 줬으면 좋겠어요. 만약 내가 관심을 못 끈다면, 다른 아이들이 하지 않는 짓을 해서라도 관심을 끌 거예요.'" 이들은 아이를 으르고, 달래고, 다독거려 마침내 다시 신을 신기고 번쩍 들어 제자리에 앉혔다. 몇 분 후, 그 아이는 그리기에 열중했고, 나갈 때에는 선생님의 팔을 만지고 천진하게 씩 웃으며 물었다. "나 참 착했죠?

참 잘 그렸죠?"

좀더 나이 든 아이들의 그림에서도 어두운 구석이 보이기는 매한가지였다. 많은 그림들 중에 하나가 특별히 눈에 띄었다. 그림에는 눈이 퀭하고, 머리는 귀신같고, 몸은 홀쭉하고, 팔이 없는 조그마한 사람들이 보였다. 외로운 이 사람들은, 한 아이가 한데 모여 창의 활동을 하는 행복한 학급에 대한 자신의 느낌을 표현한 것이다.

이따금 즐거움과 희망을 표현한 그림도 있었다. 놀라운 사실은 이런 분위기의 그림을 좀체 찾아보기 어렵다는 것이 아니라 이런 분위기의 그림이 있다는 사실이었다.

욜란데와 리디아 모셔에게 그날 중 가장 좋았던 때는 오후 시간이었다. 이들은 십 대 아이들을 지도했는데, 아이들은 금세 그리기에 몰두했다. 욜란데는 이렇게 말했다. "상담자가 우리에게 '여태 아이들이 한곳에 5분 이상 집중하는 걸 보지 못했어요'라고 했어요. 그런데 그 말이 우리에게는 가장 큰 칭찬으로 들렸어요." 아이들은 무려 한 시간 반을 그리기에 몰두했다. 욜란데는 이렇게 말했다. "아이들이 물감과 크레용으로 종이에 자기 개성을 표현할 수 있다는 걸 알게 됐어요." 사람은 제각기 다르다는 사실을 알 수 있었다. 아이들은 자기 앞에 놓인 빈 도화지에 저마다 그림을 그렸으나 그림은 제각각 달랐다. 이것은 계시였다. 아이들은 자신을 B 숙소 여자아이들 가운데 하나가 아닌 다른 어떤 존재로 보았다. 몇 시간 만에, 아이들은 사람마다 개성이 사뭇 다르다는 사실을 발견했다. 욜란데는 이렇게 말했다. "그 때껏 여러 해 미술 교사로 일했어요. 하지만 이 사실을 이렇게 생생하게 발견하는 아이들은 본 적이 없었어요."

리디아는 어린 사내아이가 우는 바람에 수업을 제대로 마무리하지 못했다. 리디아가 교실에서 아이들을 지도하고 있을 때, 상담자가 아이들을 한 줄로 세웠다. 그런데 맨 앞에 선 아이가 느닷없이 울음을 터뜨렸다. 리디아는 걱정스럽게 아이를 다독였다. 그러자 상담자는 말했다. "안 돼요. 그러지 마세요. 그 애한테 관심 주지 마세요. 쟤는 늘 그래요. 이유는 아무도 몰라요. 사실 한가하게 이유를 알아낼 겨를이 없어요."

사실이었다. 이유를 알아낼 겨를이 없었다. 종이 울리기 전에 아이들을 '이곳에서 저곳으로' 이동시켜야 했다. 그래서인지 자기 얼굴을 그리라고 했더니, 한 아이는 시계 얼굴을 그렸다. "나는 누구일까요? 나는 7시에 일어나는 아이예요. 나는 1시에 점심 먹는 아이예요. 나는 2시에 낮잠 자는 아이예요. 선생님은 4시에 오는 사람이에요. 나는 누굴까요? 알 수 없어요."

하워드 대학 학생들은 떠나면서 한 번으로는 부족하다고 느꼈다. 그래서 정기적으로 오기로 했다.

포터스하우스의 관례에 따라, 전시회를 열기 전, 월요일에 어린 화가들을 위해 파티를 열었다. 남녀 아이 65명이 신이 나서 들어왔다. 이들은 다른 화가들처럼 절제하지 못했다. 자기 그림을 찾아 이리저리 뛰어다녔고, 낯익은 워크숍 회원의 손을 잡고는 "이거 내가 그렸어요! 이거 내가 그렸어요!"라고 소리쳤다. 그런데 무슨 일이 벌어졌다. 대화 소리가 들렸다. 우리는 주니어 빌리지 아이들의 신분을 밝히지 않았고, 대신에 이들의 이야기를 들려주는 데 도움이 될 법한 시구를 덧붙였다. 작자 미상의 시(詩) 밑에 '작자 미상'이라고 써 넣었다. 어린 사내아이가 어느 그림 앞에 멈추더니 다른 아이에게 말했다.

"이거 내 그림이야!"

그러자 옆에 서 있던 아이가 말했다.

"아니야. 네 그림 아니야. 저 아래를 봐. '작자 미상'이라고 적혀 있잖아."

잠시 침묵이 흘렀으나 아이다운 대답이 나왔다.

"내가 작자 미상이야."

욜란데는 큰 펀치 그릇 옆에 서 있었다. 그녀가 지도한 십 대 소녀가 다가와 팔을 잡았다. 욜란데는 소녀에게 인사를 건넸고, 두 사람은 가볍게 포옹했다. 그러나 소녀는 욜란데에게서 떨어질 줄 몰랐다. 그러더니 여느 때와 같은 목소리로 욜란데에게 속삭였다.

"엘라 샌더스를 기억하세요?"

"그래, 기억해. 키 큰 여자애 말이지?" 욜란데가 말했다.

"맞아요. 근데 그 애 나갔어요."

소녀는 다시 덧붙였다.

"해리엇 기억하세요? 마지막 줄, 내 옆에 앉았었는데…"

"그래, 기억나."

이렇게 소녀는 네 아이의 이름을 댔고, 그때마다 이렇게 말했다. "그 애는 나갔어요." 이것이 소녀가 욜란데에게 말하는 방법이었다. "나를 도와주세요. 나는 아직 여기서 나가지 못했어요."

욜란데는 전시회 개관식에 참여한 수백 명에게 말했다. "우리가 그림들을 전시한 까닭은 아직 시설에 남아 있는 아이들이 나가도록 돕고 싶어서입니다. 우리로서는 그 아이들의 너무도 절실한 필요를 달리 더 잘 전달할 길이 없어 이 방법을 택했습니다."

포터스하우스 문 안쪽에는 큰 글씨로 인쇄된 글귀가 걸려 있었다.

누가 버림받고 집 없는 아이의 눈에 비친 세상을 그대로 표현할 수 있겠습니까? 그 아이가 느끼는 낯선 걱정과 섬뜩한 두려움, 그 아이가 느끼는 조심스런 기쁨, 그 아이가 잃어버린 희망, 사랑에 대한 그 아이의 굶주림, 정체성과 관계에 대한 그 아이의 생각, 그 아이가 느끼는 불안과 상처와 모든 필요를 말로는 표현할 길이 없습니다. 그 아이가 선과 형태와 색깔이라는 말없는 언어로 자신의 내면을 우리와 나누려 합니다. 이제 눈을 크게 뜨고 보십시오. 주니어 빌리지 아이들이 전하는 가슴 아픈 메시지를 들어 보십시오.

초청받은 200명에게 그림을 설명해 주려고 레이 민스키를 초청했다. 레이는 주니어 빌리지에서 근무하는 아동 발달 전문가였는데, 그림에 대한 자기 느낌을 들려주었다. 그가 들려준 이야기는 우리가 그림에서 받은 느낌보다 훨씬 침울했다. 나뭇가지에 잎사귀 하나만 쓸쓸하게 달린 아름다운 그림이 있었다. 많은 사람들이 이 그림을 사겠다고 했다. 그런데 레이는 이 그림을 이렇게 설명했다. "모든 생명체로부터 단절된 아이를 보여 주는 그림입니다. 부모로부터 단절된 아이, 자기 권리로부터 단절된 아이를 보여 주는 그림이지요." 레이는 이어서 이렇게 말했다. "여기, 로켓과 미국 지도를 그려 넣은 그림이 있습니다. 아이들이 흔히 무엇을 그리는지 생각해 봤습니다. 가족의 사랑을 받는 안전한 아이들이라면 흔히 무엇을 그릴까요? 가족을 그립니다. 엄마, 아빠, 아이를 그리고, 모두 손잡은 모습을 그리지요. 우리 모두에게 친숙한 사람을 그리는 거지요. 그런데 이 그림에는 사람이 없습니다. 로켓과 미국 지도가 있을 뿐이지요. 고향이나 워싱턴 D.C.를 구체적으로 표시한 지도가 아니라 대충 윤곽만 그려 놓은 지도입니다. 정체성이 없습니다. 조금 전 그림을 둘러보다가 얼굴에 검정색으로 줄을 잔뜩 그어 놓은 그림을 봤습니다. 우울한 마음을 표현한 그림이지요. 그림에는 동물이 없습니다. 많은 그림이 비례가 맞지 않습니다. 대상이 제대로 연결되지도 않습니다. 다 얘기하자면 끝이 없습니다. 이를테면, 이 아이들의 그림에는 정원 딸린 집이 없고, 교사와 칠판과 지우개가 있는 학교도 없습니다. 대신에 자신을 표현하지 못하는 아이, 경험이 아주 적고 빈약하며 감정이 심히 메말라 자기감정을 우리에게 전달되는 형태나 상징으로도 표현하지 못하는 아이가 그려 내는 괴이한 형체가 있을 뿐입니다. 주니어 빌리지 아이들은 독특합니다. 해체 과정을 겪은 가정의 산물이지요. 누구도 이 아이들을 따뜻하게 품어 주지 못했지요."

"요약하자면, 이렇습니다. 저는 주니어 빌리지 아이들이 밤에 우는 소리를 들었고, 지금껏 그 아이들의 울음에 응답하는 소리를 듣고 싶었습니다. 오늘 밤, FLOC의 메아리에서 그 소리를 듣습니다."

또 다른 강사는 「워싱턴포스트」의 편집자 J. W. 앤더슨이었는데, 오랫동안 주니어 빌리지에 관한 글을 신문에 냈고 최근에는 「하퍼스 매거진」이란 잡지에 "워싱턴 아이들의 특별한 지옥"이란 제목으로 기사를 냈다.

그날 밤, 앤더슨은 포터스하우스 벽에 걸린 그림들이 다섯 살 이상인 아이들의 작품인데, 이들은 시설에서 나이가 많은 절반에 해당한다는 점을 지적했다. 이 아이들은 대체로 가장 덜 취약한 연령대라고도 했다. 너무 어려 이런 형태로 자신을 표현하지 못하는 어린아이들은, 이 아이들보다 훨씬 날카롭게 반응한다.

주니어 빌리지 아이들은 적정 인원보다 훨씬 많이 수용되어 있어서 넷 가운데 하나꼴로 매주 바이러스에 감염되어 병을 앓는다는 사실도 지적했다. 그의 말에 따르면, 이런 질병 때문에 아이들의 발육이 더 느려지고, 그래서 주니어 빌리지 아이들은 심리적으로 상처를 받을 뿐만 아니라 신체적으로도 장애를 입을 위험이 있다. 부모와 떨어져 사는 아이들이 질병에 더 취약하다는 것은 확인된 사실이라고 그는 진술했다. 이런 아이들은 더 쉽게 병에 걸릴 뿐 아니라 병에 걸리면 더 오래 아프고 더 심하게 앓는다. 약상자를 세밀하게 그려 놓고 모퉁이에 굵게 약이라고 써 놓은 채 나머지 부분은 색만 칠해 놓은 그림이 있었는데, 이런 사실로 이 그림이 설명될 것 같다.

앤더슨은 주니어 빌리지는 늘 이상했다고 말했다. 그러면서 우리에게 이렇게 상기시켰다. "워싱턴은 인류 역사상 가장 부유한 도시 축에 속합니다. 세계 어느 도시보다 1인당 소득이 높고, 조직이 잘 갖춰졌으며 전문 지식과 기술이 풍부합니다. 그러니 우리가 이 아이들에게 지금보다 더 잘해 줄 수 있으리라 생각됩니다."

랜돌프 테일러 박사는 FLOC 연합회를 대표해 이런저런 설명을 하면서, 주니어 빌리지는 어느 도시에나 있는 무관심, 적대감, 고통 회피, 익명성의 집합체라고 말했다. "이 도시는 이 아이들을 해칠 의도가 전혀 없습니다. 이 도시가 깨어나 자신이 이들에게 하는 짓을 본다면, 여기 보이는 여러 그림에 표현된 삶과 개성에도 희망이 있을 것입니다. 여러분은 무엇을 할 수 있습니까?" 그는 그곳에 모인 사람들에게 물었고, 그중에는 워싱턴의 엘리트 계층도 적지 않았다. "여러분은 보는 데서 시작할 수 있습니다. 아무도 원하지 않았고 아무도 계획하지 않았던 이 시설이 이렇게 존재하는 까닭은 우리가 지금껏 살펴보지 않았기 때문입니다."

FLOC는 행동 계획을 세우면서 네 가지 분야에 집중했다. (1) 아이들에게 가정을 찾아 준다. (2) 법을 제정하고 사회적 돌봄 계획을 세운다. (3) 가정을 회복시킨다. (4) 그룹 홈을 만든다. 우리 교회에서 이러한 관심사 하나하나를 중심으로 선교 그룹들이 생겨났다. 초기에 우리는 선교 그룹들이 내적 여정에 얼마나 많은 관심을 쏟아야 하는지의 문제와 씨름했었다. 우리가 예배하고 연구하며 기도하는 공동생활을 희생하고 우리의 모든 시간과 에너지를 정보를 수집하고 행동하는 거대한 과업에 쏟는다면, 우리가 더 빨리 움직일 수 있겠는가? 우리는 신학적 고찰을 이 과업이 완료되는 훗날로 미뤄야 하는가? 아마도 커피하우스들은 기도할 시간이 있었을 테지만, 아이들을 자유롭게 하는 선교 그룹들은 기도할 시간이 없었다.

논쟁이 끝났을 때, 이번에도 내적 여정과 외적 여정의 균형을 유지하자는 결정이 내려졌다. 우리는 우리 앞에 놓인 목적을 이루기 위해 알아야 할 것을 절대 배우지 못하리라는 것을 알고 있었다. 우리 힘으로는 이미 자태를 드러낸 산들을 절대 옮길 수 없었다. 우리들 각자의 내면에는 주님을 신뢰하고, 주님께 귀를 기울이며, 주님의 말씀대로 행동하면 주님께서 우리에게 과업을 감당할 힘을 주시리라는 약속을 의지하는 존재가 있다. 우리의 이러한 부분을 돌보고 길러야 한다. "우리의 이름은 군대이기" 때문이다. 원수는 우리 내면에 있다. 외면의 적이 아무리 강하더라도, 진짜 저항은 우리 안에서 일어난다. 우리의 한 부분이 전투에서 꽁무니를 빼기 때문이다. 우리들 각자의 내면에는 무엇이 진짜 평안인지 알지 못하고, 자신은 여가와 편안함과 세상 것들을 더 많이 누릴 권리가 있다고 믿으며, 자신이 고된 노동으로 상처를 입었다고 생각하는 존재가 있다. 그리고 조심스런 말을 속삭이고, 결말이 어떻게 될지 정확히 알아야 하며, 내일이 오늘보다 나을 거라고 말하는 존재도 있다. 이러한 목소리들을 비롯해 알려지지 않은 적들에 맞서, 우리는 우리 안에서 그리스도를 좇으며, 주니어 빌리지가 하나님의 선교라고 믿고, 그분이 이미 하고 계시는 싸움에 뛰어드는 존재를 강하게 해 줄 훈련을 하기로 결정했다.

FLOC의 첫 프로젝트는 집집마다 방문하며 아이들을 받아 줄 가정을 찾는 일이었다. 적절한 가정을 찾기만 한다면 곧바로 주니어 빌리지에서 나올 수 있는 400명의 아이들에게 가정을 찾아 주기 위해서였다. 8주 동안 토요일마다 FLOC 회원이 서른 명 정도 시온 산 감리교회에 모여 FLOC 노래들을 부르고 절차에 관한 교육을 받았다. 거기서부터 이들은 두 명씩 팀을 이뤄 각자 정해진 지역으로 나갔다. 이들 대부분은 허리끈을 동여매고 집집마다 문을 두드려야 했다. 이들은 집집마다 문을 두드리며 전혀 모르는 사람들에게 어린아이와 함께 살아 보지 않겠느냐고 물었다. 정말이지, 믿기 어려운 광경이었다. 오후에는 다시 모여 각자의 경험을 나누었다. 깜짝 놀랍게도, 많은 가정이 이들을 집 안에 들였고, 어느 날 아침에는 열한 가정이 신청서에 서명해 절차 진행을 위해 사회복지과와 연결되었다. 사람들이 신청서에 서명한 것은 돈 때문이 아니었다. 아이 하나를 주니어 빌리지에서 키우는 데 매달 300달러가 들지만 양부모 가정에서 키우는 데도 매달 75달러가 든다. 그러나 사회복지과에서 매달 지원하는 금액은 고작 32달러에 지나지 않는다. 이 모두가 주니어 빌리지의 실상이었고, 그래서 지역의 지방 자치에 대해 말들이 많았다.

처음 몇 주에 걸쳐 가가호호를 방문해 어느 정도 성과도 거두었다. 이 기간에, 174 가정이 양부모 가정이 되겠다고 신청했다. 그러나 4월에서 8월 사이에, 지원 가정 가운데 절차가 진행된 건 서른 가정뿐이었다. 사회복지과에 인력이 부족한 게 분명해졌고, FLOC와 사회복지과 직원들 간에 긴 대화가 시작되었다. 너무나 많은 지원자들이 탈락했고, 이 때문에 FLOC 일꾼들은 양부모 가정의 기준을 재검토해 달라고 요구했다.

FLOC가 가정을 찾아 주기로 한 아동들 400명 가운데, 1965년 11월에 실제로 가정을 찾은 아동은 하나도 없었다. 하지만 집집마다 방문하는 사람들은 낙담하지 않았다. 이들은 새로운 행동 분야를 알게 되었고, 이러한 운동이 500명 이상의 사람들에게 주니어 빌리지에 대한 몇몇 중요한 문제를 제기했다고 느꼈다.

이들은 교회마다 찾아다니면서 때로는 목회자가 아주 열정적으로 반응했으나 교인들을 설득하지 못하는 경우가 있다는 걸 알게 되었다. 반대로, 때로는 평신도 한 사람이 자극을 받았으나 담임 목회자의 관심을 불러일으키지 못해 실망하는 경우도 있었다. 기대했던 몇몇 교회에서 작은 선교 그룹이 만들어지지 못했다. 따라서 FLOC의 조직 전략을 바꿔야 하는 게 분명해졌다. FLOC 조직은 훨씬 더 연합적인 구조로 재편되고 있었다. 이렇게 하면, 자신의 교회에 선교 그룹을 만들지 않아도 누구라도 참여할 수 있을 것이다. FLOC 실행 위원회는 각 교회에 만들어 놓은 기존 그룹들을 해체해 재편하기로 합의했다. 이렇게 되면, 각 교회마다 양부모 가정 찾기 그룹이나 가정 회복 그룹을 두는 대신에 각 지역마다 여러 교회에서 모인 구성원들로 이뤄진 연합 그룹을 하나 또는 그 이상 두게 될 터였다. 이러한 안건은 지역 열여섯 개 교회에서 72명이 참석한 회의에 상정되었다. 이 계획은 채택되었고, FLOC는 다음과 같이 확정했다.

I. FLOC 회원은 일차적으로 그리스도 안에 계시된 하나님께 개인적으로 헌신된 사람을 말한다. 이것은 FLOC와 지교회에 적극 참여한다는 뜻이다.

II. 다음과 같은 분야에서 구체적으로 헌신한다.

1. FLOC 그룹에서 사역한다.
2. FLOC 그룹과 자신이 속한 교회에서 예배한다.
3. 날마다 기도하고 신앙과 관련된 공부를 한다.
4. FLOC를 재정적으로 후원한다(적은 액수라도 정기적으로).
5. 선교에 참여하기 위해 훈련을 받는다.
6. 다른 FLOC 회원들을 조건 없이 받아들이고 필요하다면 기꺼이 돕는다.
7. FLOC의 성격과 목적을 기꺼이 설명한다.

개인은 세 단계 가운데 한 단계를 선택해 참여할 수 있다. 정회원(core members)은 헌신과 훈련에 전적으로 참여하기로 서명하는 사람들이다. 준회원(associate members)은 참여는 하지만 전적으로 헌신하고 훈련을 받을 준비는 되어 있지 않은 사람들이다. 후원 회원(supporting members)은 FLOC에 관심을 갖고 시간을 내어 돕는 사람들이다.

전국의 교회들이 점점 더 선교를 지향하게 되면서 목사가 세상일을 통해 생계를 꾸리면서 여느 사람들처럼 교회 생활에 참여해도 되느냐 하는 문제를 두고 비공식적인 논쟁이 숱하게 벌어진다. 발 벗고 나서서 행동한다는 것이 무슨 뜻인지 이해하려 애쓰는 교회는 지나치게 나서는 부분과 불필요한 자질이 무엇인지 생각해 보아야 한다. 그러나 세상의 필요에 맞춰 교회의 삶을 새롭게 빚으려면 리더십을 약화시키는 것이 아니라 기존과는 다른 리더십이 필요하다. 깨어 있는 시간 내내 평신도들의 은사를 끌어내고 목사와 교사와 치료자와 선지자로서 사역하도록 이들을 훈련할 틀을 세우는 데 매진할 사람들이 있어야 한다. 그러지 않으면, 교회가 할 수 있는 일이 크게 제한되게 마련이다. FLOC 첫해, 욜란데 포드는 파트타임으로 일하면서 FLOC 활동들을 계획하고 실행하는 엄청난 일을 했고, 덕분에 선교 그룹들은 자신들이 가장 효과적으로 일할 수 있는 부분을 집중적으로 '팔' 수 있었다. 하지만 가정을 돌봐야 했기 때문에, 욜란데는 무한정 일을 계속할 수 없었다. FLOC에는 풀타임 사역자가 필요하다는 사실이 분명해졌다. 프레드 테일러는 이 자리에 꼭 맞는 인물이었다. 프레드는 침례교 목사였고, 경력을 보더라도 FLOC 리더로 안성맞춤이었다. 그는 예일 신학교에서 학위를 받았고, 7년간 목회를 했으며, 그룹 역학 분야도 연구했었다. 컬럼비아 특별구의 취업훈련센터(Work Training Opportunity Center)에서 일할 때, 프레드는 FLOC의 계획 그룹과 법적 추진 그룹에도 참여했었다. 그리고 프레드 부부와 세 자녀는 양부모 가정 찾기 그룹(Foster Home Finding Group)과 함께 집집마다 문을 두드리기도 했다. 우리는 다시금 우리가 소명을 행할지라도, 사람을 일으키는 분은 하나님이라는 사실을 깨달았다.

욜란데는 FLOC 그룹들의 새로운 연합 구조를 말하면서, 한 가지 기본적인 태도 변화를 이렇게 요약했다. "우리는 이를테면 '주님, 지금 즉시, 저 아이들에게 자유를 주세요!'라는 한 차례 운동에서 평생을 계속해야 될지도 모를 선교로 돌아섰습니다."

프레드는 이것을 이렇게도 표현했다. "공무원들은 들볶이고 대중의 시선이 주니어 빌리지 문제에 집중되었지요. 하지만 운동의 결과는 모세와 아론이 파라오를 처음 찾아가 이스라엘 자녀들을 놓아 달라고 요구했을 때와 별반 다르지 않아요. 파라오는 추호도 그럴 생각이 없었지요. 주니어 빌리지와 관련된 규제, 무관심, 얽히고설킨 사회적, 정치적, 영적 요소들도 해결되지 않았어요. FLOC도 모세와 아론처럼 우리가 정말로 아이들에게 자유를 주기 원한다면, 그 문제에 집중하고, 집중하고, 집중해야 한다는 것을 깨달았지요. 파라오를 낱낱이 드러내야 합니다."

FLOC가 강조점을 하나의 운동에서 헌신되고 훈련된 작은 규모의 연합 선교 그룹들로 옮겼을 때, 선교 그룹들의 일은 강도가 높아졌고 범위도 넓어졌다. 이들이 모일 때마다 거의 매번 은사가 발견되었고, 그래서 이들이 나아갈 방향이 결정되었다. 양부모 가정 모집 프로그램은 공공단체 및 교회 그룹들과 연계되어 지속되었다. 안내 팸플릿을 제작해 배포했고, 사회적, 법률적 연구도 시작했다. FLOC는 처음으로 로비 활동도 했고, 주니어 빌리지에서 '영 보이스'(Young Voices) 합창을 연습했으며, FLOC에 가입하려는 사람들을 대상으로 오리엔테이션과 훈련도 시작했다.

FLOC는 지역 신문에 시온 산 감리교회에서 12주짜리 선교 훈련 과정을 연다는 내용의 광고를 냈다. 예순다섯 명이 직접 와서 내용을 확인하고 한두 과정에 등록했다. 과정을 모두 마친 스물다섯 명 가운데 열여덟 명이 새로운 두 선교 그룹의 정회원과 준회원이 되었다. 한 그룹은 곧 주니어 빌리지에서 나와야 하는 소년들을 위한 쉼터(halfway house)를 세우는 것을 과제로 선택했다. 그리스도 루터교회의 존 슈람 목사가 이 그룹의 대표였다. 이 그룹의 모든 회원은 계획을 세우고 그 계획을 실행에 옮기는 과정에서 제각각 책임을 맡았다. 돈 맥

노튼은 앞장선 인물 가운데 하나였는데, 주니어 빌리지에서 보이스카우트 단장으로 일했었고, 공동체 생활을 '졸업한' 소년들의 훗날을 늘 걱정했다. 그는 이렇게 말했다. "그들은 열일곱 살이나 열여덟 살에 그곳을 떠나지만 여전히 아이들이에요. 어느 도시에서든 독수리의 손쉬운 먹이가 되고 말지요. 많은 아이들이 학교를 마치지 못하고 직업 훈련도 받지 못한 채 떠납니다. 신문 배달 경험조차 없이 말입니다. 그들은 주니어 빌리지 바깥에 아는 사람이라고는 없어요. 내가 아는 많은 아이들이 곧 다시 보호 시설에 들어갔습니다. 이번에는 교도소였지요."

소년들이 시설 밖 세상에 '적응'하는 과정에서 쉼터가 이들에게 힘이 되길 바란다. 누군가 말했듯이, 평화 봉사단(Peace Corps)을 비롯한 기관들은 새로운 상황에 투입되는 회원들을 위해 집중적인 오리엔테이션을 한다. 이들은 정서가 안정된 젊은이들 중에 선택된 사람들이다. 주니어 빌리지의 아이는 자신과 관련된 모든 결정을 타인이 내리는 닫힌 공간을 벗어나는 훨씬 더 급진적인 변화를 겪는데도 아무런 도움도 받지 못한다. 쉼터는 이러한 청소년들이 자기 개성을 경험하도록 돕고, 직업 훈련과 개인지도와 상담을 통해 이들에게 성장과 독립의 기회를 주는 프로그램을 계획하고 있다. 우선 열여섯 살에서 열여덟 살 소년 네 명이 쉼터에서 살게 될 텐데, 조금 더 나이 든 부부가 이들을 감독하게 된다.

소녀들을 위한 쉼터는 이미 운영 중이다. 소녀들은 소년들이라면 배우지 않을 몇 가지를 배우게 될 텐데, 장식, 요리, 가정 이루기는 이미 배우고 있다. 쉼터에 함께 살면서 이들을 감독하는 부부는 언약 공동체 회원인 스물일곱 살의 짐 알루츠와 그의 어린 아내 닌이다.

셋째 쉼터의 계약금은 이미 기부를 받았고, 후원하는 부부가 나서면, 곧바로 넷째 쉼터도 구입하고 어린 거주자들도 찾아보려 한다. 책임 있는 삶을 살도록 십 대들을 준비시키려면 1년으로는 부족할지 모르지만, 그래도 쉼터에 거주하는 기간은 1년으로 제한될 것 같다. 이들이 떠날 수 있게 되면, 주니어 빌리지의 다른 아이가 들어올 것이다.

가정 회복 그룹(Home Rehabilitation Groups)이 '희망과 가정 계획'(Hope and Home Plan)을 추진했는데, 복구 지원팀이 여기에 참여하고 있었다. FLOC에 얽힌 숱한 이야기 중에, 지면이 허락한다면 자세히 소개하고 싶은 이야기가 아주 많다. 그러나 그중에서도 '희망과 가정' 프로그램만큼 의미가 깊은 그룹은 없다. 이 프로그램은 저소득 가정을 위한 주택이 부족하기 때문에 주니어 빌리지의 아동 수가 급격히 늘어나고 있다는 반론의 여지가 없는 사실에서 시작되었다. 계획은 세 부분으로 구성되었다. (1) 주니어 빌리지에 거주하는 가정들을 위해 집을 구입하거나 빌린다. (2) 필요한 기간만큼 임차 보조금을 지원한다. (3) 재결합한 가정마다 후원자를 연결해 준다. 세 번째 계획은 꼭 필요해 보였다. 대체로 강제 퇴거는 한 가정을 강타하는 일련의 재난 가운데 마지막에 해당하기 때문이다. 사회복지과는 가정을 선정하고 FLOC가 이들과 접촉하는 과정을 돕기로 했다.

1966년 2월, FLOC는 처음으로 집을 한 채 구입했고 한 채는 임차했다. 두 가정이 입주했다. 한 가정은 자녀가 여섯이었고, 다른 가정은 자녀가 여덟이었다. 그해가 가기 전, FLOC는 아홉 가정, 예순일곱 명의 아이들을 이런 식으로 돕고 있었다. 한 가정은 어머니는 최근에 죽었고 아버지는 자식들을 돌볼 능력이 없고 십 대들만 있는 가정이었다. 후원자들 가운데 밥 매킨타이어는 이렇게 말했다. "그들의 세상은 너무나 빠르게 변합니다. 수년이 한 주에 휙 지나가지요. 우리가 자신의 삶에서 중요한 변화라고 여기는 것들을 그들은 예상했던 일로 받아들입니다."

우리는 이러한 가정들에게 단지 집만 필요한 건 아니라는 걸 알았지만 과연 어느 정도까지 도움이 필요한지는 몰랐다. 어떤 아이들은 비행 청소년이 될 소지가 다분했고, 아버지들 가운데 네 명은 알코올 중독자로 드러났으며 직장에서 언제 쫓겨날지 몰랐다.

처음 몇 달 동안, FLOC 후원자들은 전체 국민에서 가난한 3분의 1에 속한다는 게 무슨 뜻인지 어느 정도 알게 되었다. 어느 선교 그룹은 4인 가족의 두 주 식단을 짜서 재료를 구입하는 데 45달러 78센트가 들었다. 사순절 기간에, FLOC 회원들은 각자 집에서 이 식단대로 따르려고 노력해 보았으나 극소수만이 이런 훈련을 계속할 수 있었다. 어느 후원 가정은 이렇게 말했다. "제가 그렇게 했다 하더라도 별로 의미가 없었을 거예요. 왜냐하면 제가 후원하는 FLOC 가정은 식비로 그 절반밖에 쓰지 못하니까요."

대부분의 후원자들은 가족과 함께 매주 한 차례 후원 가정을 방문했다. 어느 여성 후원자는 이렇게 말했다. "시간이 더 있었다면, 달라졌겠지요. 사실 우리는 그저 운이 좋게도 그들이 위기에 처했을 때 도와줄 시간이 있었을 뿐이거든요." 그녀는 잠시 생각하더니 이렇게 덧붙였다. "어쩌면 운이 좋은 게 아니었는지도 모르죠. 우리는 자신이 필요할 때는 언제든 시간을 내니까요." 한 가정이 복지과 조사관들에게 시달리고 있을 때, 버니스 넬슨이 우연히 그 집에 전화를 걸었다. 한 조사관은 소파에 앉아 메모를 하고 있었고, 다른 조사관은 어머니에게 옷장이며 책상 서랍을 열어 그 속에 든 것들을 하나하나 꺼내 검사를 받으라고 했다. 한 시간 반 동안, 조사관들은 수백 가지 질문을 퍼부으며 그들을 닦달했다. 조사관들은 이런 질문도 했다. "어디서 온 전화예요? 버니스 넬슨이 누구예요? 꼭 필요한 전화예요? 그 여자가 이따금 전화하나요? 그 여자 차는 있어요? 그 여자 이 물건 어디서 샀대요? 얼마에 샀대요? 여기 적힌 '테디 플로드'는 누구예요?" 질문은 쉬지 않고 이어졌다. 버니스는 전화를 했다가 무슨 일이 있었는지 알고는 복지과에 전화를 했다. 어느 직원이 시치미를 뚝 떼며 말했다. "실수였을 거예요. 조사관들은 FLOC 가정들을 간섭하지 말라는 지시를 받았거든요."

어느 FLOC 후원자가 자신이 후원하는 가정을 방문 중이었다. 그때 열여섯 살 소년이 돌아와 어머니에게 씩씩대며 말했다. 자신이 거리를 그냥 걸어가고 있는데, 느닷없이 경찰이 자신을 잡아채더니 경찰서로 데려가 이리저리 밀치고 벽에다 떠밀고 욕까지 했다는 것이다. 바비 배럿이 모자(母子)를 데리고 경찰서로 달려가 곁에 가만히 서서 이들을 응원했다. 왜냐하면 그녀는 백인이고 모자는 흑인이었으며, 경찰서에서 이 사실은 중요했기 때문이다. 그런가 하면, 후원자들은 자신이 후원하는 가정의 낙담과 절망을 우연히 접하기도 했다. 조 클락은 이렇게 말했다. "우리는 후원하는 가정을 방문할 때면 먼저 꼭 전화를 해요. 그런데 그날 밤 차를 몰고 외출 중이었던 제니스와 나는 '그냥 한번 가 볼까?'라고 했지 뭐예요. 그들은 우리를 안으로 맞아들였어요. 흉허물이 없었지요. 그들이 부엌 식탁에 앉아 말했어요. '여기 앉으세요. 꼭 해야 할 말이 있어요.'"

이들은 도중에 몇 차례 실수했고, 관계는 이따금 서먹서먹해졌다.

그러나 주니어 빌리지 가정들은 이들을 용서하고 다시 더 가까워질 능력을 갖고 있었다. 도로시 스펜서는 이렇게 말했다. "이따금 우리는 그들이 준비되지 않은 것을 제안하지요. 그들은 뒤로 물러나며 문을 쾅 닫아 버려요. 그러면 우리는 문이 열릴 때까지 기다려야 한답니다. 이따금 우리가 제안한 것을 그들이 제안하겠지요. 하지만 그러려면 한참을 기다려야 할 거예요." 또 다른 회원은 이렇게 말했다. "우리는 대부분 완전 초보예요. 그래서 계획을 못해요. 모든 상황이 하나같이 완전히 낯설거든요. 서로의 경험에서 배우는 수밖에 없어요."

이들은 서로에게서 용기를 얻었고, 이런 용기에 힘입어 계속해 나갔다. 그러나 어느 시점에서, 모든 가정이 어려움에 처한 듯했다. 위기가 엎친 데 덮친 격으로 계속되었고, 가정들을 짓누르는 무게가 이들도 짓누르는 느낌이었다. 절망에 빠진 이들은 FLOC에 관심을 보이고 가난한 사람들을 위해 일하는 어느 볼티모어 심리학자에게 도움을 청하기로 결정했다. 그는 후원하는 가정들을 3주에 걸쳐 월요일 밤마다 만났다. 대화를 통해, 자신들이 알아야 할 몇 가지를 배운 이상한 밤이었다. 닥터 R은 이들에게 이렇게 말하곤 했다. "FLOC는 부르심에 답했지만 계획을 세우지는 못했지요. 그러니 이제 이를테면 마름질을 하고 어느 순간에 이르면 '됐어요. 그만합시다'라고 해야 합니다." 그는 이들이 하는 일에 대해 분명하게 한계를 정하는 것이 중요하다고 거듭 거듭 강조했다. 이들은 서로의 반응에서 자신들이 한계를 제대로 정하지 못했다는 것을 깨닫기 시작했다. 한 사람이 이렇게 말했다. "보세요. FLOC는 원한다면 한계를 정할 수 있어요. 하지만 저는 못하겠어요. 이 사람들은 이제 제 친구예요. 언제 친구를 그만 도울지 미리 결정할 수는 없잖아요. '남편이 다시 직장을 잃으면, 끝내겠어!'라거나 '당신이 이 지점에 이르면, 저는 다른 일을 할게요'라고 말해서는 안 되잖아요."

밥 매킨타이어는 이렇게 말했다. "우리가 돕는 가정들에게 지나치게 많이 주어 그들이 빚을 졌다거나 불쾌하다고 느끼게 한다면 위험합니다. 그들이 우리에게 보답으로 주려는 것을 우리가 자유롭게 받으려 하지 않는다면 말이에요. 전문 사회사업가라면, 조금 덜 줌으로써 관계가 균형을 이루게 해야 할 테지요. 하지만 그리스도인은 자신의 전부를 자유롭게 내어 주어야지요. 자신도 상대방이 주려고 준비한 모든 것을 자유롭게 받아야 하니까요."

닥터 R은, 사회복지과는 실패 가능성이 가장 높은 가정들을 이들에게 맡기고 성공 가능성이 가장 높은 가정들은 자신들의 연례 보고서를 위해 남겨 둘 거라고 지적했다. 그러면서 각자 후원하는 가정을 잘 살피고 뚜렷하게 유망한 가정이 아니라면 더 이상 후원하지 말라고 권했다.

이들이 후원하는 가정들 중에 '유망한' 가정은 거의 없었다. 누군가 이렇게 말했다. "우리가 무엇을 할 수 있는지 알고 싶어요. 그러나 또한 하나님이 우리 속에 친구가 되는 능력을 주셨으면 좋겠어요." 다른 사람은 이렇게 말했다. "하나님이 우리를 능히 사용하시리라 믿어요. 그리고 이러한 하나님의 능력이 무한하다는 것도 믿고요. 무엇이 가능하고 무엇이 불가능한지 우리가 섣불리 결정해서는 안 되겠지요."

또 다른 사람은 나중에 이렇게 말했다. "저는 D 부인의 집으로 걸어 들어가 부인과 마주 앉아 이렇게 말하는 장면을 그려 봅니다. '부인, 남편분은 알코올 중독자입니다. 부인의 앞날이 암담해요.' 타락한 세대들이 제가 돕는 FLOC 가정을 곤경에 빠뜨렸어요. 기다리고 또 기다리면, 많은 세대들이 변화되겠지요."

닥터 R이 그룹에게 거듭거듭 던진 또 다른 질문이 있었다. "왜 여기 오셨나요?" 중요한 질문이었다. 이 질문 덕에, 이들은 자신들이 FLOC 초기에 아주 또렷하게 했던 말을 다시 할 수 있었기 때문이다. "우리가 이곳에 온 까닭은 그리스도께서 가난한 사람들, 특히 주니어 빌리지의 아이들을 섬기라고 우리를 부르셨기 때문입니다."

닥터 R은 이렇게 물었다. "그렇다면, 여러분은 모두 같은 이유에서, 이웃에게 관심이 있기 때문에, 여기 오셨다고 할 수 있을까요?" 모두 "예"라고 대답했으나 "그러나"가 뒤따랐다. "그러나 우리는 그룹의 모든 사람들이 그리스도의 이름으로 행할 때, 이것을 아주 특별한 상황이라고 생각합니다."

그러자 닥터 R이 말했다. "여러분은 마법 같은 개입을 기대하는 게 아닌가요? 하나님은 여러분이 가진 기술을 통해서만 도우실까요?"

테이블에 둘러앉은 모든 사람이 고개를 끄덕였다. 아무도 마법을 기대하지 않았다.

닥터 R이 다시 말했다. "그렇다면 일이 수월해지지는 않겠군요."

사람들은 "예"라고 했으나 "아니오"라고도 했다. 그리고 하나씩 설명했다.

"예, 일이 수월해지지는 않을 거예요. 하지만 아니에요. 일이 수월해질 거예요. 하나님이 사람을 부르실 때, 그를 단단히 준비시키시거든요. 제게 이런 믿음이 없었다면, 진즉에 그만두었을 거예요."

"우리가 현실을 송두리째 바꿀 수는 없다는 걸 우리는 알아요. 하지만 그 현실의 한 모퉁이에서 우리는 예수 그리스도를 본답니다."

"우리는 공동체에 속했어요. 우리에게 가장 유리한 강점 가운데 하나는 공동체가 우리와 함께 참여한다는 거예요."

"주니어 빌리지는 전문가들의 실패작이에요. 우리는 교회와 사회가 부여한 전통과 기준에 매이지 말아야 해요. 자신이 배울 수 있는 것은 기꺼이 배워야 하겠지요. 하지만 이 사역에서 그리스도를 기꺼이 따르기도 해야 할 거예요."

심리학자와 함께하는 시간이 끝났을 때, 그룹은 자신들이 후원하는 FLOC 가정들을 좀더 이해하는 데 도움이 되었다고 느꼈다. 이들 자신의 위치도 분명해졌다. 도로시 스펜서는 이것을 이렇게 요약했다. "닥터 R은 우리에게 다섯 번이나 왜 우리가 이 일을 하느냐고 물었지요. 그때마다 우리는 이 일을 곰곰이 생각했고, 그때마다 '그리스도께서 그 가정들을 돌보고 계시고, 그래서 우리는 그분을 따를 뿐이에요'라고 말했지요. 우리에게는 아주 좋은 일이었어요. 닥터 R은 이것을 알지 못했어요. 하지만 그분은 우리가 보지 못하고 놓친 부분을 일깨워 주었어요. 처음에는 우리 혼자 이 일을 하는 게 아니라는 걸 알았어요. 하지만 이런저런 문제에 빠지다 보니 이것을 잊고 약해졌지요. 이제 하나님의 말씀을 다시 붙잡았어요."

마치 이들의 시야가 높아진 것 같았다. 프레드는 전문가가 제시한 질문들이 FLOC의 삶에 아주 중요하다는 점을 이들에게 상기시켰다. 이들이 들뜨지 않도록 하기 위해서였다. 프레드는 이렇게 말했다. "우리에게 도전을 주는 사람들, 우리를 자기 안마당으로 불러들여 캐묻는 사람들이 필요합니다. 우리는 자신의 생각을 포기하지 않으면서 이 일을 해내는 경험이 필요합니다. 그런 경험이 없으면, '경건'으로 뒷걸음질 치겠지요." 프레드는 이들의 과제는 두 가지 위협에 넘어가지 않는 것임을 상기시켰다. "하나는 우리가 예수 그리스도의 이름으로 행하기 때문에 실제 상황에 어떻게 대처하든 간에 우리의 노력이 성공하리라고 생각하는 것입니다. 다른 하나는 하나님이 우리와 함께 일하고 계신다는 믿음을 버리고, 우리가 보고 제어하며 짜 맞추고 해낼 수 있는 것에만 의존하는 것입니다."

이들은 뭔가 새로운 것이 상황에 들어가지 않으면 평생 가도 양상이 바뀌지 않으리라는 것을 알고도 남을 만큼 자신들의 싸움에 빠삭했다. 집도 필수이긴 하지만, 뭔가 '새로운' 것이란 집 그 이상이어야 했다. 그것은 한 사람의 삶을 침노하는 복음이어야 했다. 예수님은 "가서 요한에게 알리되, 가난한 자들에게 새로운 집이 생겼다 하라"고 하지 않으셨다. 예수님은 "가서 요한에게 알리되, 가난한 자에게 복음이 전파된다 하라"고 하셨다.

FLOC는 주니어 빌리지 아이들에게 가정을 찾아 주는 일을 계속해야 했다. 그러나 아이들과 그 부모들의 은사를 끌어내기 위한 틀과 방법도 모색해야 했고, 이들이 되어 감의 '거대한 여정'을 하고 있는 공동체의 구성원이 되도록 도와야 했다.

한 그룹이 후원하는 몇몇 FLOC 가정의 부모들에게 선교 그룹의 일원이 되라고 권했다. 두 어머니가 요청에 응했다. 다른 선교 그룹들은 모든 FLOC 아동에게 후원자를 붙여 주는 계획을 세웠다. 부모뿐 아니라 아이들도 도와주는 관계를 갖는 것이 매우 중요해 보였다. 이따금 이들은 모든 아이들을 다 데리고 소풍을 갔다. 동물원에도 갔고, 백악관에도 갔다. 어느 월요일 밤, 어느 작은 그룹이 똑똑한 두 젊은이가 운영하는 볼링장에 갔다. 적개심이 강한 열 살배기 지미는 볼링공을 레일에 거칠게 던지기 시작했다. 지미의 볼링공이 자기 레일을 넘어 옆 레일로 건너갔다. 그러자 직원이 지미에게 말했다. "얘야, 볼링은 무지막지하게 던진다고 되는 게 아니란다. 사회생활도 매한가지야. 공을 부드럽게 굴려서 핀을 쓰러뜨리는 법을 가르쳐 줄게." 직원이 돌아가자, 지미는 다시 공을 거칠게 던졌고 공은 엉뚱한 방향으로 굴러갔다. 그러나 아무도 보지 않는다는 생각이 들자, 지미는 공을 부드럽게 똑바로 굴렸고 핀이 여러 개 쓰러졌다.

이들이 소풍 길에 만난 사람들이 모두 그렇게 도움을 준 건 아니었다. 톰 딘과 베티 딘 부부는 온 가족을 다 데리고 보트를 탔으나 마음이 하나되지 못해 서로 갈라졌다는 점만 확인했을 뿐이다.

그룹 소풍뿐 아니라 개인 소풍도 있었다. 고든은 여덟 살배기 조너선을 공항에 데려가 왜 보험에 들고 어떻게 보험에 드는지 가르쳐 주었다. 그런 후, 두 사람은 폐쇄회로 TV에서 출발 예정인 항공기 번호를 확인해 보려고 탑승구 쪽으로 내려갔다. 그런 후, 데크로 올라가 비행기들이 이륙하는 모습을 보았다. 고든은 이렇게 말했다. "조너선이 편하게 탈 수 있는 것이 있었으면 좋겠어요."

아이들을 위한 그다음 그룹 프로젝트의 분야는 미술이다. 아이들은 FLOC 친구들과 함께 미술관 네 곳을 둘러보게 되는데, 그 후에는 판매용 인쇄 그림을 살펴본다. 아이들은 미술관을 다 돌아본 후 돌아가 자신이 좋아하는 인쇄 그림을 살 수 있다는 것을 알게 된다. 그러고 나면, 아이들은 도움을 받아 각자의 그림을 지밀루 메이슨 액자 제작소에 맡겨 액자에 넣게 된다.

FLOC는 이제 18개월 됐다. FLOC가 첫 발을 내딛을 때, 주니어 빌리지에는 아이들이 910명 있었다. 이제 그 수가 560명으로 줄었다. FLOC가 시작되었을 때, 사회복지과는 주니어 빌리지의 아이들을 위해 새로운 건물을 몇 채 지어 오락실도 만들고 숙소도 널찍하게 하려고 논의 중이었다. 이제 사회복지과는 멀지 않은 미래에 주니어 빌리지의 아동 수를 200-300명으로 줄이고, "결국에는 한 명도 없게" 하겠다고 말한다. 아동 복지 분야에 직원이 33명 늘어나 관심이 필요한 더 많은 가정을 돌볼 수 있게 되었다. 금전과 임시 숙소를 비롯한 갖가지 후원은 가정 해체를 막는 데 도움이 되고 있으며, 사방에서 희망의 기운이 솟고 있다.

프레드 테일러는 FLOC 선교 지원자들을 훈련하고 있는데, 벌써 두 번째다. 그는 학급 전체에게 한 어머니와 다섯 자녀를 위한 가정을 찾아 주는 과제를 냈다. 매주 둘씩 짝을 지어 다른 과제도 맡긴다. 이를테면, 빈민가의 집주인과 세입자 양쪽을 다 만나 얘기를 들어 보거나, 생활 보조금을 받는 가정의 예산을 짜 보거나, 10달러로 교외 슈퍼마켓과 도심 식료품점에서 각각 무엇을 살 수 있는지 알아보거나, 집주인과 세입자가 다툼을 벌이는 법정에 가 보거나, 주니어 빌리지를 방문하거나, 직업소개소를 찾아가 보거나, 부동산 중개인을 만나 보거나, 주거 문제를 관장하는 당국자들을 만나 보는 것 등이다. 이런 과제를 수행하는 한 가지 목적은 도심 가정의 상황을 알고, 도시 빈민의 문제를 더 깊이 인식하고 그 해결 가능성을 고민해 보는 데 있다. 수업 시간에 사람들은 수행한 과제를 발표하고, 아모스서를 공부한다. 프레드는 아모스 선지자처럼 사람들에게 도시의 가난한 사람들, 특히 주니어 빌리지의 그늘에 들고 나는 아이들과 가정들에게 관심을 가지라고 요구하기 때문이다. 프레드는 수업 시간에 이렇게 말했다. "FLOC는 오직 결과만 중시하는 세속사회의 실용주의 실험실에서 기꺼이 실험 사례가 될 것입니다. 우리는 믿습니다. 그리스도의 제자들이 깊이, 상상력을 갖고 그분의 성령께 자신을 열고 그분의 계시를 따를 때, 겉보기에는 불가능한 일들이 가능해질 것입니다." 그리고 이렇게 덧붙였다. "너무도 오랫동안 우리는 넘치게 가졌고, 더 많이 가져 놓고도 너무나 가진 게 없는 사람들의 세상에 지금껏 등을 돌렸습니다. FLOC는 이제 이 과정을 뒤집으려 합니다. 한편으로 성령님과 함께하고 한편으로 가난한 사람들과 함께하려 합니다." 그는 예언 같은 경고로 수업을 마쳤다. "우리가 기다리기만 하고 행동하지 않으면, 우리 삶의 가장 큰 스릴이 무엇인지 잊어버리게 될 것입니다. 우리가 행동한다면, 더러 값비싼 실수도 하게 될 것입니다. 우리를 무기력하게 하는 안전이냐, 위험하지만 온전한 삶이냐, 둘 중에 하나를 선택해야 합니다."

맺음말

교인들에게 다른 여러 소명도 전달했다. 지난해 우리는 중요한 두 개의 선교를 시작했다. 어느 작가는 이렇게 썼다. "베트남에서, 덩치가 작고 온화한 사람들이 두 군대 사이에 끼여 산 채로 타 죽었다."[29] 오랫동안 우리는 이 끔찍한 사실에 도리질을 하며 "누가 뭘 할 수 있을까?"라고 물었다. 그런데 어느 날, 우리는 이 질문을 바꿔 "우리가 무엇을 할 수 있을까?"라고 물었다. 처음에 다른 교회들과 연대해 '보살피는 공동체'(Communities of Care)를 만들어 상처 입은 베트남 어린이들에게 그 나라에서는 받지 못하는 의료적인 도움을 줄 수 있을 거라고 생각했다. 몇몇 사람들이 베트남어를 배웠고, 우리는 아이들을 받아들일 준비가 되어 있었다. 그런데 아이들이 오지 않으려 했다. 복잡한 이유가 많이 있다. 이 선교는 여전히 진행 중이며, 그 중심에는 "우리가 무엇을 할 수 있을까?"라는 물음이 있다.

또 다른 그룹은 다문화 대학 설립을 선교 목표로 삼았다. 다문화 대학은 세계 공동체의 축소판이 되고, 다양한 시각과 종교적 배경을 가진 사람들이 만나는 곳이 될 것이다. 여러 나라 사람들로 교수진과 학생들을 구성하고, 여러 문화를 대표하는 이사들도 세울 계획이다.

이 선교를 앞장서서 추진하는 밥 맥캔은 이 대학에 대해 이렇게 말한다. "이 대학의 철학과 교과 과정에는 종교가 삶에서 필수적인 부분이며, 세계의 종교를 연구하는 일은 대부분의 세계 문화를 이해하는 열쇠라는 인식이 깔려 있습니다. 개인적인 차원에서, 학생들에게 세상에 적극적으로 참여할 뿐 아니라 물러나 묵상하는 시간도 갖는 생활양식을 개발하라고 독려합니다. 이러한 철학은 '정체성'과 '공동체성'이 형성되는 분위기를 만들어 낼 것입니다. '나는 누구인가? 내 문화는 어떻게 다른가? 다른 문화들과 건설적인 관계를 형성하려면 어떻게 해야 하는가?' 캠퍼스는 살아 움직이는 실험실이 될 것입니다."

이 대학의 이름은 두 세계에 적극적으로 참여한 인물을 기리는 뜻에서 다그 함마르셸드 대학(Dag Hammarskjölt College)으로 정했다.

우리가 내면과 외면을 향하는 틀 안에 살아갈 때, 우리에게 속한 사람들은 소명을 듣고 응답하는 능력이 향상된다. 사람은 양쪽 다 돌보지 않으면 온전해지지 못한다. 그러나 우리는 온전하지 못하기 때문에, 교인들에게 이것을 상기시키면 '상충하는 대화'(dialogue of conflict)가 점점 많아진다. 행동 지향적인 사람은 이렇게 말한다. "세상은 하나님이 관심을 가지신 무대예요. 해야 할 일이 태산이니, 열심히 해야지요. 묵상, 침묵, 하루간의 휴양, 조용히 생각하고 질문을 던지는 시간은 제게 도통 맞지 않아요. 시간이 별로 없어요. 행동이 중요해요." 이런 말에 이렇게 대응하는 사람들이 있다. "행동만 한다고 되는 게 아니에요. 행동은 하나님의 말씀을 듣는 데서 나오거든요. 행동을 위한 행동이 아니라 카이로스의 순간에 나오는 특별한 행동이라야 하지요."

'상충하는 대화'는 "확정된 그룹에, 일반적으로 공동의 선교에 적극적으로 기여하는 구성원이 되라"는 우리의 넷째 규율에 대해서도 이야기를 한다.[30] 어떤 사람들에게는 쉽지 않은 주문이다. 그래서 외면하고 만다. 우리가 구석에서 조용히 추진하고 싶은 작은 일들이 있다. 우리는 이 규율이 제시하는 것과는 달리 구체적으로 어느 공동체에 속하고 싶지 않다. 다른 사람들과 언약으로 엮인다는 것은 자신의 주권을 포기해야 한다는 뜻일지도 모르기 때문이다. "그건 그다지 효율적이지도 못해요. 그리고 제 개성은 어떻게 되나요?"

이 규율에 대한 예외가 어떤 식으로든 타당한 이유에서 제시된다. 사무실이나 가정에서 개인적인 사명을 구체적으로 다루기 위해 모이는 그룹에 참여하려는 모든 사람들에게 늘 예외가 제시된다. 그다지 편치 않은 사실이다. 여전히 규범으로 남아 있는 이 규율은 이 특정한 가족의 모습을 기술하는 데 도움이 되는데, 이런 사실은 우리 삶의 공동체적인 부분을 이해하지 못하는 사람들에게 혼란을 준다.

넷째 규율은 우리가 접한 어느 문제 못지않게 많은 감정을 불러일으켰다. 이 규율이 공동체의 심장박동을 다루기 때문이다. 우리를 휘저을 정도면 핵심 문제이지 주변적인 문제는 아니다. 우리는 넷째 규율을 여러 달 동안 비공식적으로 논의했고, 마침내 이 문제를 교회에 내놓았다. 이 규율을 빼자고 가장 강하게 주장한 사람들은 '강하고' '바쁜' 사람들, 도시의 지도자 자리에 있는 사람들이었다. 그러나 모든 주장이 다 제시되었을 때, 우리는 소그룹 중심의 선교를 해야 한다고 거듭 못을 박았다. 등록 카드를 작성하고, 예산안에 찬성하며, 주일에 교회에 나오는 것만으로 그리스도의 공동체에 속하게 된다고 절대로 결론지을 수 없었다. 지난 여러 해 동안, 우리에게 교회는 책임감이 있는 특별한 공동체를 의미하게 되었다. 우리는 교회와 많은 관계를 가질 수 있다. 이것은 문제가 되지 않는다. 그러나 이런 관계를 제자의 삶이라고 할 수는 없다. 제자의 삶이란 적어도 두세 사람이 주님의 이름으로 모이며 구체적이고 책임 있는 관계를 형성하는 공동체에 속하는 삶을 포함한다. 이러한 공동체는 그 속에서 우리의 장점을 발견하고 약점을 드러내는 공동체이고, 그 속에서 친밀감을 쌓고 상처를 경험하는 공동체이며, 그 속에서 우리의 이해와 가치관에 적대적인 형제를 참아 내는 공동체다. 이것은 그 속에서 우리가 지지를 받는 공동체이며, 배신당하기도 하는 공동체다. 이러한 공동체는 타인을 위한 삶이 목표가 되는 공동체다.

이런 공동체를 만들 생각은 없지만 이런 공동체를 알 수도 있다. 그러나 대부분의 경우, 이런 상황은 벌어지지 않는다. 이런 상황이 벌어진다면, 등불을 말 아래 두는 꼴이다. 이것은 도래하는 하나님 나라를 알리는 시범 사업이 아니다. 증거가 늘 필요하지는 않을지도 모르지만 증거가 필요할 때도 있다. 프레드 테일러가 우리를 대변했던 말이 생각난다. 그는 어느 「타임」지 표지에서 "하나님은 죽었는가?"라는 제목을 보았을 때 불쾌하지 않았다고 말했다. 그는 이렇게 말했다. "그 기사를 냉정하게 읽었습니다. 이따금 제 영혼 깊은 곳에서, '하나님은 죽었는가?'라는 바로 그 물음이 불쑥불쑥 고개를 쳐들기 때문입니다. 정말로 살아 있고, 사랑이 넘치는 인격적인 하나님이 계시고, 하나님은 자신이 만든 작품을 구속하고(redeem) 있다고 믿는 우리가 어리석은 건가요? 저는 세상과 자신의 영혼을 보며 '나는 확신을 못하겠어. 증거가 있어야 해!'라고 말하는 사람들에게 답할 수 있습니다. 신약성경이 말합니다. 계시가 있어야 합니다. 설득력 있는 계시, 우리가 반응할 수 있고, 눈으로 보고 '이건 말이 돼. 나는 믿어'라고 말할 수 있는 계시가 있어야 합니다. 저는 하나님의 실체에 대해 깊은 영적 절망에 빠지곤 할 때 도리어 감사합니다. 그럴 때, 증거를 볼 수 있었기 때문입니다. 데이스프링에 갈 때마다, 포터스하우스에 갈 때마다, 이런 생각이 퍼뜩 듭니다. '하나님이 행하신 일을 봐!' 평범하고 분투하는 사람들의 공동체에서, 하나님이 저의 주관적 상태와는 무관한 그 무엇, 곧 두드러진 증거를 끌어내셨습니다. 공동체야말로 살아 계신 하나님이 우리 가운데서 일하신다는 유쾌한 증거입니다."

우리의 시기와 질투, 우리의 사랑과 미움, 우리의 큰 믿음과 큰 불신앙으로 가득한 작은 선교 그룹들은 우리가 '상충의 대화에서 화해의 대화로' 옮겨 가는 발판이다. 우리는 외적 여정과 내적 여정이 떼려야 뗄 수 없게 단단히 연결되어 있음을 서서히 깨닫는다. 우리의 선교 그룹들은 양쪽 모두에 참여한다. 욜란데는 이 둘을 '관계'라는 또 다른 단어로 묘사했다. 욜란데는 이 둘은 다음과 같은 언약에 기초한다고 말한다. "내가 너와 함께할게. 네가 나와 함께하게 되어 기뻐. 네가 나와 함께할 때 나는 내가 누군지 알게 되고, 우리가 함께할 때, 우리 둘을 변화시킬 능력을 가지신 그분이 누군지 알 수 있는 거야."

언제나 이런 식이었다. 톰 딘과 베티 딘 부부는 그들이 돌보는 가정을 어느 공동주택 지하에서 처음 만났는데, 이곳은 빈민가의 전형적인 주거 형태였다. 1년이 지난 후, 이 가족은 모든 자녀와 함께 그 어느 때보다 넓찍하고 편안한 집에서 살게 되었다. 그러나 딘 부부는 자신들의 선교가 실패라고 말하길 주저하지 않았다. 아이들은 교사들에게 의자를 집어던졌고, 어느 아이는 가게에서 물건을 훔치다 잡혀 경찰이 집으로 데려왔다. M씨는 걸핏하면 술을 마셨고, 자신이 없을 때는 열을 허비해서는 안 된다며 히터를 끄고 나가 가족이 추위에 떨게 했다. 톰은 이렇게 말했다. "우리는 이런 문제와 어떻게 싸워야 할지 몰랐어요. 친구 역할과 보안관 역할 사이의 좁은 길을 어떻게 가야 할지 몰랐어요. 그래서 더는 애쓰지 않기로 결정했고요. 일련의 기준을 정하고 그 기준들과 함께 최후통첩을 했지요." 그러자 M씨가 전화를 했다. 그는 가족을 떠나겠다고 협박했다. "조지아로 갑니다." 그는 과거에도 2년씩 두 차례 이런 적이 있었다. 낯선 일이 아니었으나 톰은 겁이 났다. 톰은 자신이 얼마나 정성껏 돌봤는지, 스트레스에 짓눌려 자신은 끝났다고 말하는 한 남자의 하소연에 얼마나 귀를 기울였는지 돌아보았다. M씨는 이렇게 말했다. "나는 가족이 필요 없어요. 왜 내가 가족에게 매여야 합니까?" 톰은 그의 말을 들으면서 마음이 점점 착잡해졌다. 그런데 대화의 어조가 달라지기 시작했다. "지금 기분이 그리 나쁘지 않아요." 잠시 후, 그는 이렇게 덧붙였다. "얘기할 상대가 있다는 건 좋은 일이에요. 언제 다시 들르실래요?"

톰과 베티는 며칠 후 기준을 낮추고 최후통첩도 수정해 다시 찾아갔다. 이제는 달라졌다. 관계가 일방적이지 않았고, 신뢰도 생겼다. 부부는 그들에게 반격도 하고, 그들이 무엇을 잘못하고 있는지도 말할 수 있었다.

M씨는 술을 거의 끊었다. 교사들이 아이들에 대해 가정 통신문에 적어 보내는 내용도 좋아졌다. M씨는 자주 전화를 했다. 주급을 받았는데 친구들의 유혹에 넘어가 자기 책임을 회피하고 싶은 유혹을 강하게 받는 토요일에는 어김없이 전화를 한다.

딘 부부에게 변화는 철저했다. 계시가 주어졌다. 이들은 이 가정에 변화가 일어나리라고 전혀 기대하지 않았다. 이들은 이 가정과 자신들 사이의 간극이 메워지리라고 생각하지 않았다. 그런데 그 간극이 메워졌다. 이들에게는 복음이 들어가면 사람들의 삶이 달라질 거라는 신나는 희망이 있었다. 한 차례 전화로 통화하고 한 차례 방문했다. 그러고는 자신들이 굳이 선생 노릇을 할 필요가 없다는 것을 깨달았다. 이들도 배울 게 있었다. 이들은 다른 사람들을 어떻게 인도할지 고민했고, 그와 동시에 마음을 열고 따르게 되었다.

이것이 우리가 우리의 모든 선교에서 발견한 것이다. 우리는 도움을 주었다고 생각했는데 알고 보니 도리어 우리가 도움을 받았다. 우리는 배워 가고 있다. 우리가 사람들을 변화시킬 필요는 없다. 있는 모습 그대로의 사람들 곁에 있으면 된다. 우리 자신에 관해서도, 우리는 우리를 변화시키려는 사람들이 필요한 게 아니다. 우리를 있는 모습 그대로 받아 주고 곁에 있어 줄 사람들이 필요할 뿐이다. 은사는 이렇게 끌어내진다. 소통은 이렇게 이루어진다. 성령께서 만남의 공동체 안에 계시고, 그 공동체에서 우리는 예수 그리스도가 누구신지 발견한다.

온전한 사람이 되어 가는 여정에 참여하려면, 내면의 세계 및 외면의 세계와 필수적인 소통을 하는 방향으로 삶의 틀을 짜 나가는 공동체로 살아야 한다. 오늘날은 어떤 종류든 간에 공동체가 잘 보이지 않는다. 공동체가 없기에, 우리의 마음에, 우리의 거리에, 우리의 세상에 전쟁이 일어난다.

우리 교회에서 들리는 모든 부르심의 위와, 아래와, 속에는 교회를 세우라는 부르심, 사람들이 자신이 누구인지 자유롭게 발견하고, 다른 사람들이 누구인지 자유롭게 발견하고, 하나님이 누구신지 자유롭게 발견하는 그런 공동체를 세우라는 부르심이 있다.

맺음말

부록: 커피하우스 교회

1658 Columbia Road, N.W., Washington D.C.

예배

음악이 있는 묵상

말씀을 듣기 위한 준비

  찬양

  인도자: 우리 모두 인정하며 고백합시다. 우리는 성부와 성자와 성령의 이름으로 살며 이곳에 모였습니다.

  공동체: 엎드려 경배합시다. 우리를 지으신 주님 앞에 무릎을 꿇읍시다. 그분은 우리의 하나님이요 우리는 그분이 기르시는 양이며 그분의 초장에 거하는 백성입니다.

  인도자: 하나님은 우리를 존재하게 하시는 분입니다.

  공동체: 삶과 죽음의 조성자이십니다. 그분은 주님이십니다.

  인도자: 주님이신 그분은 우리의 주님이십니다. 그분 앞에 다른 주가 없습니다.

  공동체: 아멘.

고백

인도자: 우리는 생명을 받았으나 살지 못했습니다. 우리는 자유로운 삶을 살라는 부르심을 받았으나 우리의 짐은 무겁고 불안은 고통스럽다는 것을 발견했으며, 삶에 관한 망상과 자신에 관한 기만을 일삼았습니다. 그러므로 우리 함께 고백합시다. 우리는 생명을 계속 부인했고, 우리를 초월하지만 언제나 곁에 계신 능력이 필요하다는 것도 계속 부인했습니다.

공동체: 오 주님, 고백합니다. 우리는 형제들의 좋은 점과 자신의 악한 점을 보길 게을리했습니다. 우리는 이웃의 고통에 눈을 감았고, 자신의 고통에서 배우길 게을리했습니다. 우리는 타인에게 요구하는 행동 기준을 정작 자신에게는 적용하지 않았습니다. 우리는 우리에게 영향이 미치지 않는 잘못에는 관대했고 우리에게 영향이 미치는 잘못에는 지나치게 민감했습니다. 우리는 형제의 잘못에는 마음이 강퍅했고 자신의 잘못에는 관대했습니다. 우리는 당신께서 우리를 작은 일에 부르셨고 형제들은 큰일에 부르셨다고 믿으려 하지 않았습니다.

인도자: 우리는 생명이 선하다는 것을 알았으나 우리의 희망을 포기했고, 우리의 운명에 불만을 터뜨렸으며, 우리 주변의 세상과 그 속의 모든 것을 남용했습니다.

공동체: 삶이 오직 현재에 우리에게 주어졌음을 알면서도, 우리는 과거에 관한 우리의 잘못된 이미지와 미래에 관한 환상에 필사적으로 매달립니다. 당신이 우리를 있는 그대로 받아

들이셨음을 알면서도, 우리는 사람들을 그렇게 받아들이려 하지 않았습니다. 우리에게 선교의 사명을 주신 것을 알면서도 그 사명대로 살려 하지 않았습니다. 오 주님, 우리를 불쌍히 여기소서. 아멘.

조용한 고백

사죄 선언

인도자: "누구든지 제 목숨을 구원하고자 하면 잃을 것이요 누구든지 나를 위하여 제 목숨을 잃으면 구원하리라."

공동체: 우리의 거짓된 생각과 헛된 욕망을 버리고 우리를 초월하는 능력에 집중하여 살아갈 때, 우리는 새로운 삶의 가능성을 얻습니다.

인도자: 우리보다 크신 분이 우리를 받아들이셨습니다.

공동체: 우리가 지금껏 무엇을 했고 앞으로 무엇을 하든, 그분이 세상에서 우리를 받아들이셨고, 이 모습 이대로 받아들이셨다는 사실은 변하지 않습니다.

인도자: 우리는 이 모습 이대로 귀중합니다. 생명은 주어진 그대로 선합니다. 미래는 열려 있습니다. 우리는 그리스도 안에서 죄사함을 받았고, 이것은 객관적이고 영원한 진리입니다. 우리는 이것을 선물로 받아 생명을 얻습니다.

말씀

기록된 말씀

말로 표현된 묵상

고요한 묵상

나누는 말씀

헌신

인도자: 우리는 변치 않는 생명을 선물로 받습니다. 그렇기에 자유와 책임의 삶을 살지, 아니면 그런 삶을 거부할지 결정해야 합니다.

공동체: 우리는 생명을 선물로 받았고 책임도 함께 부여받았으니, 온갖 필요와 사람과 사상과 목표와 사건이 가득한 세상에서 삶의 질서를 지속적으로 새롭게 하는 일에 창의적으로 참여해야 합니다.

예물

축도

인도자: 우리는 주님을 예배했습니다. 이제 종된 백성으로서, 그분의 말씀을 순종하는 종으로서, 그분의 세상에서 살아가는 종으로서, 그분의 세상으로 나아갑시다. 주님께서 우리에게 은혜를 베풀어 우리가 우리의 소명을 듣고 그 소명을 행하게 하실 것입니다.

아버지와 아들과 성령의 이름으로 나아가십시오.

공동체: 아멘.

(여러 신앙 공동체의 예배를 토대로 작성했다)

주

1   *Inward Light*, Vol. XXVIII, No. 67, p. 37.
2   presence는 여기서 저자가 사용하는 핵심 개념이다. presence는 본래 '있음', '존재'라는 뜻인데, 저자는 이것을 자신, 타인(상대방), 하나님과의 관계에서 이 개념을 사용한다. 자기 자신을 잃지 않으며, 자신에게 솔직하고, 자신을 가식 없이 그대로 상대방이나 하나님께 내어놓는다(열어 놓는다)는 뜻으로 이해할 수 있다. 책의 이 부분에서는 의미를 살리기 위해 '…에게 진짜 자기 모습으로 존재한다'로, 뒤에서는 간단하게 '…에게 존재하다'로 번역했다—옮긴이.
3   C. G. Jung, *The Development of Personality, Collected Works* Vol. 17 (New York: Pantheon Books, 1954), p. 191.
4   워싱턴 D.C.에 자리한 세이비어 교회(Church of the Savior) 목회자.
5   M. Esther Harding, *The 'I' and the 'Not-I'* (New York: Pantheon Books, 1965), pp. 17-18.
6   T. S. Eliot, *Choruses From "The Rock"*, Collected Poems, 1909-1962 (New York: Harcourt, Brace & World, Inc., 1930), p. 192.
7   *Psychological Reflection, A Jung Anthology* (New York: Pantheon Books, 1953), p. 65.
8   St. Teresa of Avila, "Interior Castle" (New York: Doubleday Image Book, 1961), p. 38.
9   The "Art of Leading a Double Life", *New York Times Book Review*, Aug 28, 1959.
10 *Spiritual Counsel and Letters of Baron Friedrich von Hügel* (New York: Harper & Row, 1964), p. 24.

11 New York: Harcourt, Brace & World, Inc., 1949, p. 60.
12 앞의 책, p. 25.
13 Fritz Peters, *Boyhood with Gurdjieff* (London: Victor Gollancz, 1964).
14 컬럼비아 특별구(District of Columbia)에서 집 없는 아이들을 위해 운영하는 기관(10장을 보라).
15 컬럼비아 특별구의 공공복지 담당 부서.
16 T. S. Eliot, *Choruses from "The Rock"*, Collected Poems 1909-1962 (New York, Harcourt, Brace & World, Inc., 1930), p. 188.
17 C. G. Jung, *The Development of Personality, Collected Works*, Vol. 17 (New York: Pantheon Books, 1954), p. 62.
18 Martin Buber, *Ten Rungs: Hasidic Sayings* (New York: Shocken Books, 1947), p. 70.
19 *motive magazine*, March, 1965.
20 *Ecumenical Review*, Vol. XVII, No. 3, p. 222.
21 커피하우스 교회를 소개하는 이 글은 1966년 *Union Seminary Quarterly Review*, pp. 321-324에 실렸다.
22 C. G. Jung, *The Development of Personality, Collected Works*, Vol. 17 (New York: Pantheon Books, 1954), p. 170.
23 New York: DoubleDay Image Book, 1963.
24 New York: Harper & Row, 1964, pp. 10-13.
25 p. 7.
26 Ezra Jack Keats, *Whistle for Willie* (New York: Viking, 1964).
27 Jead de La Fontaine, *The Lion and the Rat* (New York: Watts, 1964).
28 이사야 53장을 보라.
29 Bernard Malamud, in "Speaking of Books", *New York Times Book Review*, Mar. 26, 1967.
30 Elizabeth O'Connor, *Call to Commitment* (New York: Harper & Row, 1963), p. 34를 보라.

해설

세이비어 교회,

살아 있는 전설과 만나다

조성돈 교수

실천신학대학원대학교 목회사회학, 목회신학

세이비어 교회는 전설이다. 첫째로 그 존재가 우리의 상상을 뛰어넘는다는 점에서 그렇다. 빈곤 퇴치, 아동 교육, 가난한 사람들을 위한 주택 임대 사업 등 지방 자치 정부도 쉽게 손을 댈 수 없었던 수많은 일들을 이 작은 교회가 해냈다. 둘째로 워싱턴의 이 작은 교회에 대한 이야기가 이제 한국 교회에서 널리 회자되고 있다는 점에서 그렇다. 아마 한국의 독자들은 세이비어 교회를, 그 상세한 실제 모습보다는 전설적인 존재처럼 들리는 놀라운 이야기들을 통해서 주로 접했을 것이다.

우리가 아는 전설은 듣는 이들과 전하는 이들에 의해서 여러 의미가 부여되기도 하고 다소 부풀려지기도 한다. 어떤 이야기들은 해석 과정을 거치면서 실제와는 다른 신화가 되어 버린다. 어쩌면 세이비어 교회도 이런 식으로 한국 교회에서 이상적인 교회, 따라갈 수 없는 이국의 이상향 같은 것이 되었는지 모른다. 이런 상황에서 IVP 모던클래식스 시리즈로 출간된 이 책을 통해 한국의 독자들은 전설을 실체로 만나는 동시에 전설의 원전을 읽는 감동을 얻을 것이다.

1968년에 출간된 이 책은 세이비어 교회가 시작된 지 20년 정도 되었을 때 교회의 한 구성원으로 누구보다도 세이비어 교회가 어떤 공동체인지를 잘 알았던 위대한 작가 엘리자베스 오코너가 쓴 것이다. 오코너는 세이비어 교회와 관련된 책을 몇 권 출간했는데 그 책들을 통해 이 교회의 여러 가슴 뛰는 이야기가 세상으로 전해졌다. 그중에서도 『세상을 위한 교회, 세이비어 이야기』는 세이비어 교회가 어떤 교회인지 그리고 그 본질이 무엇인지를 알려 주는 가장 대표적인 책이다.

미셔널 처치의 선구자이자 전형

이 책은 반세기 전에 출간된 책이지만 도리어 오늘날 한국 교회의 미래상을 제시하는 부분이 많다. 무엇보다도 요즘 한참 많이 논의되고 있는 미셔널 처치(Missional Church)와 관련하여 여러 소중한 통찰을 제공한다. 1990년대 미국과 캐나다 등지에서 논의가 시작된 미셔널 처치는 이제 서구 사회가 선교 국가가 아니라 피선교 국가, 즉 선교가 필요한 나라가 되었다는 인식에서 시작된다. 더 이상 서구 사회를 기독교 사회로 볼 수 없다는 것이다. 많은 사람들이 교회를 등지고 있기 때문에 사회에서 복음은 낯선 것이 되었다. 그래서 오늘날의 교회는 선교적인 생각을 가지고 지역을 섬겨야 한다는 것이 미셔널 처치의 출발점이다. 이러한 인식은 교회의 사역 방향을 바꾸어 놓았다. 선교지에서 봉사와 섬김, 지역 문화에 대한 배움이 필요한 것과 같이 서구 사회에서도 이러한 목회가 필요하다는 점이 제기되었다. 침체를 넘어 급격한 감소 추세를 보이고 있는 한국 교회도 새로운 시각으로 선교의 형태와 방향을 재정립해야 할 절박한 필요 속에 있기는 마찬가지다.

세이비어 교회는 전형적인 미셔널 처치라고 할 수 있다. 웅장한 교회 건물을 지키며 사람을 모으려 하지 않고 이웃으로 나아가는 모습, 권위적이고 수직적인 지배 구조를 버리고 민주적이고 바닥 중심의 리더십을 구사하는 모습, 또 무엇보다 사회적 책임에 민감하고 섬김과 봉사에 힘쓰며 지역의 문화로 나아가려는 모습은 요즘 발견되는 미셔널 처치의 모습과 그리 다르지 않다. 다만 이러한 교회의 모습이나 사역들을 지금으로부터 짧게는 50년, 길게는 70년 전에 이미 실행하고 있었다. 또한 이러한 선교 방식을 통해서 교회를 떠난 사람들을 만나고, 말뿐인 복음보다 먼저 그리스도의 사랑을 직접 보여 주었다. 이것은 요즘 우리가 고민하는 가나안 성도의 문제에 대한 새로운 해법을 예시한다. 실제로 'the unchurched'를 '교회 밖 사람들'이라고 번역하고 있는 이 책은 세이비어 교회가 교회 밖의 이웃들을 어떻게 만나고 어떻게 그들이 복음과 직면하게 했는지를 잘 보여 준다.

그 중요한 예가 세이비어 교회가 초창기부터 진행했던 사역들 중 하나인 포터스하우스, 또는 토기장이의 집으로 불리는 카페다. 이 카페는 세상과의 소통의 장, 또는 그 통로로서 세이비어 교회의 상징적인 사역 공간이다. 설립자인 고든 코스비 목사도 이곳에서 커피를 내리고, 설거지와 서빙도 담당했다. 이 장소에서 일상을 통한 만남이 이루어졌으며 또한 특별한 순서에 의한 예배가 진행되기도 했다. 전통적인 예배의 틀을 깨고 실험적인 예배를 통해 사람들을 만난 것이다.

21세기 한국 교회에서 유행처럼 번지고 있는 카페 교회들의 전형이 보이지 않는가. 오늘날 한국의 카페 교회들과 비슷하면서도 다른 포터스하우스는 카페라는 형식과 장소를 통해 교회가 이웃 속에서 무엇을 해야 하는지를 잘 보여 준다. 1960년대 초반에 미국 워싱턴에서 시작된 이 카페형 교회는 21세기 한국의 카페 교회가 나아가야 할 방향을 아주 진보적으로 보여 준다.

세이비어 교회는 고전으로서 원형을 보여 주는 것이 아니라 현재 진행형으로서 우리의 앞길을 보여 주고 있다. 그저 지켜야 할 보수적 형태가 아니라 오히려 이 시대에서도 진보적인 형태로 우리에게 도전한다. 한국 교회에서 사역의 철학과 그 방법 면에서 그들처럼 큰 도전을 주는 이들이 얼마나 될까를 생각해 보면 그들의 진취성이 더더욱 피부에 와 닿는다.

세이비어 교회 멤버십의 의미, 전적인 헌신과 작은 공동체 사역

세이비어 교회는 1947년 고든 코스비 목사가 창립한 교회다. 제2차 세계대전에 군종으로 참여한 코스비 목사는 죽음 앞에서 그리스도인과 비그리스도인이 별반 차이가 없는 모습을 보고 신앙에 회의를 갖게 된다. 이에 전쟁에서 돌아와 교회를 시작하며 성도들을 헌신된 제자로 삼고자 하였다. 초대교회 성도들이 보여 준 전적 헌신의 모습을 되찾고자 한 것이다. 이를 위해 그는 충실한 헌신과 작은 공동체 사역을 교회의 핵심으로 삼았고, 그 특징이 현재까지 세이비어 교회의 중요한 부분으로 남아 있다.

세이비어 교회는 창립 이후 70년 내내 교인 숫자가 150명 내외였다고 한다. 150명이라는 교인 숫자가 어쩌면 세이비어 교회의 핵심 특성일 것이다. 한국에서 교인 숫자가 150명이라고 하면 그렇게 큰 교회라고 할 수 없고, 이는 미국에서도 전혀 내세울 수 있는 숫자가 아니다. 그러나 세이비어 교회는 70년 동안이나 그러한 교인 숫자를 유지해 왔고, 여기에는 이 교회의 독특한 구조가 큰 역할을 했다.

세이비어 교회에서는 예배에 참석하는 모든 사람이 다 멤버십을 지닌 교인, 즉 정회원이 아니다. 예배만 참석하는 이들이나 사역에만 참여하는 이들이 있지만 모두가 정식 교인으로 인정받는 멤버십을 지니지는 않는다. 이것이 바로 150명 숫자의 비밀일 것이다. 멤버십을 가지기 위해서는 약 2-3년 걸리는 훈련 과정을 받아야 한다. 그 기간에 사람들은 다섯 과목의 신학 수업을 들어야 하고, 깊이 있는 기도 훈련을 받아야 한다. 또한 교인이 되기 위해서는 매일 한 시간 이상의 기도, 매년 두 번의 주말 침묵 수련회에 참여, 재정 내려놓기, 은사 계발하기 등의 서약을 해야 한다.

이러한 과정을 거쳐서 멤버십을 얻는 것은 단순한 소속 교인이 아니라 교역자에 준하는 안수를 받는 것과 마찬가지 의미로 받아들여진다. 교회에서 인정하는 사역자가 되는 것이다. 더군다나 그 멤버십을 매년 갱신한다고 한다. 매해 10월이 되면 전 교인이 각자 자신의 사역과 삶을 돌아보는 진지한 시간을 갖는다. 그리고 자신이 세이비어 교회의 멤버십을 계속 유지할지 여부를 결정한다. 각 개인이 1년에 한 번씩 과연 자신이 예수님의 제자로서 바르게 살아왔고, 그에 맞게 사역해 왔는지를 점검하는 시간을 갖는 것이다. 그에 따라 실제로 교인들은 자신의 사역을 내려놓기도 한다. 그것은 1년간의 멤버십을 포기하고 자신을 돌아보는 시간을 갖는 것을 의미한다. 그만큼 이 멤버십 갱신의 과정은 진지하고 의미 있는 시간이다.

단순하게 교회 조직 유지라는 측면에서 보자면 상당히 긴장되는 시간이 아닐 수 없다. 비중 있는 역할을 감당하는 교인이 멤버십을 포기하는 일들이 발생하기 때문이다. 비록 전체 운영에는 어려움이 있지만, 세이비어 교회는 이 멤버십 갱신의 중요성을 잘 알고 있기 때문에 지금까지도 매해 이러한 시간을 갖는다. 세이비어 교회의 멤버십은 고도의 훈련을 받은 성도, 또는 사역자를 의미한다. 이 150이라는 어찌 보면 그리 대단해 보이지 않는 교인 숫자는 단순한 숫자를 넘어, 세상을 바꿀 수 있는 정예화된 사역자들을 교회됨의 중요한 가치로 삼는 세이비어 교회의 정신을 드러낸다.

내적 여정과 외적 여정

세이비어 교회를 이야기한다면 내적 여정과 외적 여정을 빼놓을 수 없다. 세이비어 교회는 사회적 역할을 잘 감당했다는 것으로 알려져 있다. 그런데 그에 못지않게 교회 내적으로는 영성에 대한 강조가 컸다. 2011년, 세이비어 교회를 주도적으로 이끄는 지도자로 살렘영성훈련원 디렉터였던 앤 딘(Ann Dean) 목사를 초청하여 세미나를 개최한 적이 있다. 당시 그가 이야기한 바에 따르면 교회는 150명의 교인을 넘어 본 적이 없지만 선교비는 2천만 달러가 넘는다고 했다. 2천만 달러면 약 220억 원이다. 정말 놀랄 수밖에 없는 예산 규모다. 세미나에 참석했던 한국 교회 목사들은 아주 집요하게 이 헌금이 어디서 나왔는지를 물었다. 그러나 앤 딘 목사는 그런 질문 자체를 불쾌해하며 기도를 강조했다. 기도의 결과가 사역이지, 사역을 위한 기도가 아니라는 것이다. 그러면서 그가 강조한 말이 상당히 감동적이었다. "당신의 삶을 그리스도를 사랑하는 일에 헌신하십시오. 핵심 가치에 귀 기울이듯 기도로 제자 공동체에 한 부분이 되십시오. 선교 그룹에 함께하고 그 안에서 성장해 가는 과정에 헌신하십시오. 그러면 기적은 하늘에서 비가 되어 내립니다!(Miracles rain down!)"

내적 여정은 기도 가운데 자신을 내려놓고, 자신의 은사를 발견하여 헌신하는 과정이다. 자신과 소통하고, 하나님과 소통하고, 이웃과 소통하는 내적 여정은 세이비어 교인들의 삶에서 빼놓을 수 없는 귀한 시간이다. 그들은 개인 기도 시간을 매일 갖고, 영성 훈련 기관인 데이스프링을 정기적으로 방문하여 기도를 한다. 특히 이들은 관상 기도에 깊은 관심을 가지고 관상의 삶을 강조한다. 그리고 이러한 내적 여정이 결국 이들의 헌신으로 이어진다. 이 책에서도 군중에서 벗어나서 좁은 문의 내적 여정을 걸을 것을 강조한다. "하나, 그 문은 생명으로 인도한다. 그러나 둘, 그 길은 힘들다. 그래서 셋, 찾는 사람이 적다." 내적 여정은 끊임없이 성도들로 하여금 이 길에 서도록 그리고 그 문으로 들어가도록 결단을 촉구하는 토대가 된다. 그러나 이 내적 여정은 단순히 개인적인 과제가 아니다. 그들은 사역의 기본 단위인 선교 그룹에서 이러한 원리를 충실히 따른다. 바쁘고 정신없는 사역 한가운데서 이들은 매일 저녁 한 시간씩 모여 예배드리고 묵상하는 시간을 갖는다.

사회를 섬기는 사역을 의미하는 외적 여정은 이러한 내적 여정의 결과다. 자신들이 놀라운 일들을 감당하고 날마다 기적을 체험하게 되는 것의 바탕에는 인간의 힘이 아닌 하나님의 능력이 있다고 그들은 고백한다. 그러한 기적 이면에는 결국 내적 여정의 충실함이 있는 것이다. 그러므로 세이비어 교회는 내적 여정과 외적 여정의 균형을 유지하기 위해 특별한 노력을 기울인다.

우리는 한쪽으로의 유혹을 항상 경험한다. 사회적 사역을 감당하는 이들이 계속 물어야 할 질문은 그리스도인으로서의 정체성을 유지하는가이다. 특히 다원화된 이 사회에서 사회적 사역을 감당해 나가다 보면 보편성의 요구 앞에서 우리의 특수성을 놓치게 된다. 그래서 서구 교회의 많은 사회적 기관들이 기독교적 정체성을 잃어버리고 단순한 사회사업 기관으로 전락했다. 그러나 반대 입장도 마찬가지다. 개인의 영성과 경건을 강조하는 쪽을 보면 정체성만을 너무 강조하다가 이 사회와 분리되는 경험을 하게 된다. 자신에게 임한 은혜가 너무 커서 거기에 집중하다 보니 주변 사회가 보이지 않는 것이다.

이것은 제자들이 겪었던 변화산 신드롬과 유사하다. 마가복음 9장에서 베드로, 야고보, 요한은 예수님과 함께 변화산의 은혜를 흠뻑 받고는 초막을 세 채 짓고 그 산에 머물겠다고 말한다. 그들은 하나님의 음성을 듣고, 예수님의 계시도 경험했다. 정말 놀라운 은혜였다. 그러나 예수님과 제자들이 그 산에서 내려왔을 때 그들을 맞이한 것은 귀신이었다. 산 위가 은혜라면 귀신 들린 아이는 현실이었다. 이 귀신 들린 세상에서 우리가 이기도록 도와주는 무기는 바로 기도뿐이다. 내적 여정과 외적 여정은 결국 이 변화산 신드롬과 비교할 수 있을 것 같다. 산 위도, 산 아래도 모두 우리가 감당해야 할 부분들이며, 이 둘은 결코 나누어질 수 없는 우리의 여정이다.

사역자들은 항상 이 질문을 하고 있다. 이 둘의 균형과 갈등 사이에서 자신들의 사역과 정체성을 어떻게 잡아야 하느냐를 고민한다. 한국 교회의 현실을 보아도 대부분 이 균형을 잡는 데 어려움을 겪고 있다. 사회에 관심을 가지고 있는 진보측은 내적 여정에서 부족함을 가지고 있고, 개인의 경건과 영성을 강조하는 보수측은 외적 여정에서 부족함을 가지고 있는 경우가 많다. 이 책은 바로 이러한 한국 교회에 좋은 교과서 역할을 할 수 있을 것이다. 내적 여정과 외적 여정의 균형을 이루기 위해 그들이 했던 노력과 갈등을 살펴보며 우리는 이 둘의 깊은 관계를 이해할 수 있을 것이다.

실제로 세이비어의 선교 그룹들도 이 문제로 큰 갈등을 겪었다. 아이 사랑 선교회의 이야기는 내적 여정에 얼마나 시간을 쏟아야 하는지를 놓고 갈등을 겪은 이야기를 들려준다. 그들은 예배하고 연구하며 기도하는 공동생활을 포기하면 그 시간과 에너지를 모두 사역에 쏟아부을 수 있을 것이라는 기대를 가지고 있었다. 특히 아이 사랑 선교회는 다른 사역들과는 비교할 수 없을 정도로 할 일이 많고 시간이 부족했기에 자신들도 그러한 원칙을 지켜야 하는가 하는 의문을 품게 되었다.

하지만 이들은 논쟁을 진행하고 나서 다시 내적 여정과 외적 여정의 균형을 유지해야 한다고 결정했다. "우리 힘으로는 이미 자태를 드러낸 산들을 절대 옮길 수 없었다. 우리들 각자의 내면에는 주님을 신뢰하고, 주님께 귀를 기울이며, 주님의 말씀대로 행동하면 주님께서 우리에게 과업을 감당할 힘을 주시리라는 약속을 의지하는 존재가 있다. 우리의 이러한 부분을 돌보고 길러야 한다. '우리의 이름은 군대이기' 때문이다. 원수는 우리 내면에 있다. 외면의 적이 아무리 강하더라도, 진짜 저항은 우리 안에서 일어난다"(252쪽). 이들은 사역을 영적 전투로 보고 내적 여정으로부터 이끌어 낸 힘으로 외적 여정에서 승리하려 한다. "우리는 우리 안에서 그리스도를 좇으며, 주니어 빌리지가 하나님의 선교라고 믿고, 그분이 이미 하고 계시는 싸움에 뛰어드는 존재를 강하게 해 줄 훈련을 하기로 결정했다"(253쪽).

세이비어의 이러한 경험들은 우리에게 좋은 가르침을 준다. 외적 여정은 결국 내적 여정의 연장선상에 있다는 것이다. 그 둘은 분리될 수 없으며 어느 한쪽의 우월함이나 종속됨으로 나아갈 수 없다. 둘의 균형이야말로 양쪽 모두를 지속 가능하게 해 주는 에너지임을 이 책은 우리에게 알려 준다.

서로 묻고 답하며 이뤄 가는 교회

이 책에서 우리가 눈여겨볼 부분은 사역이 시작되는 과정이다. 세이비어 교인들은 사역이 시작될 때 먼저 대화를 시작한다. 그리고 주변에 묻기 시작한다. 대표적인 사례가 바로 이 책에 나오는 언약 공동체다. 몇몇 청년들이 공동체에 대한 꿈을 꾼다. 그들은 함께 모여 대화를 나누는 가운데 자신들이 도심의 가난한 사람들과 함께하길 원한다는 것을 깨달았다. "이들은 가장 본질적인 일은 듣고, 배우며, 자신을 내어 주는 것이라고, 이웃 동네의 사치를 누릴 여유가 없는 사람들에게 이웃이 되어 주는 것이라고 느꼈다. 희망적이게도, 이들이 이웃이 되어 주려 노력했더니 '다른 사람들이 무엇인가가 되고 무엇인가를 하도록 용납하는' 분위기가 형성되었다"(195쪽). 이들은 가난한 지역으로 찾아갔다. 그리고 그곳에 살면서 그 지역의 주민들과 대화를 나누기 시작한다. 그리고 대화 가운데 주민들의 요구는 아이들에 대한 교육이라는 것을 깨닫고 이렇게 고백한다. "어떤 의미에서, 그분들이 우리의 은사를 끌어낸 거예요. 마지는 이미 교사였고, 나머지도 교육을 받는 중이었고 언젠가는 그들도 교사가 될 예정이었어요"(200쪽). 그래서 이들은 아이들을 돌보며 유치원을 만들고 교육을 시작한다. 그런 대화의 과정을 통해 이들은 이 동네의 주민이 되고, 아이들의 친구이자 지역 공동체의 구성원이 된다.

이미 언급했던 앤 딘 목사와 함께한 세미나에서 인상적인 순간이 있었다. 질의응답 시간이었는데, 한 목사가 일어나 자신의 교회 이야기를 했다. 새벽 기도회에 열두 명의 장년 남성들이 참여하고 있는데 이들을 데리고 무엇을 해야 할지 고민이라는 것이다. 미국에서 온 목사에게 묻기에는 너무 구체적인 교회 상황이었다. 참석자들도 웃고 앤 딘 목사도 웃었다. 앤 딘 목사는 한마디로 답했다. "그들에게 물어보세요." 그 대답을 듣고 모두 웃었지만 그것은 명답이었다. 사람들에게 무엇을 하고 싶은지를 물어보라는 것이다. 단순히 이끌려고 하지 말고, 대화를 나누고 진정 원하는 것이 무엇인지를 물어보라는 것이다. 그리고 그들이 자발적으로 참여할 수 있게 하라는 것이다.

한국 교회 목사들은 대부분 교회를 어떻게 이끌어 갈지를 고민한다. 어떤 프로그램을 제공하고 어떤 비전을 제시해야 할지 항상 생각한다. 그러나 결국은 다른 교회에서 잘된다고 하는 프로그램들을 교회에 가져와 진행하는 경우가 많다. 그러다 보니 한국 교회의 사역들은 어디서나 비슷비슷해진다. 지역 특성도 공동체 특성도 고려하지 않고 동일한 프로그램들을 실행하다 보니 그렇게 다 비슷한 것이다.

우리는 물어야 한다. 헌신된 사람들에게, 무엇을 하고 싶은지 서로 대화를 나누며 물어보아야 한다. 사역을 시작하려면 그 파트너들에게도 물어보아야 한다. 특히 사회적 사역을 감당하려 한다면 당사자들에게 무엇을 원하는지, 무엇이 필요한지 물어보아야 한다.

우리는 '우리' 교회가, '우리' 헌신자들이 무엇을 할 수 있는지를 먼저 살핀다. 그리고 우리가 잘할 수 있는 일을 시작한다. 그러나 많은 경우 그러한 봉사가 사람들에게 효율적이지도 않을뿐더러 오히려 거침돌이 될 수도 있다. 사회적 도움을 받는 노인이 주변에 김치를 나누어 준다는 이야기를 들은 적 있다. 자극적인 음식을 먹지 못하는데 여러 기관에서 계속 김치를 가져다주어서 도저히 감당할 수 없었다고 한다. 이 사례는 받는 사람 입장이 아니라 주는 사람 입장에서 이루어지는 일들의 한계를 잘 보여 준다. 대화를 나누어야 사역이 풍부해진다. 더 많은 헌신이 모이고, 좀더 효율적으로 돌아간다. 이 책은 이러한 지혜를 나누어 준다.

흩어짐으로 이루는 온전한 여정

세이비어 교회는 전설이다. 이미 언급한 바와 같이 이 교회는 놀라운 일들을 감당했고, 해석된 모습으로만 우리에게 전해지는 경우가 많기 때문이다. 그러나 무엇보다도 이제 세이비어 교회는 존재하지 않기 때문에 더더욱 전설로 남게 되었다. 현재 세이비어 교회는 여덟 개의 교회와 40개가 넘는 수많은 사역으로 흩어져 있다. 이들의 인터넷 사이트도 'inwardoutward.org'이다. 세이비어 교회라는 명칭으로는 남은 것이 없다. 단지 그 세이비어 교회가 가지고 있었던 가치와 사역만 남아 있는 것이다. 이들은 이것을 독립적으로 연계된 교회들이라고 부르며 네트워크 형식만 유지하고 있다. 서로 연결되어 사역과 훈련들을 공동으로 실행하고 있지만 각 교회들은 철저하게 독립적이다. 어쩌면 설립자인 고든 코스비의 유산은 이 흩어짐에서 정점을 찍었다고 할 수 있다. 그 누구의 교회도 그 누구의 업적도 아니라는 생각에 그 전설적인 이름마저 포기한 내려놓음, 그래서 하나님만이 그 모든 사역에 주인이심을 고백하는 겸손 가운데 세이비어 교회는 이름 없이 존재하고 있다. 하지만 50년 전에 집필된 이 책은 오늘도 오롯이 그 세이비어 교회의 참 모습, 그 신앙고백과 순종을 증언하고 있다.

저자 연보

1921년 출생.

1947년 고든 코스비 목사와 몇 명의 사람들이 세이비어 교회를 창립하다.

1952년 남동생의 정신 질환 치료를 위해 워싱턴에 들렀다 친구의 소개로 세이비어 교회를 방문하고 삶의 전환기를 맞다.

1954년 세이비어 교회의 사회봉사 프로그램에 본격적으로 관여하기 시작하다.

1960년 워싱턴 지역 최초의 카페인 포터스하우스가 시작되다.

1962년 한 여관에서 데이스프링 수양관이 설립되다.

1963년 *Call to Commitment* 출간.

1968년 『세상을 위한 교회, 세이비어 이야기』(*Journey Inward, Journey Outward*) 출간. 영성 작가로서 명성을 얻기 시작하다.

1971년 *Our Many Selves: A Handbook for Self-Discovery*와 *Eighth Day of Creation: Gifts and Creativity* 출간.

1972년 *Search for Silence* 출간.

1974년 지역 사회에 정의와 사랑을 구현하라는 하나님의 부르심에 좀더 신실하게 응답하기 위해 세이비어 교회가 작은 공동체로 흩어지다.

1976년 *The New Community* 출간.

1979년 *Letters to Scattered Pilgrims* 출간.

1987년 *Cry Pain, Cry Hope: Thresholds to Purpose* 출간.

1991년 *Servant Leaders, Servant Structures* 출간.

1992년 *Our Rag-Bone Hearts* 출간.

1994년 세이비어 교회를 아홉 개의 독립된 공동체로 나누고 각자의 공동체가 필요한 사역을 하게 하다.

1998년 10월 17일 하나님의 부르심을 받다.

옮긴이 전의우는 연세대학교 철학과와 총신대학교 신학대학원을 졸업했다. 번역을 사역이자 목회로 여기며 지금까지 많은 책을 우리말로 옮겼다. 2004년 기독교출판문화상 번역 최우수상(목회자료부문)을 수상한 바 있으며, 크리스천 번역가를 위한 카페를 운영 중이기도 하다. 번역한 책으로는 『존 파이퍼의 생각하라』, 『주기도와 하나님 나라』, 『안식』(이상 IVP), 『성경 속의 전쟁들』, 『깊이 있는 교회』, 『하나님을 찾는 사람들』, 『전도서의 그리스도 어떻게 설교할 것인가』(이상 포이에마), 『진실함』, 『기독교 교양』(이상 규장), 『알리스터 맥그래스의 기독교 변증』(국제제자훈련원), 『모험이 답이다』, 『dwell』(이상 생명의말씀사) 등 다수가 있다.

세상을 위한 교회, 세이비어 이야기

초판 발행_ 2016년 10월 24일
초판 5쇄_ 2023년 8월 10일

지은이_ 엘리자베스 오코너
옮긴이_ 전의우
펴낸이_ 정모세

펴낸곳_ 한국기독학생회출판부
등록번호_ 제2001-000198호(1978.6.1)
주소_ 04031 서울시 마포구 동교로 156-10
대표 전화_ (02)337-2257 팩스_ (02)337-2258
영업 전화_ (02)338-2282 팩스_ 080-915-1515
홈페이지_ http://www.ivp.co.kr 이메일_ ivp@ivp.co.kr
ISBN 978-89-328-1801-6
ISBN 978-89-328-4044-4(세트)

ⓒ 한국기독학생회출판부 2016

책값은 뒤표지에 있습니다.
무단 전재와 복제를 금합니다.